V&R

Vamık D. Volkan
Gabriele Ast

Eine Borderline-Therapie

Strukturelle und Objektbeziehungskonflikte in der Psychoanalyse der Borderline-Persönlichkeitsorganisation

Mit einem Vorwort von Ulrich Streeck

Vandenhoeck & Ruprecht
in Göttingen

Die Deutsche Bibliothek – CIP-Einheitsaufnahme

Volkan, Vamık D.:Eine Borderline-Therapie: strukturelle und Objektbeziehungskonflikte in der Psychoanalyse der Borderline-Persönlichkeitsorganisation / Vamık D. Volkan; Gabriele Ast. Mit einem Vorw. von Ulrich Streeck. – Göttingen: Vandenhoeck u. Ruprecht, 1992
ISBN 3-525-45739-1
NE: Ast, Gabriele:

Printed in Germany
Druck und Einband: Hubert & Co., Göttingen

Inhalt

Teil II
Technik der psychoanalytischen Therapie

Vorwort

Das Buch von VAMIK VOLKAN und GABRIELE AST erzählt eine Lebens- und eine Behandlungsgeschichte aus psychoanalytischer Sicht; es illustriert auch eine theoretische Auffassung der Borderline-Persönlichkeitsorganisation und deren Funktionsweisen; und es ist schließlich eine Darstellung einer psychoanalytischen Behandlungstechnik. Jeder Abschnitt des Berichtes über den Patienten *Hamilton* mündet in theoretische Überlegungen zur Borderline-Pathologie und zur therapeutischen Technik, und umgekehrt werden die theoretischen Überlegungen der Autoren immer zurückgewendet auf den konkreten Fall. Damit fügt sich das Buch in die psychoanalytische Tradition des Erzählens von Krankengeschichten ein, an denen der besondere Status psychoanalytischer Theorien als verallgemeinerte Lebenschichten kenntlich wird. Wenn VOLKAN und AST *Hamilton* schildern und über das berichten, was im Behandlungszimmer zwischen ihm und VOLKAN tatsächlich vor sich gegangen ist, und wenn sie diesen Schilderungen weiter ihre theoretischen Auffassungen zur Psychopathologie der Borderline-Störung und ihre Konzeptualisierungen der für angemessen erachteten therapeutischen Technik an die Seite stellen, kommen in diesem Nebeneinander einige ihrer psychoanalytischen Hintergrundannahmen zum Vorschein. Der Leser wird in die Lage versetzt nachzuvollziehen, wie die Autoren kasuistisches Material und dessen theoretische Durchdringung, erzählte Erfahrungen des Patienten und konzeptuelles Wissen, Theorie und Praxis zueinander ins Verhältnis setzen. Es wird transparent, wie die psychoanalytischen Konzepte der Borderline-Störung, auf die sich VOLKAN und AST beziehen, in der Praxis tatsächlich verstanden und verwendet werden, und umgekehrt, welche Konzepte und Theorien ihnen "passend" erscheinen, um im Bezugsrahmen psychoanalytischer Theorien die unbewußten Bedeutungen zu erklären, die in den Erzählungen des Patienten zum Vorschein gekommen sind.

VOLKANS Auffassung der Borderline-Persönlichkeitsstörung ist bei uns bisher nur durch sein Buch über die "Psychoanalyse der frühen Objektbeziehungen" bekannt geworden. Er bezieht sich vor allem auf die Konzepte KERNBERGS und führt diese zugleich mit bemerkenswerten eigenen Untersuchungen weiter. Dazu gehören seine Arbeiten über "linking objects", zur Bedeutung globaler Kontrolle über äußere Objekte, über Trauerreaktionen oder über die frühen Umgebungen von Borderline-Patienten. Seine klinischen Untersuchungen über Borderline-Persönlichkeitsstörungen haben - was wenig bekannt ist - darüber hinaus eine nicht unerhebliche Zahl psychoanalytischer Untersuchungen zu politischen Themen angeregt. Vamık VOLKAN, der im Norden Zyperns als Angehöriger der türkischen Minderheit aufgewachsen ist und in den USA lebt, widmet seine psychoanalytische Erfahrung und Kompetenz neben seiner klinischen Arbeit seit vielen Jahren der Untersuchung ethnischer und internationaler Beziehungen und Konflikte. Sein Blick für gesellschaftliche Verhältnisse kommt auch in seiner klinischen Arbeit und auch in dieser Studie über *Hamilton* zum Ausdruck.

Der Bericht über *Hamilton* ist in verschiedener Hinsicht bemerkenswert: trotz des Alters des Patienten - er ist bei Behandlungsbeginn immerhin fast 60 Jahre alt - hat VOLKAN nicht gezögert, ihn in psychoanalytische Behandlung zu nehmen; *Hamilton* ist außerdem ein Mann, dessen wirtschaftlicher Reichtum ihm erlaubt, seine pathologischen Persönlichkeitszüge zu "agieren", ohne daß dies seine psychoanalytische Behandelbarkeit nachhaltig in Frage gestellt hätte; bemerkenswert ist aber vor allem, daß VOKAN den Patienten im "klassischen" Behandlungsrahmen psychoanalytisch behandelt hat. Die hier illustrierte psychoanalytische Behandlungstechnik einschließlich ihrer Parameter und Modifikationen - "Six Steps in the Treatment of Borderline-Patients", so der Titel eines Buches von VOLKAN aus dem Jahr 1987 - hält VOLKAN bei Patienten mit einer Borderline-Persönlichkeitsstörung für angemessen. Insofern ist das Buch auch ein Beitrag zu der nach wie vor kontrovers diskutierten Frage, für welche Patienten mit einer Borderline-Persönlichkeitsstörung welcher Behandlungszugang geeignet ist.

Ulrich Streeck, Tiefenbrunn

Vorbemerkungen

Dieses Buch besteht aus zwei Teilen. Teil I erläutert unser Verständnis von der Borderline-Persönlichkeitsorganisation. Teil II konzentriert sich auf die psychoanalytische Behandlung. Wir stellen dies dar am Leben und entlang der therapeutischen Geschichte eines Mannes, den wir hier Hamilton nennen.

Hamilton kam Mitte der 80er Jahre in die Analyse, sie währte über fünf Jahre mit einer Frequenz von vier Stunden in der Woche. Er war damals bereits Ende fünfzig. Sein Fall illustriert die über einen fast vollendeten Lebenszyklus reichenden Anpassungen eines Borderline-Patienten an die äußere Welt, und er dokumentiert den Erfolg einer Psychoanalyse im fortgeschrittenen Alter.

Wenn in diesem Buch der Autor als "ich" auftritt, so handelt es sich bei der betreffenden Passage um den Bericht, den Vamık Volkan aus der Analyse des Patienten gibt, die er seinerzeit mit ihm durchführte. "Wir" schreiben wir, wo beide Autoren, Gabriele Ast und Vamık Volkan, gemeinsam Schlußfolgerungen ziehen und über den Fall hinausgehende Überlegungen anstellen. Das mag den Leser zunächst irritieren, gibt aber den Entstehungsprozeß unseres Buches am ehesten wieder.

In der psychoanalytischen Literatur, die sich auf die Behandlungstechnik für Borderline-Patienten bezieht, wird meistens beschrieben, daß es bei diesen Patienten bei weiterer Regression zur Desintegration kommt und Regression daher vermieden werden sollte. Wir vertreten einen anderen Standpunkt. Wir zeigen, daß für eine echte Analyse eines Borderline-Patienten die therapeutische Regression notwendig ist, damit er die Spaltung aus Abwehr aufgeben und zur *entwicklungsgemäßen Spaltung* zurückkehren kann. So wird der Patient zunehmend lernen, seine Selbst- und Objektrepräsentanzen zu integrieren.

Unsere Technik arbeitet zentral mit der therapeutischen Regression des Patienten. Deshalb beschreiben wir, wie der Patient darauf "vorbereitet" wird, einen solch angstauslösenden Schritt zu unternehmen. Wir beschreiben sechs Stufen, die ein Borderline-Patient durchläuft - von seinem schon regredierten Zustand zu einem therapeutischen, noch weiter regredierten Zustand, an den sich zunehmend progressive Entwicklungen anschließen, die in die Beendigungsphase münden.

Unser Buch konzentriert sich auf diesen therapeutischen Entwicklungsprozeß, der, neben der interpretativen Arbeit, vor allem durch die Identifikation des Patienten mit den Ich-Funktionen des Analytikers unterstützt wird.

Die meisten Bücher über Borderline-Patienten befassen sich nur mit deren Objektbeziehungskonflikten. Wir zeigen das Zusammenspiel von Objektbeziehungs- mit den strukturellen Konflikten und die unbewußten Phantasien des Patienten, die sich in beiden Arten von Konflikten widerspiegeln.

Seit vielen Jahren mache ich mir zu Forschungszwecken während der Stunden mit meinen Analysanden sehr ausführliche Notizen. Ich habe dadurch genaue Aufzeichnungen von kleinsten Details, die sich auf mein Verständnis des psychischen Prozesses beziehen. Ich schreibe nieder, was mir meine Patienten erzählen, meine Gefühlszustände, ungewöhnliche Phantasien, die mir einfallen, und nonverbale Zeichen der Patienten. Ich halte meine Notizen für befriedigender und kreativer in der Wiedergabe dessen, was in meiner Praxis stattfindet, als elektronische Aufzeichnungen. Auch gehe ich von Zeit zu Zeit meine Notizen durch, wenn ich mich durch den Verlauf der analytischen Arbeit verwirrt fühle, oder wenn ich verschiedene Aspekte des therapeutischen Prozesses nochmals überdenken will.

In jeder einzelnen Stunde von Hamiltons gesamter Analyse machte ich mir Notizen, so daß ich Aufzeichnungen über seine "vollständige Geschichte" habe. Was wir in diesem Buch über ihn berichten, beruht auf diesen Notizen, so daß wir auch kleinste Einzelheiten wiedergeben können.

Obwohl klinische Vignetten nützlich sind bei der Illustration von Psychopathologie und technischen Erwägungen, halten wir sie doch nicht für so nutzbringend wie Beschreibungen, die sich auf die Geschichte der gesamten analytischen Arbeit stützen, von ihrem Beginn bis zu ihrem Ende. Um wahrheitsgetreu zu zeigen, was in der Analyse passiert und wie wir (re)konstruieren, was zuvor unbewußt war, müssen wir im Detail über die Arbeit vieler Jahre berichten. Wir nennen eine solche Art von Bericht die *vollständige Geschichte.*

Eine vollständige Geschichte illustriert die Interaktionen zwischen der Geschichte des Patienten während seiner Entwicklungsjahre, Erfahrungen im Hier und Jetzt, manifestem und latentem Trauminhalt, Äußerungen der Übertragung und der Übertragungsneurose. Durch eine Darstellung dieser Interaktionen wird die analytische (Re)Konstruktion der unbewußten Phantasien des Patienten glaubhaft. Die *vollständige Geschichte* zeigt die Überdeterminierung, die vielen Schichten der psychischen Organisation und deren Entwicklung während des psychoanalytischen Durcharbeitens. Eine vollständige Geschichte ist das beste Produkt des psychoanalytischen Laboratoriums. Darum habe ich die vollständige Geschichte meiner Analysanden vorgelegt (Volkan 1979, 1984, 1987), wie Dewald (1972) es getan hat. Wir legen unseren Kollegen eindringlich nahe, ebenso zu verfahren.

Da wir uns auf die vollständige Geschichte Hamiltons konzentrieren, und im Teil II, auf kleinste Details bestimmter Therapiestunden, kann uns der Leser, soweit das überhaupt möglich ist, bei den Versuchen begleiten, Hamilton zu verstehen und zu behandeln. Hamilton wird uns leiten bei unseren Überlegungen zur Borderline-Persönlichkeitsorganisation, zu Objektbeziehungskonflikten, deren Beziehung zu strukturellen Konflikten sowie den Lösungen dieser Konflikte. Nach unserer Ansicht erfüllt Hamilton diese Aufgabe ausgezeichnet.

Für die Durchsicht des deutschen Manuskripts und für ihren fachlichen Rat möchten wir Elisabeth Marx herzlich danken.

Teil I

Das Verständnis der Borderline-Persönlichkeitsorganisation

Der Patient

Ein Mensch, der "süchtig" nach Frauen war

Zu Beginn der Therapie war Hamilton ein 57jähriger, wesentlich jünger aussehender wohlhabender Geschäftsmann. Er war groß und hatte, trotz seines leichten Übergewichts, eine aufrechte Haltung. Sein Haar war blond, der Bart leicht angegraut. Er kleidete sich sehr korrekt und sah aus wie ein englischer Lord. Sein warmherziges Lächeln schien manchmal wie gefroren, so als ob er immer lächeln müßte.

Hamilton kam kurz nach der Trennung von seiner zweiten Frau, mit der er zwei Jahre verheiratet gewesen war, zur Therapie. Sie hatte ihm gesagt, er sei "verrückt" und solle seinen Kopf untersuchen lassen. Als sie noch zusammen lebten, waren sie einmal gemeinsam bei einem Psychologen gewesen, der sich, ohne Taktgefühl, offen mit Hamiltons Frau verbündete und ihn als selbstsüchtig und narzißtisch bezeichnete. Obwohl Hamilton auf diesen Psychologen wütend war, kam er nach der Trennung von seiner Frau zu mir, da ihm ein Bekannter mich empfohlen hatte.

Er war von dem intensiven Wunsch besessen, wieder mit seiner Frau zusammen zu sein, hatte aber gleichzeitig ihr gegenüber Mordgedanken. Er war davon überzeugt, daß sie einen Liebhaber hätte, und dachte - zumindest in seinen sich ständig wiederholenden Phantasien - daran, sie und ihren Liebhaber zu erschießen.

Anfangs glaubte ich, sie hätte ihn verlassen. Darum war ich sehr erstaunt zu erfahren, daß in Wirklichkeit er aus dem gemeinsamen Haus ausgezogen war, sich dabei aber so verhielt, als ob er der Zurückgewiesene wäre.

Hamilton hatte als Besitzer einer Textilfabrik, eines Autohandels und anderer, kleinerer Geschäfte viele Angestellte. Er befürchtete, seine Geschäfte könnten durch seine emotionalen Schwierigkeiten in Mitleidenschaft gezogen werden. Durch seine zwanghaften Gedanken fühlte er sich wie gelähmt. Oft war er niedergeschlagen und zeitweise verzweifelt. Ich bemerkte jedoch, daß er jeweils nicht all zu lang depressiv blieb. Seine depressiven Zustände kamen und gingen. Ein "Gegenmittel" war das Finden neuer Freundinnen. (Als Freundin werden wir alle die Frauen bezeichnen, mit denen er eine sexuelle Beziehung einging, sei es für wenige Stunden, sei es für Jahre). Bevor er zu mir kam, hatte er eine Anzeige in einer weit verbreiteten Zeitschrift aufgegeben.

"Geschäftsmann, aktiv, junger Großvater, sucht freundliche, vielseitige, nichtrauchende Dame, die Interesse an Theater, Golf, Familientreffen und geschäftlicher Konversation hat. Antwort bitte unter Chiffre ..."

Er hat auf diese Anzeige Hunderte von Antworten mit Photos erhalten.

Hamiltons "Sucht" nach Frauen begann, als er noch ein junger Mann war. Während seines Studiums in einem naturwissenschaftlichen Fach heiratete er seine erste Frau. Nach Abschluß der Dissertation unterrichtete er zwei Jahre lang an der Universität. Als er sein erstes Unternehmen gegründet hatte, gab er seine wissenschaftliche Karriere für immer auf. Mit seiner ersten Frau hatte er drei Kinder, zwei Söhne und eine Tochter. Seine Frau starb an einer infektiösen Komplikation nach einem kleineren chirurgischen Eingriff, als das jüngste Kind, die Tochter, zehn und der älteste Sohn 16 Jahre alt war. Seine beiden Söhne sind verheiratet. Von ihnen hat er vier Enkelkinder.

Noch während seiner ersten Ehe ging Hamilton sowohl bei der Arbeit als auch in der Nachbarschaft sexuelle Beziehungen mit anderen Frauen ein. Nach dem Tod seiner ersten Frau hatte er viele Freundinnen, bis er, 15 Jahre später, zum zweiten Mal heiratete. Seit der Trennung von seiner zweiten Ehefrau sammelte er wieder Frauen, und noch rasender als zuvor.

Als er mein Analysand wurde, erzählte er mir, zwischen den Beschreibungen seiner Zwangsgedanken über seine zweite Ehefrau, von seinen vielen Freundinnen. Er war sich einiger Besonderheiten seiner Beziehung zu ihnen bewußt: Jede Nacht mußte er mit einer Frau verbringen, da er sich sonst vor Dunkelheit und plötzlichen Geräuschen fürchtete und davor, von jemandem erschossen zu werden. Nachts allein zu sein, verursachte ihm erhebliche Angst.

Er konnte keine Frau an zwei aufeinanderfolgenden Nächten

treffen und mir ihr schlafen. In der dritten Nacht konnte er wieder zur ersten Frau zurückkehren. Die Vorstellung, an zwei aufeinanderfolgenden Nächten mit derselben Frau zusammenzusein, löste Angst aus.

Nach einiger Zeit verwandelte sich jede Frau, in seinen Augen, von einem Engel in einen Teufel.

Wenn eine Frau ihn abwies, konnte er sie niemals aufgeben. Er hatte Freundinnen, die ihm schon vor sieben oder acht Jahren den Laufpaß gegeben hatten. Dennoch wollte er ihnen immer noch Blumen bringen. Eine ehemalige Freundin warf ihm sogar einmal die Blumen vor die Füße und schlug ihm die Tür vor der Nase zu. Trotzdem konnte er ihr Nein nicht akzeptieren.

Er hatte eine Liste von rund 100 Personen, zumeist Frauen, denen er jede Weihnacht Geschenke schickte.

Wenn sich jedoch eine Frau um ihn bemühte und ihm ihre Liebe erklärte, dann konnte er sie zurückweisen.

Er hatte Frauen, die ihm verfügbar waren, für den Fall, daß er keine andere Frau für diesen Abend finden konnte. Eine von ihnen lebte mietfrei in einer ihm gehörenden Wohnung. Er dachte praktisch nur an sie, wenn er befürchtete, eine Nacht allein verbringen zu müssen. Dann besuchte er sie, und für diese eine Nacht wurde sie seine Geliebte.

Alle Frauen, mit denen er ausging, mußten zwischen 30 und 40 Jahre alt sein.

Bestimmte Eigenschaften von Frauen, wie schwarzes Haar, dunkle Haut oder eine schlanke Figur würden ihn auch dann dazu veranlassen, sich um sie zu bemühen, wenn er sie nur ganz kurz getroffen hatte. Wenn er zum Beispiel mit einer Freundin ausging und er in dem Restaurant eine gutaussehende Bedienung sah, auf die die Beschreibung zutraf, schmiedete er, noch während er mit seiner Freundin dinierte, Pläne, wie er mit dieser Frau ausgehen konnte.

Hamilton war ein lächelnder, freundlicher Gentleman, wenn er seine Freundinnen großartig ausführte, mit ihnen tanzte, ins Theater ging oder Golf spielte. Empfand er jedoch auch nur die Andeutung eines Verrats, kam in ihm der Wunsch auf, sie zu "bestrafen". Außer einigen zynischen Bemerkungen würde er sich jedoch weiterhin als Gentleman verhalten. Manchmal fühlte er sich schon durch Kleinigkeiten enttäuscht, beispielsweise wenn er eine neue Bekannte in ein teures Restaurant ausführte und sie nicht perfekte Tischmanieren zeigte.

Hatte eine frühere Freundin einen neuen Freund, empfand Hamilton gelegentlich extreme Rivalität, bis hin zu dem Wunsch, den anderen Mann umzubringen. Gleichzeitig hatte er dann auch Angst davor, nachts allein zu seinem Auto zu gehen, wenn es auf einem leeren Parkplatz stand.

Was ich bisher berichtete, erfuhr ich während der diagnostischen Interviews und während des ersten Jahres seiner Behandlung. Wenn er auch die oben geschilderten, besonderen Verhaltensweisen erst nach der Trennung von seiner zweiten Frau starr einhielt, berichtete er doch auch davon, daß es während seines gesamten Daseins als Erwachsener immer mehrere Frauen in seinem Leben gegeben und ihm immer eine Frau zur Verfügung gestanden habe, wenn eine andere "böse" geworden war.

Wenn Hamilton mir seine Freundinnen beschrieb, schienen die meisten untereinander austauschbar zu sein. Er kannte fast keine von ihnen wirklich als eigenständige Person, mit ihrer eigenen Geschichte, Verletzbarkeit, mit ihren Freuden, Sorgen und Fähigkeiten.

Der *manifeste* Trauminhalt zweier Träume, die er in der Anfangsphase seiner Analyse hatte, machte deutlich, wie seine täglichen Aktivitäten mit und seine Wahrnehmung von Frauen austauschbar waren. Er besuchte einmal einen Kostümball, auf dem viele Frauen in farbenprächtigen Gewändern waren. In dieser Nacht hatte er einen Traum, in dem er in einem Zimmer voller schöner, farbenprächtiger Vögel war. Alle sangen für ihn, und er konnte keinen vom anderen unterscheiden. In einem anderen Traum, den er träumte, nachdem er innerhalb von 24 Stunden mit drei verschiedenen Frauen geschlafen hatte, sah er das Bild einer Wand mit vielen runden Fenstern, durch die Licht schien. Die Fenster berührten einander, und Hamilton konnte nicht sagen, wo eines endete und das nächste begann.

Er wußte, daß er "süchtig" nach Frauen war. Ohne sie hatte er physiologische Reaktionen wie Schwindel, Benommenheit und das Gefühl, körperlich gelähmt zu sein. Nach einiger Zeit nannte er in der Analyse seine Frauen "Muschi-Pillen" oder "Titten".

Er schien in einer eigentümlichen Art zu wissen, daß seine "Sucht nach Frauen" einen Bezug hatte zu der Erfahrung, die er mit Frauen in seiner Kindheit machte.

Hamilton wurde in der Nähe von Williamsburg geboren, einer Stadt, in der die britische Geschichte und die Geschichte der Vereinigten Staaten miteinander verflochten sind. Seine Vorfahren waren mit dem britischen Königshaus verwandt, kämpften aber für die amerikanische Unabhängigkeit. Er gehörte zu den Familien, die in Virginia als FFV's (First Families of Virginia) bezeichnet werden. Wenn er auch stolz darauf war, verbot ihm doch seine Familientradition, damit zu prahlen.

Er wuchs in einer Familie auf, die immer noch an einem Lebensstil festhielt, der seinen Ursprung in den Traditionen der Südstaaten-Plantagen hatte. Im großen Haus lebte der weiße Farmbesitzer mit seiner Familie. In kleineren Wohnhäusern lebten rangniedrigere weiße Familien, die die tägliche Arbeit auf der Farm überwachten. Daneben hatte die Farm noch sehr viele Hütten für die schwarzen Arbeiter und ihre Familien. Als Kind hatte er Verwandte, die sich noch an die Helden-Geschichten aus dem amerikanischen Bürgerkrieg erinnern konnten.

Er wurde in einem solchen Herrenhaus als drittes Kind geboren. Sein Bruder war sechs und seine Schwester vier Jahre älter. Achtzehn Monate nach seiner Geburt brachte seine Mutter ein weiteres Mädchen zur Welt, und nach weiteren achtzehn Monaten wurde seine jüngste Schwester geboren. Bis er drei Jahre alt war, mußte Hamilton also mit den beiden Schwangerschaften seiner Mutter und der Geburt zweier Geschwister fertig werden und, wie wir später in der Analyse rekonstruierten, mit der darauf folgenden Depression seiner Mutter.

Seit seiner Geburt kümmerten sich schwarze Hausangestellte um ihn. Abigail, eine schwarze Frau, damals vermutlich Ende Zwanzig, war sein Kindermädchen. In seiner Erinnerung sah er sie als einen Menschen, der "Master Hamilton" über alles liebte. In den Dienstbotenquartieren war er der "kleine König". Dort wurde er gefüttert und verhätschelt. Abigail ging oft mit ihm spazieren. Er erinnerte sich, wie sie dabei Regenbögen sahen und Abigail ihm erzählte, daß sie am Ende des Regenbogens einen Goldschatz finden könnten. Es sieht so aus, daß der kleine Hamilton, solange Abigail für ihn da war, es ertragen konnte, seine Mutter an seine jüngeren Geschwister "abzutreten". Jedoch: An einem Freitag war Abigail noch da, am nächsten Montag war sie weg. Später hörte er die Geschichte, seine Eltern hätten erfahren, daß Abigail schwanger war, und hätten sie deswegen fristlos entlassen.

Damals war Hamilton ungefähr vier Jahre alt. Niemand erklärte ihm Abigails Verschwinden und niemand, so scheint es, verstand, was es für ihn bedeutete, seine geliebte schwarze "Nanny" zu verlieren. Der Mensch, den er liebte, seine Regenbögen, die Farben des Lebens, waren verschwunden, so als ob ihm plötzlich der Boden unter den Füßen weggerissen worden wäre.

Hamilton sah Abigail nie wieder. Fünfundfünfzig Jahre später, im dritten Jahr seiner Analyse fing er mit dem an, was als "second look"-Aktivitäten bezeichnet wird. NOVEY (1968) beschrieb dies als die aktive Suche des Analysanden nach Plätzen und Ereignissen der Kindheit, um sie mit den geistigen Vorstellungen dieser Plätze und Ereignisse zu vergleichen. Der "second look" hilft dem Erwachsenen, die Realität nochmals zu überprüfen. Hamilton erkundigte sich nach Abigail und erfuhr, daß sie einige Jahre zuvor gestorben war.

Etwa innerhalb eines Monats, nachdem Abigail fristlos entlassen worden war, hatte die Familie die altvertraute Umgebung verlassen und zog auf eine andere Farm. Dies kam, wie ich annehme, zu der Verwirrung hinzu, die das Kind verspürte, nachdem es von Abigail verlassen worden war.

Es war die Zeit des wirtschaftlichen Zusammenbruchs der Vereinigten Staaten in den dreißiger Jahren, während der großen Depression. Viele neue Einwanderer kamen zur Farm und verließen sie bald wieder. Ihr Besitzer, Hamiltons Vater, war, wie viele andere Großgrundbesitzer, über die Zukunft besorgt. Außerdem fiel die *große Depression*, wie wir später rekonstruierten, zeitlich mit der *Depression* der Mutter des kleinen Hamilton zusammen.

Hamiltons "Deckerinnerung" (FREUD 1901) von der neuen Farm handelt davon, daß er in dem neuen Haus ganz allein aus einem Fenster auf ein kaltes, gefrorenes Feld schaut.

"Deckerinnerung" ist ein Kompromiß zwischen Erinnerung an ein schmerzhaftes Erlebnis, oder schmerzhafte Erlebnisse, und deren Verleugnung. Die Person erinnert sich an etwas weniger Bedeutsames als an das Ereignis selbst, das mit intensiven Gefühlen verbunden ist. Die Analyse der Deckerinnerung verrät jedoch die zugrunde liegenden Geheimnisse. Der Verlauf von

Hamiltons Analyse wird zeigen, daß seine Erinnerung daran, wie er aus dem Fenster schaute, die Objektverluste seiner Kindheit widerspiegelt, zusammen mit dem damit verbundenen depressiven Affekt.

Wenn die oben beschriebene Deckerinnerung seine Depression widerspiegelte, so bezog sich die folgende Erinnerung auf sein "Gegenmittel". Hamilton bezeichnete seine zweite Erinnerung als seine "Vision": Er erinnerte sich daran, wie er in das Badezimmer seiner Eltern im ersten Stock des Farmhauses ging, wo seine Mutter gerade ein Bad nahm. Die "Vision" selbst bezieht sich darauf, daß er die Brüste seiner Mutter sah, die er "Titten" oder "Nanas" nannte. Sie waren wunderschön. Als er mit 57 Jahren die Analyse begann, war er immer noch überwältigt von angenehmen, sinnlichen Gefühlen, wenn er sich seine "Vision" ins Gedächtnis rief.

Als Hamilton geboren wurde, war seine Mutter 32 Jahre alt. Er sah ihre Brüste, während sie badete, als sie ungefähr Mitte 30 war. Sehr wahrscheinlich hatte er ihre Brüste auch zuvor schon gesehen, als sie seine zwei jüngeren Geschwister stillte.

Er erinnerte sich an ein Bild an der Wand im elterlichen Schlafzimmer des neuen Farmhauses, in das sie zogen, als er vier Jahre alt war. Das Bild ähnelte Bildern von Maria mit dem Christkind auf dem Arm. Auf diesem Bild jedoch trug seine Mutter den kleinen Hamilton im Arm.

Er glaubte, daß dieses Bild und der besondere Platz, an dem es hing, die ganz spezielle Bedeutung bezeugte, die er für seine Mutter besessen hatte. All die anderen gerahmten Kinderbilder standen zusammen auf einem Tisch des Schlafzimmers.

Hamiltons Großmutter väterlicherseits war in der Familie eine einflußreiche Frau. Sie war gebildet und den meisten Frauen ihrer Zeit weit voraus. Verhängnisvoll für den kleinen Hamilton war jedoch, daß sie ganz bestimmte Vorstellungen von Kindererziehung hatte. Hamilton wurde berichtet, daß sie Anhängerin eines deutsches Arztes war, der viel über den besten Weg, den kindlichen Charakter zu formen, geschrieben hatte.

Im zweiten Jahr seiner Analyse stieß mein Analysand, als er ein Buch las, auf eine Erwähnung des Dr. DANIEL GOTTLIEB MORITZ SCHREBER (1808-1861), der Arzt und klinischer Dozent der Medizinischen Fakultät in Leipzig gewesen war. Unwillkürlich wußte er sofort, daß Dr. SCHREBER das Vorbild der Großmutter gewesen sein mußte.

Dr. SCHREBERS Einfluß auf den Gartenbau wirkt bis heute, seine Einrichtung der "Schrebergärten" ist in Deutschland noch weit verbreitet. Derselbe Mann gab als Gründer der Schreberbewegung zur Erhaltung der Gesundheit auch Empfehlungen zur Kindererziehung. Zu seiner Zeit und noch lange danach war sein Einfluß auf diesem Gebiet sehr groß.

FREUD (1911) bearbeitete die Autobiographie des DANIEL PAUL SCHREBER, eines Sohnes des Dr. SCHREBER. DANIEL PAUL SCHREBER (1842-1911) war schizophren und wurde durch FREUD der bekannteste psychiatrische Fall in der Geschichte der Psychoanalyse (NIEDERLAND 1974).

Als Psychoanalytiker habe auch ich DANIEL PAUL SCHREBERS Fall studiert, und mir war der Einfluß seines Vaters auf ihn bekannt. Dr. SCHREBER hatte sich in Orthopädie spezialisiert. Er trat für ein Erziehungssystem ein, das von Eltern und Lehrern während der ersten Lebensjahre des Kindes angewandt werden sollte und von extremem Druck und Zwang geprägt war. Viele seiner Bücher sind voller Abbildungen von Vorrichtungen, die ein Kind dazu zwingen sollen, aufrecht zu sitzen, eine korrekte Haltung einzunehmen und so weiter. Seine Ratschläge bekämpften vor allem jede Art von Verweichlichung. Zum Beispiel empfahl er auch, eine unrichtige Aussprache von Worten streng zu bestrafen (NIEDERLAND 1974).

In seinem "Buch der Gesundheit" empfiehlt Dr. SCHREBER, kleinen Kindern die "Kunst des Verzichts" beizubringen. Dazu sitzt das kleine Kind auf dem Schoße des Kindermädchens, das ißt, was immer es will, ohne dem bettelnden Kind auch nur einen Bissen abzugeben.

Hamiltons Erinnerungen an die frühe Kindheit geben die orale Verwöhnung in der Küche der schwarzen Arbeiter wieder, besonders dann, wenn seine Nanny Abigail dabei war. Seine Erinnerungen an das sonntägliche Mittagessen im großen Haus jedoch sind erfüllt von Unbehagen. Die Großmutter besuchte traditionsgemäß jeden Sonntag ihren Sohn auf der Farm. Die ganze Familie ging dann gemeinsam zur Kirche. Dort gab die Großmutter dem kleinen Hamilton immer Bonbons, um ihn ruhig zu halten. Nach der Kirche versammelte sich die ganze Familie, einschließlich der Freunde und Verwandten, die zu Besuch waren, am großen Eßzimmertisch. Hamilton saß mit den übrigen Kindern an einem kleineren Tisch im selben Zimmer. Es gab reichlich zu essen. Die Großmutter dominierte gewöhnlich die Konversation mit ihren Erzählungen über die hungernden Kinder in China oder Afrika. Das verdarb Hamilton den Appetit. So wurde auch dies eine Art Einübung in die "Kunst des Verzichts".

Außer über die verhungernden Kinder in Afrika und China hielt die Großmutter auch Vorträge über Kindererziehungsmethoden. Das war für Hamilton ein sicheres Zeichen dafür, daß noch mehr harte Übungen in der "Kunst des Verzichts" auf ihn zukommen würden. Nach dem Mittagessen ging Hamiltons schöne Mutter in den Garten, um passende Ruten vom Fliederstrauch abzuschneiden und den kleinen Hamilton auszupeitschen, bis er auf das Weinen "verzichtete". Das Ganze sollte dazu dienen, seinen Charakter zu stärken.

Die "Folterkammer" und andere Erinnerungen

Als die Familie auf die neue Farm gezogen war, war Hamilton untröstlich, da er sowohl seine geliebte Abigail als auch seine Mutter, die zuvor seine zwei jüngeren Schwestern geboren hatte und weiterhin "kränklich" und unnahbar war, verloren hatte.

Die Schlafzimmeraufteilung wurde entsprechend den Anordnungen der Großmutter durchgeführt: Aus erzieherischen Gründen mußte Hamilton bis zu seinem 14. Lebensjahr mit dem um sechs Jahre älteren Bruder in einem Bett schlafen. Erst als dieser das Haus verließ, bekam Hamilton ein eigenes Zimmer. Der Raum war spartanisch eingerichtet. Sein älterer Bruder war der Liebling des Vaters, der kleine Hamilton hatte das Gefühl, in der Welt der Männer nicht willkommen zu sein. Es kam zu keinen sexuellen Spielen zwischen den Brüdern. Dennoch verglich er seinen Penis mit dem seines Bruders und dachte, daß er selber einen ungewöhnlich kleinen Penis habe. Das quälte ihn während seiner gesamten Jugendzeit bis in das Erwachsenenalter hinein. Wenn er mit seinem älteren Bruder und älteren Cousins Ball spielen durfte, fühlte er sich unbeholfen. Dazu kam, daß er, wenn er seiner Mutter "schrebern" helfen mußte, sich als "Waschlappen" fühlte.

Ursprünglich hatte das zweite Farmhaus, in dem er aufwuchs, seinem Großvater väterlicherseits gehört. Im ersten Stock hatte dieser eine Bibliothek gehabt, die zu einem sehr großen Badezimmer umgebaut worden war. In seiner Analyse bezeichnete Hamilton es später als die *Folterkammer*.

Hamiltons Vater benutzte das Badezimmer im ersten Stock, um seine Söhne zu schlagen. Er verwendete dafür nicht Fliederruten, sondern seinen Rasierriemen. Hamilton mußte immer vor der Tür warten, wenn sein Bruder geschlagen wurde. Nachdem sein Vater mit seinem Bruder fertig war, mußte Hamilton hineingehen. Sein Vater nahm dann seinen Kopf zwischen die Beine und hielt ihn so wie in einem Schraubstock fest. Dann schlug er ihn auf das Gesäß, manchmal zog er zuvor Hamiltons Hosen herunter. Der Vater pflegte zu sagen: "Das tut mir mehr weh als dir!" Hamilton konnte sich nicht erinnern, wie oft er so geschlagen wurde, aber mit Sicherheit immer wieder.

Von den Kindern wurde verlangt, moralische Werte hochzuhalten, anderen behilflich zu sein und die Menschheit zu lieben.

Während seiner Adoleszenz zog sich Hamilton beim Fußballspiel eine Knieverletzung zu, wegen der er viele Monate im Krankenhaus liegen mußte. Da er nicht gehen konnte, wurde er dort von einer unverheirateten Tante versorgt. Sie schlief im selben Zimmer. Er erinnerte sich immer noch an ihre nur teilweise bedeckten Brüste und an ihre Wärme. Eines Tages nahm sie den Knaben in seinem Rollstuhl mit in die anatomischen Sammlungen des Krankenhauses und zeigte ihm die in Gläsern konservierten Feten. Hamilton war ganz besonders von den "schwarzen Augen" eines Feten beeindruckt. Wegen der Knieverletzung erhielt er viele Injektionen. Während dieser Zeit wurde bei ihm auch eine Tonsillektomie durchgeführt.

Bald nachdem sein Bruder das Haus verlassen hatte und der damals 14jährige Hamilton allein schlafen mußte, stattete er seiner nächstjüngeren Schwester in ihrem Zimmer nächtliche Besuche ab. Er rieb dann seinen Penis an ihren Beinen und ejakulierte. Dieses nächtliche Treiben flößte ihm jedoch solche Angst ein, daß er damit bald wieder aufhörte.

Später wurde Hamilton auf eine Militärakademie geschickt, wo er sich durch die extreme Disziplin und die Rituale gedemütigt fühlte. Als er diese Anstalt vorzeitig verließ, war das noch demütigender, da er das Gefühl hatte, den Erwartungen der Familie und ihren gesellschaftlichen Ansprüchen nicht gerecht werden zu können. Schließlich ging er auf eine Universität und schloß mit einem naturwissenschaftlichen Diplom ab. Er heiratete, ließ sich in einer anderen Universitätsstadt nieder und wurde "frauensüchtig".

Die Borderline-Persönlichkeit

Es gibt divergierende Standpunkte über den Begriff "Borderline" (GROTSTEIN, SOLOMON, LANG 1987). Theoretische Unterschiede führen zu unterschiedlicher Begrifflichkeit. Außerdem ergibt die Untersuchung des klinischen Bildes zum Beispiel durch Fragebögen andere Befunde als jene, die durch die tiefgehenden Studien innerhalb der therapeutischen Psychoanalyse gefunden werden. Unsere Ansichten und Erkenntnisse stützen sich auf die praktische analytische Arbeit mit diesen Patienten (VOLKAN 1976, 1987).

Borderline-Persönlichkeitsorganisation

Wie KERNBERG (1967, 1975) meinen wir, daß der Borderline-Patient eine spezifische und pathologische Persönlichkeitsorganisation hat. Die Diagnose wird durch die klinische Darstellung dieser Persönlichkeitsorganisation und ihrer Funktionsweisen möglich.

Die integrative Funktion des Ich ist bei diesen Menschen mangelhaft ausgebildet, oder extreme Angst verhindert den vollständigen Gebrauch der integrativen Funktion. Während der Patient fähig ist, Selbst- und Objektvorstellungen zu unterscheiden, besteht sein Hauptmerkmal in seiner Unfähigkeit, libidinös besetzte Selbst- und Objektvorstellungen mit aggressiv besetzten Selbst- und Objektvorstellungen zu verbinden. Versuche, die entgegengesetzten Vorstellungen zusammenzubringen, lösen Angst aus. Daher verwendet er Spaltung und die Spaltung unterstützende Mechanismen als seine hauptsächlichen Abwehrmechanismen.

Wir sehen unsere erwachsenen Patienten diese Angst immer dann erleben, wenn sie sich in einer Situation befinden, in der die Kluft zwischen den entgegengesetzten Vorstellungen nicht mehr aufrecht erhalten werden kann (VOLKAN 1976, 1987). Die Ursache dieser Angst erklären und verstehen wir in der Sprache der Erwachsenen und mittels Gleichnissen von Erwachsenen. Gelegentlich wird uns das vorgeworfen. Man sollte aber bedenken, daß uns keine anderen sprachlichen Mittel zur Verfügung stehen, um etwas auf rationale Art darzustellen. Hier die Erklärung: Wir stellen uns die libidinös besetzten Selbst- und Objektvorstellungen als eine weiße Einheit und die aggressiv besetzten Selbst- und Objektvorstellungen als eine schwarze Einheit vor. Das Kind versucht, ein kohärentes Selbstbild und kohärente Objektvorstellungen aus einem Stadium heraus zu entwickeln, in dem die geistigen Vorstellungen noch in libidinös und aggressiv besetzte Einheiten gespalten sind. Es muß seine weiße und schwarze Einheit mischen und graue Einheiten herstellen. Wenn wir dieser Metapher folgen, bedeutet dies, daß das Kind zögern wird, die beiden entgegengesetzten Gruppen zusammenzubringen, falls die schwarze Einheit durch zu starke Besetzung mit Aggression übermäßig schwarz ist. Denn bei dem Versuch, Grau zu entwickeln, würde es zwar seine weiße Einheit verlieren, aber das angestrebte graue Gebilde würde unter dem Einfluß der übermäßig schwarzen Einheit immer noch schwarz bleiben.

Aus metapsychologischer Sicht der Entwicklung können wir dasselbe Phänomen so beschreiben: Fragmentierung und Spaltung von Selbst- und Objekteinheiten, die mit aus Triebderivaten stammenden Affekten verbunden sind, kommen auch in der normalen Entwicklung des Kindes vor, da das Kind anfangs geistig noch nicht in der Lage ist, differenzierte und integrierte Vorstellungen zu formen.

Fragmentierung bezieht sich auf die fehlende Integration von entweder libidinös oder aggressiv besetzten, differenzierten kognitiven Vorstellungen. Wenn sich das Kind weiter entwickelt, lernt es, Verbindungen zwischen denjenigen inneren Vorstellungen zu bilden, die unter dem Einfluß von einander ähnlichen Affekten oder Triebderivaten stehen. Dadurch bilden die libidinös besetzten Selbst- und Objektvorstellungen eine Gruppe, während die aggressiv besetzten Selbst- und Objektvorstellungen eine andere Gruppe bilden. Die psychische Funktion, die diese beiden Gruppen getrennt hält, nennen wir *Spaltung*.

Unter üblicherweise zu erwartenden Bedingungen reagiert das Kind sowohl auf einen psychobiologischen Entwicklungsschub als auch auf seine Interaktion mit den bemutternden Personen, indem es differenzierte Selbst- und Objektvorstellungen bildet und diese integriert. Diese Vorgänge lösen unter normalerweise zu erwartenden Bedingungen tolerierbare Spannungen und Ängste aus, die das Kind mit Hilfe der bemutternden Personen zu meistern lernt. Wenn das Kind etwa zweieinhalb Jahre alt ist, erwarten wir, daß es in der Lage ist, "graue" Vorstellungen zu bilden und aufrechtzuerhalten. Dieser Prozeß ist jedoch für niemanden jemals vollständig abgeschlossen, zu einem gewissen Grad verwendet jeder von uns auch im Erwachsenenalter noch Spaltung. Das Ausmaß der eingesetzten Spaltung bestimmt, ob die psychische Organisation auf einem hohen oder einem niederen Niveau liegt. Falls ein Kind nur mangelhaft in der Lage ist, zu integrieren, oder dabei gestört wird, führen seine diesbezüglichen Versuche zu unerträglichen Spannungen und Ängsten (wir werden darauf im Kapitel über die Ätiologie noch ausführlicher eingehen). In diesem Fall ändert die beim Kind zuvor entwicklungsbedingte Spaltung ihre Funktion. Sie wird dann für Abwehrzwecke benutzt, um libidinös und aggressiv besetzte Selbst- und Objektvorstellungen getrennt zu halten und dadurch Angst zu vermeiden. Psychische Mechanismen wie Verleugnung, Idealisierung, Entwertung, introjektiv-projektive Bezogenheit einschließlich projektiver Identifizierung helfen, den Hauptabwehrmechanismus, die Spaltung, aufrechtzuerhalten. Ein Kind, das sich gegen Spannungen und Ängste wehrt, die aus dem Zusammenbringen von entgegengesetzten Selbst- und Objektvorstellungen stammen, hat *Objektbeziehungskonflikte*. Es hat Konflikte, weil es einerseits durch einen Entwicklungsschub dazu gedrängt wird, seine libidinös und aggressiv besetzten Selbst- und Objektvorstellungen zu verbinden und gleichzeitig Angst davor hat. Dieser Zwiespalt hindert das Kind daran, eine bessere und kohärentere Vorstellung vom Selbst und seiner Objekte zu erlangen. Die klinische Manifestation solcher internalisierter Objektbeziehungskonflikte zeigt sich in einer besonderen Art der zwischenmenschlichen Beziehungen. Ein solcher Mensch teilt die Welt, sich selbst eingeschlossen, in "gute" und "böse" Kategorien ein. Er behandelt andere als Teilobjekte (MELANIE KLEIN 1946), zeigt Identitätsdiffusion (E. H. ERIKSON 1950; AKHTAR 1984), schnellen Wechsel in seiner Loyalität, und so weiter.

Der Borderline-Patient[1] hat eine Persönlichkeitsorganisation niederen Niveaus und benutzt Spaltung, Idealisierung, Entwertung und introjektiv-projektive Bezogenheit als seine zentralen Abwehrmechanismen. Andererseits ist er unfähig, Verdrängung und die Verdrängung unterstützenden Abwehrmechanismen, die

---

1 Wenn wir der Kürze halber von Borderline-Patienten sprechen, meinen wir Patienten mit einer Borderline-Persönlichkeitsstruktur.

von Personen mit einer Persönlichkeitsstruktur höheren Niveaus primär eingesetzt werden, erfolgreich zu nützen. Borderline-Patienten sehen wir so in einem Spektrum, das von einem Pol reicht, auf dem sie sich mehr oder weniger auf Spaltung als Abwehrmechanismus stützen, bis zu einem anderen Pol mit verstärkter Tendenz zur vorübergehenden Verschmelzung von Selbst- und Objektvorstellungen. Kommt es zur Verschmelzung, erlebt der Patient eine zeitlich begrenzte Psychose.

Meist sehen wir gemischte Fälle, bei denen Spaltung und der Spaltung verwandte Mechanismen neben Verdrängung und der Verdrängung verwandten Mechanismen auftreten. Tatsächlich können wir sagen, daß wir selbst bei Patienten mit der schwersten Ausprägung einer Borderline-Persönlichkeitsorganisation bis zu einem gewissen Maß Verdrängungsmechanismen beobachten und daß wir sogar beim gesündesten Neurotiker Spaltungserscheinungen sehen können. Wenn wir das ausdrücklich betonen, sei daran erinnert, daß wir, wenn wir bei jemandem eine Borderline-Persönlichkeitsorganisation diagnostizieren, nicht darauf verfallen sollten, wir hätten es mit einem Wesen einer anderen Art zu tun, das so gar nichts mit unseren neurotischen Patienten oder uns selbst gemein habe. Ohnehin wird jeder Borderline-Patient wegen der sich aufwärts entwickelnden Übertragung (VOLKAN 1976) zu einem "gemischten" Fall, wenn die Analyse erst einmal im Gange ist. Damit ein Patient wirklich als vollständig analysiert gelten kann, müssen wir sehen, wie seine Objektbeziehungskonflikte mit seinen strukturellen Konflikten - den Spannungen zwischen den vollständig entwickelten Strukturen des Ich, des Über-Ich und des Es - verflochten sind und wie beide Arten von Konflikten von ihm gelöst worden sind. Wenn die Konflikte eines Patienten Objektbeziehungskonflikte sind, fühlt und verhält der Patient sich so, als ob es Spannungen zwischen Einheiten von Selbst- und Objektvorstellungen gäbe, von denen einige nicht zu ihm gehören. Zum Beispiel kann er einen Wunsch als zu ihm gehörend empfinden, während er glaubt oder sich so verhält, als ob das Verbot gegen den Wunsch von jemand anderem ausginge, selbst wenn er intellektuell in der Lage ist zu verstehen, daß dieser "Andere" für einen fragmentierten oder abgespaltenen Teil seines Selbst steht. Wenn sich die psychische Struktur einer Person so weit entwickelt hat, daß ihre inneren Kämpfe, Konfliktlösungen und Anpassungen vom Gesichtspunkt des dreigeteilten (Es - Ich - Über-Ich) Strukturmodells verstanden werden können, dann erwarten wir, daß alle Aspekte eines strukturellen Konflikts von der Person als zu ihr gehörend empfunden und erfahren werden können, selbst wenn Teile des Konflikts unbewußt sind. Zum Beispiel werden sowohl der Wunsch als auch die Abwehr gegen ihn von jemandem als zu sich gehörend empfunden (DORPAT 1976), nachdem der unbewußte Anteil des Konflikts bewußt gemacht worden ist.

In der Analyse eines Borderline-Patienten ist es notwendig, daß er seine Unfähigkeit überwindet, Selbst- und Objektvorstellungen, die mit entgegengesetzten Triebderivaten verbunden sind, zu integrieren. Wenn der Patient diese Fähigkeit erwirbt, erreicht er einen "entscheidenden Punkt" (KERNBERG 1970), da er beginnt, eine integrierte Selbst- und integrierte Objektvorstellung aufrechterhalten zu können. Von diesem Zeitpunkt an können wir sagen, daß der Patient ein "höheres Niveau" der Persönlichkeitsorganisation erreicht hat. Dennoch muß seine Analyse weiter fortgesetzt werden, bis die (Wieder-)Entwicklung und Kristallisation der Persönlichkeitsstruktur des "höheren Niveaus" abgeschlossen, die Übertragungsneurose gelöst und die Trauer über die Trennung vom Analytiker vollendet ist. Die Arten der Traumata - zum Beispiel wirkliche oder phantasierte Trennungen, wirkliche oder phantasierte Angriffe auf den Körper, Ereignisse, die das Selbstwertgefühl vermindern - sind für jeden Menschen dieselben. Die psychosexuellen Probleme, die bewältigt werden müssen, existieren ebenfalls für alle. Die Diagnose einer Borderline-Persönlichkeitsorganisation wird aufgrund der inneren Struktur und der Mittel gestellt, mit denen traumatische und entwicklungsbedingte Probleme bewältigt werden. Wenn die Analyse voranschreitet, sieht man, wie der Patient verschiedene Fähigkeiten entwickelt, die ihm manchmal zum ersten Mal überhaupt zur Verfügung stehen, um mit den alten Schwierigkeiten auf eine neue Art umzugehen.

Metapsychologisch gesehen hängt das Konzept der *Realitätsprüfung* von der Fähigkeit des Individuums ab, zu wissen, wo seine Selbstvorstellung endet und wo eine Objektvorstellung beginnt. Da Patienten mit Borderline-Persönlichkeitsorganisation über differenzierte Selbst- und Objektvorstellungen verfügen, sind sie dazu in der Lage. Trotzdem glauben wir, daß wir verschiedene Niveaus der Realitätsprüfung annehmen können. Exzessiver Gebrauch von Spaltung, Verleugnung, Entwertung, Idealisierung und projektiver Identifikation trüben gelegentlich die

Realitätsprüfung oder aber lassen zumindest, wie wir in diesem Buch zeigen werden, die Verarbeitung der Realität und die Anpassung an sie gestört erscheinen.

Dieselben Mechanismen sind auch verbunden mit niedriger Frustrationstoleranz und mangelhafter Impulskontrolle. Man sollte sich daran erinnern, daß weiße und schwarze Einheiten mit Affekten ausgestattet sind, die aus entgegengesetzten Triebderivaten stammen. Solang diese voneinander getrennt gehalten werden, bleiben die Affekte unneutralisiert und potentiell explosiv.

Die Gefühle, die üblicherweise hervorbrechen, sind Wut und Neid auf der einen und plötzliche, intensive Schwärmerei auf der anderen Seite. Der Mensch mit Borderline-Persönlichkeitsorganisation hängt stark von seiner Wahrnehmung der äußeren Objekte ab. Wenn er mit einem Objekt seiner Umgebung zu tun hat, das er für "böse" hält, wird er mißtrauisch und paranoid. Wenn er mit einem Objekt zu tun hat, das er für "gut" hält, fühlt er sich sicher. Sein Gefühlszustand kann jedoch plötzlich wechseln, wenn sich seine Wahrnehmung der äußeren Objekte verändert. Daher sind Wut oder Schwärmerei üblicherweise nur von kurzer Dauer, wie intensiv sie auch erlebt werden mögen, und meist sind sie sehr intensiv. Ein Umstand verwirrt das Bild noch weiter: Während die Wahrnehmungen und Gefühle des Patienten von äußeren Objekten und dem eigenen Selbst Schwankungen unterworfen sind, bezieht er gleichzeitig seine inneren Vorstellungen der Objekte und des Selbst in einen introjektiv-projektiven Prozeß ein. Dieser Vorgang ist nicht so auffallend, wie man ihn bei Schizophrenen sieht, dennoch findet er statt. Was von innen nach außen verlagert wird, kommt wie ein Bumerang zurück, und umgekehrt.

Eine entscheidende Eigenschaft von Borderline-Patienten ist ein Affekt, den sie nicht voll erleben können. Sie zeigen eine *Unfähigkeit zu trauern*. SEARLES (1986) hat darüber geschrieben. Er meint, daß man, um effektiv über den Verlust einer Beziehung trauern zu können, sich zuerst tatsächlich auf eine Beziehung eingelassen haben muß. Wenn es keine kontinuierliche libidinöse oder aggressive Besetzung einer Objektrepräsentanz gibt, wenn diese Besetzung leicht auf eine andere Repräsentanz umgelenkt werden kann, oder wenn die mit Affekten besetzte Objektrepräsentanz nicht als "vollständig" erlebt wird, dann gibt es für den Patienten keine Möglichkeit, über den Verlust der Beziehung zu dieser Objektrepräsentanz oder den Verlust des Objektes selbst zu trauern. Wir haben festgestellt (VOLKAN 1987), daß es als prognostisch günstiges Zeichen anzusehen ist, wenn ein Borderline-Patient während der Behandlung die Fähigkeit zu trauern entwickelt.

Ein letztes Charakteristikum von Personen mit Borderline-Persönlichkeitsstruktur, das wir noch erwähnen wollen, ist ihre Tendenz, in einem *Satellitenstatus* zu verbleiben (VOLKAN und CORNEY 1968). Obgleich der Patient seine Selbstvorstellung von der Vorstellung seiner Mutter differenzieren kann, ist seine Separation-Individuation nicht vollständig gelungen. Er bleibt in einer Umlaufbahn um die Mutterrepräsentanz, ähnlich einer Motte, die ein Licht umkreist: Nähe zu ihr verursacht Angst vor Verschmelzung mit der "bösen" Mutter (dem Verschlungenwerden), Abstand von ihr verursacht Angst vor Einsamkeit durch den Verlust der "guten" Mutter. Die inneren Erwartungen werden manchmal symbolisch in der äußeren Welt in Szene gesetzt. Ein bestimmter Ort, zum Beispiel die Heimatstadt, repräsentiert die Mutter. Die Borderline-Persönlichkeit ist dazu verdammt, in der Nähe dieses Ortes zu bleiben, wenn sie auch immer wieder über ihren Wunsch spricht, die Freiheit zum Wegziehen zu haben. Sie bleibt dort, wie ein Satellit, der um einen Planeten kreist.

Metapsychologie der Differentialdiagnose

Die innere Struktur eines Borderline-Patienten läßt sein äußeres Verhalten chaotisch erscheinen. Eine nähere Untersuchung in der psychoanalytischen Situation macht dieses Chaos jedoch verständlich. Es zeigt lediglich, wie der Patient seine mit Affekten besetzen, gespaltenen Selbst- und Objektvorstellungen reaktiviert. Außerdem ist er so lange stabil, trotz seines chaotisch anmutenden Verhaltens, wie der zentrale Abwehrmechanismus, die Spaltung, wirksam bleibt. Die Borderline-Persönlichkeitsorganisation kann man auf einer Skala betrachten, an deren einem Ende wir die Patienten sehen, die sich fast immer wie Neurotiker verhalten, außer in emotional intimen Situationen, am anderen Ende der Skala jene, die zu psychotischen Episoden neigen.

Wenn ein Borderline-Patient zu psychotischen Episoden neigt, ist sein Abwehrmechanismus der Spaltung instabil, und er weist vermehrte Fragmentierung auf. Als psychotisch wird er dann angesehen, wenn er sowohl die Grenzen zwischen den Selbst-

und korrespondierenden Objektrepräsentanzen als auch zwischen verschiedenen Objektrepräsentanzen verliert. Klinisch manifestiert sich dies in der Unfähigkeit des Patienten, zu differenzieren, was in ihm und was außerhalb von ihm ist. Er verliert die Unterscheidung zwischen Selbst und Objekt und kann seine Erfahrungen nicht realitätsentsprechend beurteilen. Manche Borderline-Patienten erleben immer wieder psychotische Episoden. Wenn das Niveau der psychischen Organisation eines Patienten unterhalb dem eines Borderline-Patienten liegt, sagen wir, daß er eine psychotische Persönlichkeitsorganisation hat. Wir sehen dann zwar immer noch den Abwehrmechanismus der Spaltung, aber er ist *nicht* effektiv (VOLKAN, AKHTAR 1979). Was das klinische Bild beherrscht, kann verstanden werden als die ständige Verschmelzung, Trennung und Wiederverschmelzung der Selbst- und Objektvorstellungen des Patienten. Dadurch ist die Realitätsprüfung, Realitätsverarbeitung und das Festhalten des Patienten an seiner Identität ständig gefährdet. Der Patient mit psychotischer Organisation benützt introjektiv-projektive Bezogenheit als Hauptabwehrmechanismus. Wie wir weiter oben feststellten, verwendet auch ein Borderline-Patient introjektiv-projektive Bezogenheit, aber in seinem Fall steht diese Art der Bezogenheit im Schatten, während die Spaltung stark im Vordergrund steht. Ähnlich benützt auch ein Psychotiker Spaltung, aber sie ist nicht stabil oder wirksam. Ein Psychotiker kann zum Beispiel ein "böses" Fragment nach außen verlagern, um mit seiner inneren Spannung fertig zu werden. Was projiziert wurde, kann dann eventuell mit einer "guten" Objektvorstellung verschmelzen. Die verschmolzene Repräsentanz wird dann introjiziert, nur um innerlich wieder getrennt zu werden. Die innere Spannung macht es notwendig, daß die "böse" Objektvorstellung projiziert wird. Manchmal projiziert der Patient eine "gute" Einheit aus seiner inneren Welt nach außen, um sie sicher aufzubewahren. Dieser verwirrte und verwirrende Kreislauf geht immer weiter. Der psychotische Patient fühlt primitive Formen der Angst, wenn seine introjektiv-projektiven Prozesse stattfinden. Falls der Patient in der Lage ist, sich eine neue, wenn auch psychotische Identität zu schaffen, wird seine Psychose stabil. Er verwendet weiterhin Projektionen und Introjektionen, aber seine neue Identität bewahrt ihn vor unerträglicher Angst. Wir glauben, daß es nichts Grauenerregenderes gibt als das Verlieren der eigenen Identität. Daher hält der Psychotiker an seiner neuen, psychotischen Identität fest und wird chronisch psychotisch. Seine neue Identität ist zusammengesetzt aus kleinen Stücken undifferenzierter Selbst- und Objektvorstellungen, aus verschmolzenen Objektvorstellungen, die kombiniert sind mit einigen differenzierten Selbst- und Objektvorstellungen und deren affektiver Besetzung. PAO (1979) stellte fest, daß niemand als voll entwikkelter Schizophrener diagnostiziert werden sollte, wenn der diagnostizierende Arzt nicht zeigen kann, daß der Patient einen Wechsel der Identität durchlaufen und nun eine neue Identität hat.

Personen mit Borderline-Persönlichkeitsstruktur sollten auch von denen unterschieden werden, die ein höheres Niveau der psychischen Organisation haben. In der Literatur wird die narzißtische Persönlichkeitsstruktur gewöhnlich als Untergruppe der Borderline-Persönlichkeitsorganisation gesehen. Dieser Position stimmen wir zu. Der Spaltungsmechanismus besteht auch hier noch, aber der Patient spaltet vor allem ein "grandioses Selbst" vom "entwerteten Selbst" und setzt diese in der äußeren Welt im Bereich seiner wesentlichen zwischenmenschlichen Beziehungen in Szene. Das "grandiose Selbst" beinhaltet primär die "tatsächliche" Besonderheit des Kindes (KERNBERG 1975). Die Mutter nimmt in dem Kind etwas Einzigartiges wahr. Zum Beispiel wird das Kind als der Retter der großartigen Familientradition, die am Schwinden ist, angesehen. Dieser reale Aspekt - er ist real, weil das Kind ihn ja tatsächlich in der Interaktion mit der Mutter erlebt - absorbiert die idealisierten guten Vorstellungen des Selbst und der Objekte. Das *grandiose Selbst* einer stabilen Person mit narzißtischer Persönlichkeitsstruktur kann im Alltagsleben aufrechterhalten werden. Es bleibt abgespalten von den entwerteten Selbst- und Objektvorstellungen, die wir das "hungrige Selbst" nennen. Dieses "hungrige Selbst" verbleibt zu einem mehr oder weniger großen Teil im Schatten, entsprechend der Fähigkeit des Patienten, sein "grandioses Selbst" stabil und jederzeit für sich verfügbar zu machen.

Wenn jemand eine noch höhere Stufe der Organisation, die neurotische Ebene, erreicht hat, so bedeutet dies, metapsychologisch, daß er "gute" und "schlechte" Selbst- und Objektvorstellungen integrieren kann. Spaltung und der Spaltung verwandte Abwehrmechanismen verlieren mehr und mehr ihre Bedeutung. Dagegen nehmen Verdrängung und die die Verdrängung unterstützenden Abwehrmechanismen, zum Beispiel Sublimation, Reaktionsbildung, Ungeschehenmachen, Intellektualisierung etc., eine zentrale Rolle ein. Diese Abwehrmechanismen werden zur bestmöglichen Lösung von strukturellen Konflikten eingesetzt. Sie führen zu gut oder schlecht angepaßten *Kompromißbildungen*. Wir meinen, daß Borderline-Patienten keine echte Kompromißbildung erreichen können. Hat jemand eine narzißtische Persönlichkeitsorganisation, kann man unter den fragilen Kompromißbildungen leicht Spaltung, primitive Projektion, Verleugnung, Entwertung und Allmachtsvorstellungen entdecken.

Borderline-Funktionsweisen - Klinische Illustration

Während einer analytischen Sitzung erwähnt der Patient Erinnerungen aus seinen Entwicklungsjahren, erzählt Begebenheiten aus Vergangenheit und Gegenwart und spricht über seine Zukunft. Er berichtet auch über Träume und zeigt andere Phänomene, zum Beispiel Versprecher, die direkter mit seinem Unbewußten verbunden sind. Noch bedeutender ist, daß er Übertragungserwartungen zeigt und sich in Übertragungsgeschichten verwickelt, die zuvor unbewußte, pathogene Phantasien deutlich werden lassen. In diesem Kapitel werden wir uns jedoch nicht im Detail auf Hamiltons Übertragungen oder Träume beziehen. Dies werden wir in Teil II tun. Jetzt werden wir mit Hilfe seiner Erinnerungen an seine Vergangenheit, seiner Symptome und Charakterzüge und seiner Interaktion mit seiner Umgebung die wichtigsten psychischen Funktionsweisen einer Person mit Borderline-Persönlichkeitsorganisation illustrieren.

Mangelhafte Verdrängung

Hamilton konnte den Mechanismus der Verdrängung nicht wirksam einsetzen. Schon in einem sehr frühen Stadium seiner Behandlung sprach er von seinem Wissen über die Zusammenhänge zwischen der Geschichte seiner Kindheit, wie er sich an sie erinnerte, und seinen Symptomen und seinen Charakterzügen. Sein Hauptsymptom war sein Zwang, sich ständig in Gedanken mit seiner zweiten Ehefrau und anderen Frauen zu beschäftigen, deren Bilder in seiner Vorstellung zwischen total "gut" und total "böse" schwankten. Dieser Zwang war für ihn irritierend und lästig. Sein grundlegender Charakterzug war seine ständige Suche nach einem idealisierten Engel. Diese Betätigung war ich-synton. Intellektuell war er sich bewußt, mit nur gelegentlicher, geringer Hilfe von mir, daß sowohl sein Hauptsymptom als auch sein Hauptcharakterzug aus seiner Beziehung zu Abigail und seiner Mutter während der Kindheit stammten. Wenn er an einem Sonntagmorgen zur Kirche ging und eine schlanke Frau sah, die *schwarze* Strümpfe trug, wußte er, daß diese Frau für ihn seine geliebte Nanny repräsentierte. Er suchte nach Gelegenheiten, sie zu treffen und mit ihr auszugehen. Wenn er darauf bestand, daß seine Freundinnen zwischen 30 und 40 Jahren alt sein mußten, wußte er, daß er nach der Mutter seiner Kindheit suchte. Wenn er mit all den Frauen ins Bett ging, betrachtete er, sobald sie sich auszogen, ihre Brüste und verglich sie mit seiner "Vision". Brüste zu berühren, die denen seiner Mutter ähnelten, erregte ihn. Inzestuöse Impulse, die bei Menschen mit einer Persönlichkeitsorganisation höheren Niveaus typischerweise sehr stark verdrängt sind, waren für Hamilton leicht zugänglich.

Seine sexuellen Handlungen als Jugendlicher mit seiner Schwester habe ich schon beschrieben. Im folgenden ist noch über weitere, ähnliche Aktivitäten zu berichten. Zuvor möchte ich aber daran erinnern, daß solche inzestuösen Impulse noch andere Bedeutung haben, außer Ausdruck der rein libidinösen Bindung an die Mutter zu sein. Während ich mich hier auf seine nicht oder nur schwach verdrängte libidinöse Bindung an seine Mutter konzentriere, werden die anderen Bedeutungen dieser sexuellen Aktivitäten später noch erläutert werden.

Hamiltons Schwägerin kam in sein Haus, als seine erste Frau wegen einer postoperativen Infektion schwerkrank im Krankenhaus lag. Während dieser Zeit verführte Hamilton seine Schwägerin und hatte Geschlechtsverkehr mit ihr. Wir können uns vorstellen, daß er sich vor der Trennungsangst schützen mußte, da die Ärzte befürchteten, daß seine Frau sterben würde. Bleiben wir jedoch beim Objekt seiner libidinösen Wahl, so sehen wir, daß es ein nur sehr schwach verschleiertes inzestuöses Objekt war. Später hatte er eine Affäre mit seiner Stief-Schwiegermutter. Eine Zeitlang fürchtete er, sein Schwiegervater, der immer einen Revolver bei sich trug, würde ihn erschießen, wenn er etwas von der Affäre erfahren würde. Andere nur schwach verschleierte inzestuöse Objekte waren nahe oder entfernte Verwandte, mit denen er sexuelle Beziehungen einging.

Wir stimmen den Autoren nicht zu, die ödipale Konstellationen bei Patienten mit Borderline-Persönlichkeitsorganisation für unmöglich halten. Tatsächlich können sie manchmal sogar sehr bald und sehr offen auftreten. Andererseits können wir uns auch jenen Autoren nicht anschließen (ABEND, PORDER und WILLICK 1983), die meinen, daß die wesentliche Pathologie des Borderline-Patienten auf der ödipalen Ebene liege. Bei diesen Patienten können die ödipalen Themen wegen des Mangels an Verdrängung offen zu Tage treten. Daher sind, wie bei Hamilton deutlich zu sehen ist, die "Darsteller" und "Darstellerinnen", mit denen der Patient das ödipale Drama in der Gegenwart nochmals inszeniert, nicht sehr weit von den Repräsentanzen des ursprünglichen ödipalen Dramas entfernt. Die Symbolisierung der Repräsentanten der ödipalen Eltern ist nicht hoch entwickelt.

Noch wichtiger aber ist, daß die meisten Borderline-Patienten ödipale Themen in ihrem alltäglichen Leben oder in der Übertragung als "aufwärtsgerichteten Widerstand" verwenden (BOYER 1983, VOLKAN 1987). Sie benützen ödipale Beziehungen, um den zerstörerischen präödipalen Problemen zu entgehen. Wie oben erwähnt, hatte Hamilton Geschlechtsverkehr mit seiner Schwägerin, um sich vor seiner Trennungsangst zu schützen.

Sublimierung und Anpassung

Wenn auch Hamiltons Fähigkeit zur Verdrängung weitgehend unwirksam war, war er dennoch in der Lage zu verdrängen und höher entwickelte symbolische Instrumente einzusetzen, um mit seinen aus der Kindheit stammenden libidinösen und aggressiven Besetzungen umzugehen. Kehren wir zu seiner "Vision" zurück. Dieser Mann, der jedesmal vor Erregung zitterte, wenn er sich an die "Nanas" seiner Mutter erinnerte, durch Sehen, Betasten oder Saugen an den Brüsten der Frauen, die in seinem Leben kamen und gingen und von denen er wußte, daß sie Abigail oder seine Mutter repräsentierten, dieser selbe Mann sprach noch von einer anderen "Vision". Er war sich nicht bewußt, daß beide "Visionen" in Beziehung standen. Sowohl die Verbindung zwischen ihnen als auch die Bedeutung der zweiten "Vision" war verdrängt.

Die zweite "Vision" bezog sich auf den Wunsch, den er erst als Erwachsener entwickelt hat, nämlich eine Künstlerkolonie einzurichten. Er kaufte sich ein Stück Land, dessen Beschreibung mich an eine Brust erinnerte. Um mir zu zeigen, wie dieses Land aus einem kleinen Hügel bestand, machte er immer Gesten, als ob er seine Hände auf eine Brust legte. Auf der Spitze dieses Hügels, wo eine symbolische Brustwarze war, würde er seine "Vision", die Künstlerkolonie, errichten. Die Sänger, Maler und Bildhauer würden wunderschöne Dinge erschaffen und anderen Menschen schöne Gefühle vermitteln. Anfangs sagte ich ihm nicht, daß sein Traum, von der Künstlerkolonie - seiner "Vision" - Freude und Vergnügen zu empfangen, seine Suche nach den Brustwarzen seiner Mutter darstellte. Er hatte Angebote, seinen Hügel zu verkaufen, aber er behielt ihn. Er begann jedoch auch nie damit, die Gebäude tatsächlich zu errichten, die ihm vorschwebten. Ich glaube, diese Lösung war für ihn besser, weil sich so seine schöne Mutter nicht in eine peitschende Hexe verwandeln konnte. Auf diese Weise konnte er sich nach seiner "Vision" sehnen und darauf hoffen, sie käme, zum Leben erweckt, wieder, um für ihn verfügbar zu sein, anstatt erleben zu müssen, wie sie ihn enttäuscht.

Nachdem er über ein Jahr bei mir in Analyse gewesen war und ich in der Übertragung immer mehr zu Abigail/Mutter geworden war, verließ ich ihn für zwei Wochen, um auf einen Kongreß zu fahren. Er war innerlich nicht darauf vorbereitet. Wenige Tage nach unserer Trennung hörte er von einer türkischen Frau in einem Nachbarstaat, von der er hoffte, sie würde sich ihm hingeben (ich bin türkischer Herkunft und Hamilton wußte das). Er flog in die Stadt, in der die Frau angeblich leben sollte, und suchte nach ihr. Nachdem er sie nicht hatte finden können, kehrte er nach Hause zurück und ordnete an, die Spitze seines Künstler-Berges durch Bulldozer einebnen zu lassen. Bei meiner Rückkehr erzählte er mir, daß die Erhebung, wo die Künstlerkolonie gebaut werden sollte, jetzt flach und um sieben Meter in ihrer Höhe gekappt worden war. Seine rasende Wut gegen den abweisenden Analytiker/türkische Frau/Mutter/ Abigail ließ ihn die "Brustwarze" seines Berges kastrieren. Schließlich wurde die Bedeutung seiner zweiten "Vision", was er mit ihr gemacht hatte und warum er so handeln mußte, in sein Bewußtsein gehoben.

Während seine zweite "Vision" ein hochentwickelter Versuch der Sublimierung war, suchte er gewöhnlich nach Wegen, seine Umgebung so zu beeinflussen, daß sie seinen inneren Erwartungen entsprach. Er machte alloplastische Anpassungen. Da Hamilton erst im Alter von 57 Jahren in die Analyse kam, liefert er auch Beispiele lebenslanger Umformungen seiner Umwelt durch einen einflußreichen Menschen mit schweren Objektbeziehungskonflikten.

Hier ein prägnantes Beispiel:

Hamilton hatte einen kleinen Kreis von Freunden, die an einem allmorgendlichen Ritual beteiligt waren. Einer von ihnen holte ihn von dem Haus ab, in dem er seit der Trennung von seiner Frau allein lebte (zwei Jahre nach der Trennung war die Scheidung endgültig abgeschlossen). Sein Freund, der ihm dabei als Chauffeur diente, fuhr ihn zu einem heruntergekommenen "Diner" (Diner ist eine amerikanische Kette von billigen Lokalen), wo sie dann gemeinsam ihr Frühstück einnahmen. Danach wurde Hamilton zu seinem Haus zurückgefahren, wo er, in der Badewanne sitzend, halbdösend ein Bad nahm. Erst danach zog er seinen Geschäftsanzug an und ging in das Büro im obersten Stock seiner Textilfabrik.

Ich möchte daran erinnern, daß Hamilton ein reicher Mann ist und er es sich hätte leisten können, einen Koch anzustellen, der ihm das Frühstück zu Hause zubereitete, oder in ein schönes Restaurant zu gehen. Aber er *mußte* diese heruntergekommene Kneipe täglich aufsuchen, wo er seine Kindheit erinnerte und eine einschneidende Trennung von damals ungeschehen machte.

Diese Kneipe wurde von einem schwarzen Mann und von einer schwarzen Frau geführt, die nicht miteinander verheiratet waren. Sie freuten sich sehr darüber, einen reichen Mann als regelmäßigen Gast bei sich zu haben. Wenn Hamilton auch nicht mehr zahlte als die anderen Gäste, war es doch schön, ihn dort zu haben; er half, das Ansehen ihres Hauses zu heben. Mein Analysand "wußte", daß die schwarze Frau für Abigail stand und der schwarze Mann für Abigails Bruder Morris, der sich, als Hamilton noch ein kleiner Junge war, auch um ihn gekümmert hatte. Durch Hamiltons Beschreibung dessen, was in dieser Kneipe stattfand, verstand ich, daß er jeden Morgen regredierte und sich wie der kleine Junge in der Küche seiner Kindheit fühlte. Die schwarzen Leute erzählten ihm Witze, sie berührten ihn liebevoll und gaben ihm zu essen. Er lachte dabei und war glücklich.

Mit der Zeit konstruierten wir die vollständige Bedeutung seines allmorgendlichen Rituals. Der von seinem "Chauffeur" gefahrene Wagen stand für den Kinderwagen, in dem er vom großen Haus zur Küche gefahren worden war. Diese Küche befand sich in einem anderen Haus, wo sich Abigail und die anderen schwarzen Farmarbeiter aufhielten. Dort wurde er verwöhnt und als jemand ganz besonderes behandelt. Sehr wahrscheinlich kam es auch zu körperlichen Stimulationen und Verführungen. Hamilton kann sich daran erinnern, daß es die Aufgabe von Abigails Bruder war, sein Gesäß zu reinigen, nachdem er Stuhlgang gehabt hatte. In der Kneipe regredierte er immer wieder, um die Zeiten mit Abigail wiederzubeleben und die Gefühle wieder zu empfinden, die ihm Vergnügen und Selbstwertgefühl gegeben hatten. Sein Ritual enthielt Elemente von "Regression im Dienste des Ich" (KRIS 1952), ohne zu kreativen Aktivitäten zu führen. Nach dem Frühstück in der Küche (Kneipe) wurde er zum Farmhaus (seinem Haus) zurückgefahren, wo er dann von seiner Mutter (ihm selbst) gebadet und sein Penis gewaschen wurde, was ihm Vergnügen bereitete.

Das tägliche Morgenritual machte die Trennung ungeschehen, löschte die "schlechte" Mutter aus und gab ihm emotionale Nahrung, so daß er wieder zum Erwachsenen werden und zur Arbeit gehen konnte. Das allmorgentliche "Wieder-Auftanken" (MAHLER 1968) bei einer liebevollen Mutter ließ ihn den Tag als vernünftigen und häufig erfolgreichen Geschäftsmann und Gentleman überstehen. Leute, die ihn nicht gut kannten, wären nach einer flüchtigen Interaktion mit ihm nie auf die Idee gekommen, daß er in einem solchen inneren Aufruhr stand.

Äußere Realität und innere Welt

Wenn das Kind mit seiner Umwelt in Beziehung tritt, benützt es dazu seine konstitutionellen Entwicklungspotentiale. Diese Erfahrungen mit der physischen Umwelt werden durch die Mutter-Kind-Interaktion in die sich entwickelnde psychische Struktur des Kindes geleitet und internalisiert (GREENSPAN 1989). Was das Kind jedoch internalisiert und zu seinen ich-bildenden Bausteinen macht, ist nicht die direkte Abbildung seiner Erfahrungen mit der äußeren Welt. Das Kind fügt vielmehr den Erfahrungen mit der Umgebung und besonders mit den Menschen in ihr seine eigenen Wünsche, seine Abwehr gegen diese Wünsche und seine unbewußten Phantasien, das heißt aus ihm selbst Stammendes, hinzu. Die innere Welt spiegelt nicht nur die äußere Welt wieder, sondern auch die Ergänzungen des Kindes zur äußeren Welt.

Mein Patient brauchte in der Analyse einige Jahre, um noch andere Bedeutungen seines Morgenrituals zu verstehen. Nicht er war es gewesen, der im Kinderwagen gefahren worden war, sondern seine jüngeren Schwestern. Da er auf sie eifersüchtig war, identifizierte er sich mit ihnen und ihrer abhängigen Position. Diese Identifikation mit den jüngeren Geschwistern war seine eigene geistige Schöpfung und eine Ergänzung der äußeren Realität. Dies veränderte seine Erinnerungen der vergangenen Ereignisse und erschuf eine neue Realität. Die Identifikation mit seinen jüngeren Schwestern ermöglichte ihm die Erfüllung seines Wunsches, daß die schwarzen Leute in der Küche sich ausschließlich um ihn kümmerten. *Er* war der "kleine König" und die Küche war allein *sein* Territorium.

Spaltung und verwandte Abwehrmechanismen

Die Ereignisse des Lebens können nicht kontrolliert werden. Einige Erlebnisse reaktivierten in Hamiltons Erinnerungen und Affekte der Traumata und Zurückweisungen durch Abigail (als Kind konnte er nicht wissen, daß es nicht Abigails Schuld gewesen war, daß sie nicht seine Nanny bleiben konnte) und durch seine Mutter, die ihre Aufmerksamkeit ihren neugeborenen Kindern zuwandte und außerdem noch depressiv wurde. Wenn seine alloplastischen Anpassungen, das heißt die Änderung der Umgebung gemäß seinen inneren Bedürfnissen, nicht erfolgreich waren, wurden seine "bösen" Selbst- und Objektvorstellungen reaktiviert. Die Derivate dieser Reaktivierung fanden ihren Weg in das tägliche Leben.

Hamiltons psychisches Überleben hing hauptsächlich von der Spaltung als Abwehrmechanismus ab. Durch sie konnte er verhindern, unerträglichen Ängsten ausgeliefert zu sein. Besonders deutlich zeigt sich das in seiner spezifischen Art der Beziehung zu Frauen, die geprägt war durch Spaltung, Verleugnung, Idealisierung, Entwertung und introjektiv-projektive Bezogenheit.

Als er während seines Studiums seine erste Frau heiratete, litt er unter vorzeitiger Ejakulation. Ohne das Wissen seiner Ehefrau fand er eine ältere Frau, die ihm beibrachte, wie er seine Erektion länger halten konnte. Seitdem hatte er sowohl während der gesamten Dauer seiner ersten Ehe als auch danach immer mehrere Frauen als Sexualpartnerinnen.

Seine zweite Frau, die zu Beginn der Ehe Anfang 30 war und schwarze Augen hatte, die ihn an Abigail erinnerten, repräsentierte für ihn die ideale Frau, nach der er immer gesucht hatte. Als er sie heiratete, fühlte er sich wie im siebten Himmel. Es dauerte ungefähr ein Jahr, bis sie zur "Hexe" wurde. Als "böse" Frau stand sie für die zurückweisende Abigail, die strafende Mutter und den schwarzäugigen Fetus, den er in einem Glas in der anatomischen Sammlung eines Krankenhauses gesehen hatte, als er als Jugendlicher wegen einer Knieverletzung behandelt wurde. Seine Assoziationen ließen es wahrscheinlich erscheinen, daß der Fetus mit den schwarzen Augen für seine Schwestern stand, die nach ihm geboren worden waren. Sie waren das Ziel seiner mörderischen Wut, und unbewußt wünschte er ihnen den Tod.

Noch bevor seine zweite Ehe zerbrach, begann Hamilton, mit anderen Frauen auszugehen. Nach der Trennung von seiner zweiten Frau nahm das Schema, nach dem er seine Verabredungen mit Frauen plante, seine ganz spezifische Form an und wurde starr eingehalten. Er konnte dieselbe Frau nicht an zwei aufeinander folgenden Abenden treffen, da sonst jede Frau, wie seine Mutter, Abigail und seine Schwestern, zu einer "bösen" Frau werden konnte. Oder aber er konnte selbst zur "bösen" Person werden und mußte die "Gutheit" der Frauen vor seiner Destruktivität schützen. In seiner Phantasie konnte eine Frau für eine Nacht ein "Engel" bleiben. In der zweiten Nacht, wenn sie zur "Hexe" wurde, mußte er sie meiden. In der dritten Nacht und auch später konnte die Frau wieder zum "Engel" werden.

Dieses Schema für Verabredungen mit Frauen schützte ihn davor, mit der "bösen" Frau, die vorübergehend abgespalten und entwertet war, allein zu sein. Das Schema verschaffte ihm in seiner Phantasie die Möglichkeit, nur mit der "guten" Frau zusammen zu sein.

Hatte sich eine Frau in eine "Hexe" verwandelt, begann er, ihren Charakter zu "analysieren". Wenn ich hörte, wie er dann über diese Frau sprach, konnte ich feststellen, wie er seine internalisierten "bösen" Objektvorstellungen und/oder Teile seiner "bösen" Selbstvorstellungen auf sie projizierte. Die Frau mußte für mindestens eine Nacht gemieden werden, da irgendein Aspekt ihrer Vergangenheit sie zu jemandem machen konnte, der ihn möglicherweise abweisen würde, so wie er sich früher von Abigail und seiner Mutter abgelehnt gefühlt hatte. Oder die Frau wurde als jemand wahrgenommen, der kein empathisches Einfühlungsvermögen hatte. In diesem Falle projizierte er seinen eigenen Mangel an Mitgefühl auf die "böse" Frau.

Wenn diese Frau idealisiert war, wurde sie als total "gut" erlebt, obwohl er intellektuell wußte, daß er einen Tag oder eine Woche zuvor dieselbe Frau als "entwertet" erlebt hatte. Er konnte zum Beispiel nichts in der Art sagen wie: "Mary ist eine nette Frau, aber sie hat einige weniger wünschenswerte Eigenschaften!" Seine Beziehung zu Mary war, praktisch gesehen, so, als ob sie aus zwei völlig verschiedenen Frauen bestand, der idealisierten Mary und der entwerteten Mary.

Wie ich schon oben ausführte, hatte er, wenn er mit der idealisierten Mary zusammen war, eine Erinnerung an die entwertete Mary, aber er verhielt sich so, als ob die entwertete Mary niemals existiert hätte. Die entwertete Mary und die "schlechte" Beziehung zu ihr wurden verleugnet.

In Hamiltons Geschichte wird klar, daß seine gewohnheitsmäßige Suche nach der idealen Frau bei ihm zu einem Abwehrmanöver an sich geworden war, das bei dem Versuch der Verleugnung und/oder Verdrängung der qualvollen Ereignisse seiner Kindheit helfen sollte. Er hatte die Illusion, er werde eines Tages diese ideale Frau finden. In seiner Phantasie war diese Frau ihm vollständig ergeben und hatte keine Fliederzweige, um ihn zu schlagen; sie würde ihm nur Freude bereiten und eine nie versiegende Milchquelle für ihn sein. Natürlich konnte keine Frau lange diesen Wunschvorstellungen entsprechen. So mußte er seine Suche immer wieder von neuem aufnehmen.

Spaltung oder Ambivalenz

Einige Psychoanalytiker, wie Abend, Porder und Willick (1983), glauben, daß Spaltung bei Kindern existieren kann, die versuchen, ihre gute Beziehung zur Mutter zu bewahren, aber daß die Spaltung nicht unverändert bis in das geistige Leben des Erwachsenen anhält. Diese Autoren stimmen mit Kernberg (1967, 1975) bezüglich der Abwehrkonstellation der von Kernberg als Patienten mit Borderline-Persönlichkeitsorganisation angesehenen Patienten nicht überein. Abend, Porder und Willick meinen, daß Borderline-Patienten alle Arten von Abwehrmechanismen verwenden, einschließlich Verdrängung. In diesem Punkt stimme ich mit ihnen überein. Dem Teil ihrer Ausführungen jedoch, in dem sie der Auffassung widersprechen, daß sich die dominante Abwehrkonstellation von Borderline-Patienten um die Spaltung herum gruppiere, stimme ich nicht zu. Sie meinen damit, daß es keinen Unterschied zwischen intensiver Ambivalenz und Spaltung gibt. Wie Kernberg bin auch ich davon überzeugt, daß ein Unterschied existiert und es aus technischen Gründen äußerst wichtig ist, ihn zu beachten.

Spaltung bezieht sich auf die der Abwehr dienende Nicht-Integration differenzierter Selbst- und Objektvorstellungen. Ambivalenz bedeutet, gleichzeitig Liebe und Haß gegenüber einer integrierten Selbst- oder Objektvorstellung zu empfinden. Beim Umgang mit Spaltung beinhalten die technischen Überlegungen Manöver, die beim Verbinden der gegensätzlichen Vorstellungen helfen. Bei der Arbeit mit Ambivalenz ist das Problem, entgegengesetzte Selbst- und Objektvorstellungen zu integrieren, nicht vorhanden. Es geht vielmehr um den Konflikt, dasselbe Objekt gleichzeitig zu lieben und zu hassen.

Wenn Hamilton Spaltung einsetzte, behandelte er eine Frau so, als ob sie aus zwei Teilen bestünde, dem "guten" und dem "bösen" Teil. Er gestaltete seine Beziehung zu einer "guten" Frau so, als ob sie, während der Dauer ihres Zusammenseins, ausschließlich wünschenswerte Eigenschaften besäße. Wenngleich er sich bewußt daran erinnern konnte, daß dieselbe Frau am Tag zuvor "böse" gewesen war, wurde doch - geht man von den Gefühlen aus - die Erinnerung an sie als eine "böse" Frau außerhalb des Erlebens gehalten. Hat jemand zu einer anderen Person ein ambivalentes Verhältnis, so kämpft er mit einem schnellen Wechsel und/oder dem gleichzeitigen Ausdruck von zwei entgegengesetzten Gefühlen.

Die korrekte Differentialdiagnose für Spaltung und Ambivalenz sollte jedoch nicht aufgrund des oberflächlichen Bildes gestellt werden, da es tatsächlich gelegentlich schwierig sein kann zu erkennen, ob der Patient extreme Ambivalenz zeigt oder Spaltung einsetzt. Die korrekte Differentialdiagnose sollte entsprechend der inneren Organisation des Patienten und der Art seiner internalisierten Objektbeziehungen gestellt werden. Auch in der Übertragung werden Spaltung und Ambivalenz unterschiedlich empfunden. Ein ambivalenter Patient liebt und haßt seinen Analytiker zur selben Zeit. Er mag an der Oberfläche freundlich erscheinen, aber dabei symbolisch entwertende Bemerkungen über den Analytiker machen. Ein guter Gedanke über den Analytiker kann von einem anderen, entgegengesetzten gefolgt sein. Das Empfinden extremer Ambivalenz verursacht Unwohlsein, Angst und sogar Schuldgefühle im Patienten. Während dieses Zustands weiß der Patient die ganze Zeit, daß er den Analytiker liebt und haßt und daß dieser Zustand ihm unangenehm ist. Verwendet der Patient jedoch den Abwehrmechanismus der Spaltung, so kann er aufgrund der Phantasie, mit dem "guten" Objekt zu verschmelzen, vom "bösen" Objekt zerstört zu werden, oder auch wegen der Befürchtung, sein "böses" Selbst könne die "gute" Objektvorstellung zerstören etc., Spannungen und Angst empfinden, nicht aber wegen eines Konfliktes zwischen Liebe und Haß.

Setzt ein Borderline-Patient Spaltung in der Übertragung ein, dann kann es sowohl im Verhalten des Patienten als auch im Empfinden des Analytikers so scheinen, als ob vier Personen im Zimmer anwesend wären: Der "gute" Analytiker, der "gute" Patient, der "böse" Analytiker und der "böse" Patient. BUIE (1985) stellt fest, daß Borderline-Patienten während der Behandlung Ambivalenz entwickeln. Das findet dann statt, wenn der Patient "gute" und "böse" Selbst- und Objektvorstellungen integrieren kann. Diese Integration wird von Angst begleitet. Die Beobachtung eines solchen Ereignisses selbst ist der klinische Beweis dafür, daß Borderline-Patienten Spaltung verwenden.

Unfähigkeit zu trauern

Hamilton zeigte eine Unfähigkeit zu trauern. Wenn wir Trauern vom Gesichtspunkt internalisierter Objektbeziehungen untersuchen, konzentrieren wir uns auf die Selbstvorstellung des Trauernden während des Prozesses des Trauerns und fragen uns, was er mit der Objektvorstellung des verlorenen Objekts macht (VOLKAN 1981a).

Hat jemand eine Persönlichkeitsorganisation höheren Niveaus und kann integrierte Selbstvorstellungen ebenso wie integrierte Objektvorstellungen aufrechterhalten, so kann er einen unkomplizierten Prozeß des Trauerns durchmachen, der zu unbewußten, aber *selektiven* Identifikationen des Trauernden mit unterschiedlichen Funktionen verschiedener innerer Vorstellungen des verlorenen Objekts führt. Die Funktionen, die das verlorene Objekt (zum Beispiel Vater, Mutter oder Partner) gegenüber dem Trauernden und/oder allgemein gegenüber der Welt hatte, werden dann durch das Mittel der Identifikation vom Trauernden selbst besessen. Nach einem schmerzhaften Prozeß des Trauerns wird die Selbstvorstellung des Trauernden aufgrund dieser selektiven Identifikationen modifiziert und bereichert.

Ein Mensch mit einer Persönlichkeitsorganisation höheren Niveaus kann sich aber andererseits auch unbewußt *total*, das heißt sowohl mit den geliebten als auch mit den gehaßten Aspekten der Vorstellung des verlorenen Menschen oder des verlorenen

Gegenstands identifizieren. Die ursprüngliche Ambivalenz, die gegenüber dem verlorenen Objekt empfunden worden war, wird nun als Kampf innerhalb der Selbstvorstellung des Trauernden erlebt: Liebe gegenüber der Objektvorstellung wird zu "Erhalten" und Haß zu "Zerstören" (FENICHEL 1945). Die Aggression wendet sich gegen die Selbstrepräsentanz, die die Objektrepräsentanz durch die libidinöse Bindung zu ihr "erhält". Dies führt zu einer Minderung des Selbstwertgefühls und letzten Endes zur Depression. Die Selbstvorstellung ist auch hierbei durch einen Prozeß der Identifikation modifiziert worden, aber statt bereichert zu werden, wird sie zum Kampfgebiet. Der ursprünglich ambivalente Kampf mit der Objektvorstellung wird nun in der Person selbst geführt, und zwar zwischen der ursprünglichen Selbstvorstellung des Trauernden und der neuen Selbstvorstellung, die das Endresultat der totalen Identifikation mit dem verlorenen Objekt ist.

Es gibt noch einen anderen Zustand, der das Endresultat von komplizierter Trauer sein kann. Der Trauernde bewahrt die Objektvorstellung der verlorenen Person oder des Gegenstands innerhalb des Selbstsystems als ein *Introjekt*. Unter "Introjekt" verstehe ich folgendes: Es ist eine Objektvorstellung, die sich von den üblichen Objektvorstellungen dadurch unterscheidet, daß sie auf dem Weg gewesen war, in die Selbstvorstellung absorbiert zu werden. Dieser Prozeß kommt nicht zum Abschluß. Eine Identifikation findet nicht statt. Dennoch führt dieser Vorgang dazu, daß das Introjekt innerhalb der Selbstvorstellung des Trauernden zu einer Art Fremdkörper wird, der sich ständig bemerkbar macht und Einfluß ausübt, wobei die Struktur der Selbstrepräsentanz des Trauernden unverändert bleibt, da es ja zu keiner Identifikation gekommen ist.

Oft wird das Introjekt auf ein unbelebtes, nicht-menschliches Objekt außerhalb des Selbstsystems externalisiert. Zum Beispiel nimmt ein Trauernder den elektrischen Rasierapparat seines Vaters kurz nach dessen Tod und rasiert sich damit. Der Gedanke kommt ihm in den Sinn, daß die Barthaare seines Vaters und seine eigenen sich im Rasierapparat treffen und vermengen. Er macht aus dem Rasierapparat ein magisches Objekt. Ich nenne solche Objekte "verbindende Objekte" (VOLKAN 1972, 1981a). Die geistige Vorstellung des toten Vaters (eine externalisierte Version des Introjektes) verbindet sich symbolisch mit der entsprechenden Selbstvorstellung des Trauernden im Rasierapparat. Da dieses Treffen in der Außenwelt stattfindet, kann der Prozeß des Trauerns - vom Standpunkt der Objektbeziehungen aus: der Vorgang der Interaktion zwischen den Vorstellungen vom verlorenen Objekt und den Selbstvorstellungen des Trauernden - kontrolliert werden. Der Trauernde kann beispielsweise den Rasierapparat nie wieder benützen, oder er kann ihn irgendwo einschließen. Durch diese symbolische Kontrolle hält er den Prozeß des Trauerns für die kommenden Jahre in einem Schwebezustand. Ich nenne einen solchen klinischen Zustand "etablierte pathologische Trauer" (VOLKAN 1981).

Die oben beschriebenen Prozesse stellen die wichtigsten Möglichkeiten von Personen mit einer Persönlichkeitsorganisation höheren Niveaus dar, einen bedeutsamen Verlust zu verarbeiten.

Wenn ein Erwachsener mit Borderline-Persönlichkeitsorganisation einen wichtigen Verlust erleidet, können die beiden ersten oben beschriebenen Beispiele von Trauerprozessen Erwachsener - unkompliziert/bereichernd und kompliziert/deprimierend - nicht stattfinden. Bestenfalls ähnelt die Trauer eines Borderline-Patienten der etablierten pathologischen Trauer. Er verbleibt in der Schwebe zwischen Akzeptieren und Nicht-Akzeptieren des Verlusts.

Wie schon erwähnt, stellte SEARLES (1986) fest, daß es keine Trauer geben kann, wenn zuvor keine echte Beziehung bestand. Hier unsere metapsychologische Erklärung dieser Situation:

Beim Borderline-Patienten ist die Vorstellung vom verlorenen Objekt gespalten. Das Entfernen des "bösen" Objektes durch einen Verlust, zum Beispiel den Tod eines Familienangehörigen oder Freundes, führt nicht zu dem Verlangen, es wiederzufinden. Andererseits wird der Verlust des "guten" Objektes geleugnet. Da der Borderline-Patient ein hohes Maß introjektiv-projektiver Bezogenheit verwendet, behält er weder das "gute" noch das "böse" gespaltene Objekt lange genug in sich, als daß seine Selbstvorstellung durch *stabile* Identifikationen mit ihnen verändert werden könnte. Außerdem können die Vorstellungen des verlorenen "guten" und "bösen" Objekts schnell auf andere Objekte verschoben werden, da äußere Objekte für den Borderline-Patienten austauschbar sein können.

Für einen Neurotiker oder andere Personen mit einer Persönlichkeitsorganisation höheren Niveaus tritt im ersten Stadium der Trauer die Verleugnung des Verlusts auf. Bald aber läßt die Verleugnung nach. Bei der unkomplizierten Trauer wird sie schließlich durch das Akzeptieren des Verlusts und die Trauerarbeit ersetzt (FREUD 1917).

Der Borderline-Patient kann dagegen beim Verleugnen bleiben und die Illusion aufrechterhalten, daß die Trennung nie stattgefunden habe.

Diese Verleugnung kann in offener oder versteckter Weise viele Jahre, oft sogar bis zu seinem Tod anhalten. Wenn ein Borderline-Patient in Psychoanalyse ist, zeigt er die ersten Zeichen der Fähigkeit zu trauern, nachdem er die entgegengesetzten Selbst- und Objektvorstellungen mit ihren dazugehörenden Affekten ausreichend miteinander verbunden hat.

Wir sollten uns in Erinnerung rufen, daß Hamilton wegen depressiver Zustände, die er gelegentlich als fast unerträglich empfand, in Analyse kam. Nach dem Verlust (der Trennung von seiner zweiten Frau) war er jedoch *nicht* in der Lage, eine *stabile* Depression zu entwickeln. Wie auf Knopfdruck konnte er, indem er eine neue Frau fand, seine Depression immer wieder loswerden. Er identifizierte sich nicht total und in einer stabilen Art mit der Vorstellung von seiner Ehefrau, die er verloren hatte.

Er hatte eine Kindheitsdepression gehabt und versuchte für den Rest seines Lebens, sich dagegen abzusichern, sie wiederzuerleben. Als Erwachsener mit Borderline-Persönlichkeitsstruktur war er nach einem Verlust nicht fähig, eine Depression zu entwickeln, so wie es ein Neurotiker hätte tun können. Außerdem war er nicht imstande, in einer "gesunden" Art zu trauern.

Die Asche einer toten Ehefrau

Das beste Beispiel für Hamiltons Unfähigkeit zu trauern kann in seiner Reaktion auf die Krankheit und den Tod seiner ersten Ehefrau beobachtet werden. Als sie schwer krank wurde und die Ärzte erwarteten, daß sie sterben würde, schlief er erst mit ihrer Schwester. Bald nachdem sie gestorben war, schlief er auch noch mit seiner Cousine, die gekommen war, um sich um seine Kinder zu kümmern. So fand er einen Ersatz für sie und versuchte gleichzeitig, die Trennung und die Trennungsangst zu verleugnen. Neben anderen Bedeutungen dieser Handlungen war die Objektvorstellung von seiner Ehefrau schnell auf ihre Schwester und seine Cousine übertragen worden.

Nach dem Tod seiner Frau ließ er ihren Leichnam verbrennen.

Ihre Asche wurde in eine Urne gegeben, die versiegelt und mit Papier umwickelt wurde. Achtzehn Jahre lang, bis zum Ende des ersten Jahres seiner Analyse, behielt er die Asche seiner ersten Ehefrau in dieser Urne. Erst dann trennte er sich nach einer religiösen Zeremonie von ihrer Asche. Die Urne mit der Asche war eine Art verbindendes Objekt, mit dessen Hilfe er, unbewußt, seine Ehefrau wieder lebendig machen oder sie auch wieder "töten" konnte. Er hatte eine omnipotente Kontrolle über seine Beziehung mit der Vorstellung von seiner Ehefrau, die nun in der Urne aufbewahrt war. Als verbindendes Objekt war die Urne mit der Asche nicht besonders sublim entwickelt. Es war praktisch kein symbolischer Gegenstand, wie etwa der oben erwähnte Rasierapparat, der zum Behälter für die Vorstellungen vom verlorenen Objekt und der entsprechenden Selbstvorstellungen des Trauernden wurde. Für ihn war die Asche tatsächlich seine Frau.

Fünfzehn Jahre nach dem Tod seiner ersten Frau heiratete Hamilton wieder. Während der ersten eineinhalb Jahre blieb er seiner zweiten Ehefrau treu. Aufgrund dessen, was ich über sein obligates Verhaltensmuster wußte, mehrere Frauen gleichzeitig zu haben, war ich erstaunt darüber, wie er über ein Jahr monogam hatte bleiben können. Als er mir jedoch erzählte, was er während seiner zweiten Ehe mit der Asche seiner ersten Frau tat, erhielt ich die Antwort auf das Rätsel.

Er hatte die Urne mit der Asche in das gemeinsame Haus mitgenommen und sie in einen Wandschrank in seinem Arbeitszimmer im Erdgeschoß gestellt. Seiner zweiten Frau erzählte er nicht, daß seine erste Frau (ihre Asche) ebenfalls in das gemeinsame Haus "miteingezogen" war. Gelegentlich, wenn er sich über seine zweite Frau ärgerte, verließ er das gemeinsame Schlafzimmer im ersten Stock, um in seinem Arbeitszimmer - unbewußt mit seiner ersten Frau - zu schlafen.

Weitere Symptome und Verhaltensmuster

Im Verlauf von Hamiltons Analyse bemerkte ich, daß auch seine Verhaltensmuster beim Spiel und im Geschäft seinen Interaktionen mit Frauen ähnelten.

Hamilton spielte gern Golf, aber er fühlte sich immer frustriert, da er nicht fähig war, "seine Augen am Ball zu lassen".

Während der Analyse erkannte er, daß der Grund dafür in seiner Suche nach einer idealen Frau in der Nähe des Golfplatzes lag. Seine Augen suchten die Gegend ab, um auf keinen Fall den Augenblick zu verpassen, in dem ein "Engel" vorbeikommen würde. Erst nachdem er dieses Problem in der Analyse durchgearbeitet hatte, war er wirklich in der Lage, "seine Augen am Ball zu lassen". Sein Golfspiel wurde besser.

Auch mit seinen Geschäftsunternehmungen ging er ähnlich wie mit Frauen um. Wenn ihm ein neues Unternehmen angeboten wurde, zum Beispiel eine kleine Fabrik, konnte er nicht nein sagen. Er sammelte viele Fabriken und Unternehmen zusammen und verkaufte auch viele. Da die meisten seiner geschäftlichen Unternehmungen *sublimiert* waren, war er im allgemeinen beruflich sehr erfolgreich. Unter bestimmten Umständen neigte er jedoch zu impulsiven Handlungen. Das ließ ihn zum Spieler werden. Nach einem impulsiven Kauf stellte er sich einen idealisierten Geschäftserfolg vor, oder aber er fürchtete, ausgepeitscht zu werden. Oft brachte er Leute vor Gericht, oder andere brachten ihn vor Gericht. Er mußte viel Geld für seine Rechtsanwälte ausgeben. Bei den Prozessen wollte er seine Gegner "auspeitschen", oder aber er fürchtete, von ihnen bestraft zu werden. Erst in der Analyse erkannte er die Bedeutung seiner häufigen Auftritte vor dem Richter: Das Gericht war ein Ort, wo er offen all die Ungerechtigkeiten, die ihm angetan worden waren, zum Ausdruck bringen konnte. Natürlich standen diese "Ungerechtigkeiten" für die ursprünglichen Mißhandlungen und Traumata seiner Kindheit. Im Gerichtssaal suchte er nach Zeugen, die, endlich, seine Verletzungen anerkannten und bestätigten.

Hamilton sprach oft noch über zwei andere Bereiche, die ihn stark beschäftigten. Einer davon war Geld. Damit werde ich mich im Kapitel *Globale Kontrolle und Analität* befassen. Die andere Hauptsorge galt seinen Geschwistern.

Geschwister

Unsere klinische Erfahrung zeigt, daß die Schwangerschaft einer Mutter und die Geburt eines Geschwisters immer ein wichtiges Ereignis im Erleben des älteren Kindes ist. Üblicherweise kommt das neue Geschwister in das physische und, noch wichtiger, psychische Territorium des älteren Kindes hinein. Es ist ein Eindringling. Das ältere Kind muß sich sowohl äußerlich als auch innerlich an die neue Situation anpassen.

Alle Kinder sind mit altersspezifischen Aufgaben konfrontiert. In verschiedenen Altersstufen überwinden sie unterschiedliche psychosexuelle und Separations-/Individuationsprobleme. Daher wird die Geburt eines Geschwisters durch das ältere Kind entsprechend der Entwicklungsstufe erlebt, auf der es sich gerade befindet, und entsprechend dem Ausmaß, in dem ihm Realitätsprüfung und Unterstützung zur Verfügung stehen. Wenn Wünsche nicht erfüllt werden und wenn Lücken in der Realitätsprüfung existieren, so werden Phantasiebildungen diese Risse auffüllen und die Wünsche befriedigen. Ein Junge im ödipalen Alter kann unbewußt das neue Baby als Produkt der Liebe zwischen sich und seiner Mutter ansehen. Das kann andererseits zu einem Anwachsen der Furcht führen, den Penis oder einen dafür stehenden Körperteil durch Kastration oder Beschädigung durch die Hand des Vaters zu verlieren. Ein Mädchen im ödipalen Alter kann unbewußt wünschen, daß das Baby ihm und dem Vater gehört. Dies wiederum kann zur Intensivierung der Rivalität mit der Mutter mit den entsprechenden psychischen Folgen führen. Die Brüchigkeit der Realitätsprüfung kann "Interpretationen" des Kindes in bezug auf Schwangerschaft und Geburt zur Folge haben; zum Beispiel kann das Kind entsprechend seinem Alter Phantasien entwickeln über orale oder anale Wege, schwanger zu werden.

Kultur, Sitten und Bräuche bringen auch zum Ausdruck, wie die Erfahrung mit Geschwistern verarbeitet wird. Zum Beispiel schreibt Boyer (1979) in seiner psychoanalytischen Untersuchung der Persönlichkeitsstruktur der Apachen über viele Verhaltensweisen, die die nicht ausreichend sicher verdrängten Erfahrungen mit Geschwistern widerspiegeln. BOYERS Studie zeigt, daß eine Apachenfrau, die 30 Jahre oder jünger ist, weniger als zwei Jahre Abstand zwischen ihren Kindern hat. Bei der Geburt eines Geschwisters wird das vormals jüngste Kind *abrupt* aus dem Bett der Eltern oder seiner Krippe entfernt, und die Aufmerksamkeit der Mutter konzentriert sich dann vollständig auf das neue Baby, wodurch in dem abgeschobenen Kind eine schwere Wiederannäherungskrise ausgelöst wird (MAHLER et al. 1975).

Es gibt natürlich auch positive Reaktionen auf die Schwangerschaft der Mutter und die Geburt von Geschwistern. Beide sind "durchschnittlich zu erwartende Ereignisse" (PARENS 1980), die das existierende psychische Gleichgewicht des älteren Kindes erschüttern. Aber in einer gesunden Umgebung dürfte ein solches Ereignis keine pathologische Entwicklung im älteren Kind auslösen. Nach einer Zusammenfassung von FREUDS Ansichten über die positiven Reaktionen auf Geschwister zeigen COLONA und NEWMAN (1983), wie Verschiebung, Reaktionsbildung, Sublimierung und Identifikation - Abwehrmechanismen, die gegenüber Geschwistern verwandt werden - zu Wegen werden können, die zu "Fairneß, Gruppengefühlen und einem besonderen Gerechtigkeitssinn" führen.

Wenn ein Kind seine Selbst- und Objektvorstellungen nicht integrieren kann, so wird die Verarbeitung der Erfahrung mit Geschwistern höchstwahrscheinlich negativ sein. Spaltung und introjektiv-projektive Mechanismen werden bewirken, daß vor allem die jüngeren Geschwister weitgehend Teilobjekte bleiben, die manchmal als "gut", manchmal als "böse" erlebt werden. Ein Gefühl der Fairneß gegenüber Geschwistern kann kurzfristig vorhanden sein, während das, was als Geschwisterrivalität bekannt ist, in seiner primitiven Form in der Vorstellung des Patienten und in den Erlebnissen mit den Geschwistern dauerhafter fortbesteht. Ein Mensch, der eine Borderline-Persönlichkeitsorganisation entwickelt, beläßt seine Geschwisterrivalen gewöhnlich im "schlechten" Bereich seiner Objektvorstellungen und hat Schwierigkeiten, echte Liebe oder zumindest Ambivalenz gegenüber seinen Geschwistern zu entwickeln. Die Gefühle der Rivalität, die Unfähigkeit, die Geschwister als "vollständige" integrierte Menschen mit ihren eigenen Rechten zu sehen, und die Kontaminierung der Wahrnehmung der Geschwister mit den eigenen inneren Anteilen wiederholen sich gewöhnlich beim erwachsenen Borderline-Patienten gegenüber seinen Kindern.

Hamilton wuchs in einer kulturellen Umgebung auf, die in einer besonderen und ungewöhnlichen Weise die alten Traditionen der Plantagenbesitzer der amerikanischen Südstaaten mit dem Erziehungsstil der Schreberbewegung verband. Als Erwachsener hielt er sich von seinem älteren Bruder und seinen jüngeren Schwestern fern. Zu seiner älteren Schwester hatte er eine bessere, wenn auch nicht enge Beziehung. Zu der Zeit, als er seine Behandlung begann, waren alle Geschwister in einen gerichtlichen Streit über die Aufteilung des elterlichen Erbes (Grundstücke und Vermögen) verwickelt. Die Eltern waren über 90 Jahre alt geworden und einige Jahre, bevor Hamilton mein Patient wurde, verstorben. Meistens wurden seine Geschwister von ihm als "böse" Objektvorstellungen wahrgenommen. Er behielt das gute Geschwisterbild für sich selbst und fühlte sich berechtigt, über seinen Anteil hinaus Anspruch auf den Grundbesitz seiner Eltern zu erheben.

Als seine Analyse begann, war auch die Beziehung zu seinen Söhnen und seiner Tochter schlecht. Statt Reue darüber zu empfinden, keine warme Beziehung zu ihnen zu haben, war er gewöhnlich über sie verärgert. Verstandesmäßig wußte er, daß seine Kinder in jungen Jahren durch den frühen Tod der Mutter traumatisiert worden waren. Aber er konnte kein Mitgefühl mit ihnen haben. Hauptsächlich Freunde und Hausangestellte kümmerten sich um sie, bis sie erwachsen waren und das Haus verließen. Sie aßen, in einer recht förmlichen Art, in Restaurants. Nie schlug er seine Kinder, aber die Überreste des Schreberschen Erziehungssystems kamen in seinen starren Ansichten darüber zum Ausdruck, was gut und erlaubt und was schlecht und untragbar war.

Seine beiden Söhne waren verheiratet. Sie hatten eine gute Ausbildung und gute berufliche Positionen. Er sah sie als Rivalen an. Zu Beginn seiner Analyse bei mir hegte er ganz offen sexuelle Gedanken über die Ehefrau seines älteren Sohnes, die in seiner Vorstellung und ohne Verdrängung mit Abigail austauschbar war, da sie schlank und von dunkler Hautfarbe war. Beide Söhne hatten kleine Kinder. Den Enkeln gegenüber fühlte Hamilton eine warme Zuneigung, aber zu Beginn seiner Analyse wußte er nicht, wie er seine Liebe hätte ausdrücken können.

Gegenüber seiner Tochter, die seinen jüngeren Schwestern

ähnelte, hatte er sehr negative Gefühle. Sie war unverheiratet und lebte allein.

Beziehungen zu den jüngeren Schwestern in der Kindheit

Hamilton verband die Geburt seiner jüngeren Schwestern mit dem Verlust der Liebe seiner Mutter. Erinnern wir uns daran, daß sie im Abstand von 18 Monaten in den ersten drei Jahren nach seiner Geburt geboren worden waren. In jenem Jahr, in dem seine jüngste Schwester geboren wurde, verlor er außerdem noch Abigail und das bisherige Zuhause. Außerdem mußte er mit der Depression seiner Mutter und den Sorgen seines Vaters über die wirtschaftliche Lage der frühen dreißiger Jahre fertig werden. Als Kind war ihm gesagt worden, daß Abigail deswegen entlassen worden war, weil sie eine "gefallene Frau" geworden war. Sie hatte Geschlechtsverkehr, ohne verheiratet gewesen zu sein, und sie war schwanger geworden. Seine idealisierte und geliebte Nanny war also gleichzeitig auch eine entwertete Frau. Obwohl er als Kind nicht verstand, was eine "gefallene Frau" war, spürte er doch die abwertende Bedeutung. Für ihn war sie jedoch deswegen entwertet, weil sie nicht mehr für ihn da war.

Als Jugendlicher bekam er eine bessere Vorstellung davon, was eine "gefallene Frau" bedeutete. Ich muß hier erwähnen, daß er vergessen hatte, wie die ursprüngliche Abigail ausgesehen hatte. Nur die warmen, jetzt idealisierten Erinnerungen waren ihm erhalten geblieben.

Als er ungefähr 14 Jahre alt war, stellte die Familie ein neues schwarzes Kindermädchen an, dessen Name ebenfalls Abigail war. Es waren die Körperformen dieser zweiten Abigail, die er in seiner Vorstellung mit dem Körper seiner ersten Abigail verband. Diese Körperformen wurden in seine Idealisierung mit einbezogen, und für den Rest seines Lebens suchte er nach ihnen. Als Jugendlicher "schuf" er sich jedoch auch Abigail als "gefallene Frau". Als er über kurze Zeit nachts seine Schwester besuchte und seinen Samen auf ihre Beine "spritzte", war dies nicht nur libidinös motiviert. Seine Assoziationen und Träume lassen vermuten, daß sein Samen in seiner Phantasie für Munition stand: Er machte seine Schwester schwanger und zur "gefallenen Frau", und da jede "gefallene Frau", in seiner Vorstellung, aus dem Hause gejagt wurde, konnte er so seine Schwester loswerden, sie "töten" und seine Mutter wieder für sich allein haben.

Gelegentlich war offensichtlich, daß er seine Sexualpartnerinnen wie seine jüngeren Geschwister erlebte, besonders wenn sie "böse" wurden. Er war sich bewußt darüber, daß einige von ihnen in seiner Vorstellung seinen Schwestern ähnelten. Seine Versuche, die Existenz seiner jüngeren Geschwister zu verleugnen, um sich eine Mutter zu erschaffen, deren jüngstes und geliebtes Baby der kleine Hamilton wäre, gehen zurück bis in seine Kindheit, als er 5 oder 6 Jahre alt war. Wir können dies in der "Postkasten-Geschichte" erkennen.

Die Postkasten-Geschichte

Hamiltons Mutter war nicht glücklich, als seine nächsten Geschwister geboren wurden. Daher waren die jüngeren Geschwister für ihn schlimme Eindringlinge, und er wollte sie aus dem Weg haben. Er versuchte, ihre Existenz zu verleugnen. Da sie jedoch in seiner alltäglichen Umgebung ständig anwesend waren, war das eine komplizierte Angelegenheit. Die Leugnung war mit einer unbewußten Phantasie verknüpft, die durch seine Handlungen im Rahmen der Postkasten-Geschichte in Szene gesetzt wurde.

Das zweite Farmhaus, in dem Hamilton aufwuchs, war etwa eine Meile von der öffentlichen Straße entfernt. Dort, wo der Zufahrtsweg begann, gab es einen riesigen Postkasten. Der fünf oder sechs Jahre alte Hamilton ging jeden Morgen mit seinem Bruder und seiner Schwester zum Ende des Zufahrtsweges, wo seine älteren Geschwister auf die Ankunft einer von Pferden gezogenen Kutsche warteten, die sie zur Schule brachte (in diesem Teil des Landes gab es zu der Zeit keine Schulbusse). Eine mütterliche Lehrerin wartete ebenfalls dort auf die Kutsche. Der kleine Hamilton bemerkte, daß diese Lehrerin die Gewohnheit hatte, auf dem Postkasten zu sitzen, während sie wartete. Als er herausfand, daß er klein genug war, um im Postkasten Platz zu finden, entwickelte er ein eigenartiges Ritual (sogar schon als kleines Kind hatte er Rituale): An Schultagen ging er, noch vor der Ankunft der Lehrerin, zu dieser Kreuzung, kroch in den Briefkasten und schloß den Deckel. Wenn sich die Frau nun auf den Briefkasten setzte, machte Hamilton keinerlei Geräusche, so daß sie nicht wußte, daß sie auf einem Kasten saß, der einen kleinen Jungen enthielt. Nachdem die Lehrerin mit der Kutsche abgefahren war, verließ er den Kasten wieder und kehrte nach Hause zurück. Damals, als er dieses Ritual entwickelte, war seine Mutter kränklich und kümmerte sich hauptsächlich um seine beiden jüngeren Geschwister. Außerdem gab es keine Abigail mehr, die für ihn sorgte, so daß er sich unendlich einsam und verlassen fühlte.

Während der Anfangsphase seiner Analyse erinnerte sich Hamilton in der Übertragung daran, im Briefkasten zu sein, wobei er meine Praxis symbolisch zum Briefkasten und mich zur Lehrerin machte. Als sich diese Geschichte im Laufe der Jahre wiederholte, hatte er klarere Erinnerungen an die Empfindungen, die er hatte, während er sich im Postkasten versteckt hielt. Wenn die Lehrerin auf dem Postkasten saß, bedeckte ihr Rock den Kasten vollständig. In der Dunkelheit hatte der kleine Hamilton das Gefühl, sich im Bauch der Lehrerin zu befinden. In einem Traum, den er zu dieser Erinnerung assoziierte, war er in einem Ei und schlüpfte wie ein Küken aus ihm heraus. Er erinnerte sich auch daran, sich wie ein "Spion" gefühlt zu haben.

Das Postkastenritual repräsentierte den Versuch des jungen Hamilton, die Schwangerschaften seiner Mutter mit seinen jüngeren Geschwistern und die Existenz seiner jüngeren Schwestern zu verleugnen. Seine unbewußte Phantasie, die wir rekonstruierten, bezog sich auf seine ihm nicht bewußte Idee, in den Bauch seiner Mutter/Lehrerin einzudringen und den Platz für sich allein zu beanspruchen. Er würde wie ein lebendiges Küken von dort ausschlüpfen. Er wäre das einzige Baby im Bauch seiner Mutter, und sein "Spionieren" würde ihm bestätigen, daß dort keine anderen Babys existierten. Durch die ständige Wiederholung dieses Rituals verstärkte er die Verleugnung der Existenz seiner Geschwister. Er "tötete" sie jedesmal symbolisch. So gab es keine Eindringlinge mehr.

An dieser Stelle möchte ich berichten, daß Hamilton nach der ersten Rekonstruktion dieser Phantasie, etwa ein Jahr nach Beginn seiner Analyse, mir erstmals von seinen "inzestuösen" Aktivitäten mit seiner jüngeren Schwester erzählte. Aufgrund der Rekonstruktion der unbewußten Phantasie, die sich auf die Postkastengeschichte bezog, konnte Hamilton leicht das aggressive Element seiner Ejakulation auf die Beine seiner Schwester erkennen.

Wie zu erwarten, wurde dieselbe Einsicht - und hier sprechen wir von der Einsicht, die sich auf Hamiltons Phantasien über seine Geschwister und speziell über deren Geburt bezogen - aus verschiedenen Geschichten gewonnen, bis das beobachtende Ich des Patienten sich darüber klar wurde, was sich wiederholte, und bis der Patient die Fähigkeit entwickelte, seine Konflikte zu meistern. Ich werde noch eine andere Geschichte berichten, durch die Hamilton ebenfalls erkannte, wie empfindlich er auf die Geburt seiner jüngeren Schwestern reagiert hatte und wie dies ihn auch noch als Erwachsenen zwang, bestimmte Dinge zu tun.

Zufällig hatte eines von Hamiltons Kindern fast gleichzeitig mit einem seiner Enkelkinder und einer seiner Schwiegertöchter Geburtstag. Im zweiten Jahr seiner Analyse wurde beschlossen, alle drei Geburtstage am selben Tag zu feiern, einem Sonntagnachmittag. Als Hamilton darüber informiert wurde, schien er zumindest oberflächlich erfreut zu sein und nahm sich vor, zu dieser Geburtstagsfeier zu kommen. Die "Zusammenfassung" dreier Geburtstage begann jedoch die traumatischen Erfahrungen zur Zeit der Geburt seiner jüngeren Geschwister zu reaktivieren. Als sich das Datum für die Geburtstagsfeier näherte, fühlte er sich unwohl, ohne den Grund dafür zu kennen. Auf seiner Suche nach einer - in seiner Vorstellung - idealen Frau setzte er wieder eine Anzeige in eine überregionale Zeitschrift. Wie immer antworteten ihm viele Frauen. Zwei Tage vor der gemeinsamen Geburtstagsfeier und nach einer Stunde mit mir empfand Hamilton den Drang, in eine entfernte Stadt zu fliegen, um eine nicht sehr bekannte Fernsehdarstellerin zu treffen. Das war für ihn äußerst ungewöhnlich, da er nicht die Gewohnheit hatte, die Gegend, in der er zu Hause war, spontan zu verlassen. Er war weitgehend in einem Satellitenstatus, wie ich ihn beschrieben habe (S. 33), und hielt sich praktisch nur in dem Gebiet um Williamsburg auf, wo er geboren war, und in der Umgebung der 150 Meilen davon entfernten Universitätsstadt, in der er sich als Erwachsener niedergelassen hatte.

Auf seine Anzeige hatte ihm die Fernsehdarstellerin ein Bild von sich geschickt, auf dem sie Mitte dreißig zu sein schien. Für Hamilton schien sie seiner Mutter zu ähneln, als diese noch jung war. Er flog in die entfernte Stadt. Sobald er jedoch die Frau erblickt hatte, fühlte er sich betrogen. Vom ersten Moment an wurde sie entwertet, da sie in Wirklichkeit Ende fünfzig war, alt aussah und nicht seiner idealisierten Mutter ähnelte. Enttäuscht, aber höflich und sein Versprechen ihr gegenüber einhaltend, führte er sie zum Abendessen und ins Theater aus.

Wie er in der analytischen Arbeit später erkannte, ließ ihn die herannahende Geburtstagsfeier seine Suche nach einer idealisierten Mutter, die nur ihn als ihr Baby hatte, intensivieren. Da er sie jedoch in der Fernsehdarstellerin nicht hatte wiederfinden können, verlor er noch einmal seine dreißigjährige Mutter. Allein, ohne mit der Schauspielerin geschlafen zu haben, kehrte er in sein Hotelzimmer zurück. Er fühlte sich rastlos, agitiert und depressiv. Aber wie auf Knopfdruck verflüchtigte sich seine Depression, als er mitten in der Nacht auf die Idee kam, Vorbereitungen für ein Frühstück mit einer anderen Frau zu treffen, die ebenfalls auf seine Anzeige geantwortet hatte und in derselben Stadt wohnte. Am nächsten Morgen frühstückte er mit dieser Frau, die tatsächlich Mitte Dreißig war. Obwohl sie ihm erzählte, daß sie vor nicht allzulanger Zeit mit einem Mann eine sexuelle Beziehung gehabt hatte, der zu einer Gruppe mit hohem AIDS-Risiko gehörte, nahm er sexuellen Verkehr mit ihr auf.

In seiner emotionalen Not, eine ideale Frau zu finden, verleugnete er die Möglichkeit einer tödlichen Infektion. Wichtiger war ihm, seine Depression loszuwerden. Nach wenigen Tagen konnte er sich nicht einmal mehr an den Namen der Frau erinnern. Sie war eine reine Übertragungsfigur, eine "Muschi-Pille", eine Mutter/Abigail, die ihn die Existenz von Geburtstagen anderer vergessen oder sogar verleugnen ließ. Das ist es, was ich meine, wenn ich darüber spreche, wie jemand mit Borderline-Persönlichkeitsstruktur die Realitätsverarbeitung verzerrt. Verstandesmäßig kannte Hamilton die Realität: Diese Frau war nicht seine Mutter, und der Geburtstag der Familienmitglieder war nicht identisch mit den Geburtstagen seiner Geschwister. Aber sein Umgang mit der Realität war so, daß er die Gefahr einer AIDS-Infektion nicht in seine Überlegungen miteinbeziehen und in einer der Realität angepaßten Weise reagieren konnte. Bei dem Versuch, noch mehr Zeit mit dieser Frau zu verbringen, verpaßte er fast sein Flugzeug, das ihn nach Hause bringen sollte, so daß er beinahe das "Geburtstagsereignis", wie er es nannte, versäumt hätte.

Zuvor hatte er mich weder über die bevorstehende Geburtstagsfeier informiert, noch über seinen Plan, in eine entfernte

Stadt zu fliegen. Er berichtete mir die Geschichte erst in seiner Montagsstunde. Noch während der Erzählung der Ereignisse des Wochenendes wurde ihm bewußt, daß er die drei Geburtstage, die gemeinsam gefeiert werden sollten und die Geburten seiner Geschwister miteinander assoziiert hatte. Es war kein Wunder, daß er einen Muttterersatz hatte finden *müssen*. Als die erste Frau nicht zu seiner geistigen Vorstellung der "guten" Mutter "gepaßt" hatte, wurde er depressiv. Er mußte eine gute Mutter finden und "erschaffen". Das Geburtstagsereignis fast zu versäumen war Ausdruck seines Wunsches, die Tatsache zu leugnen, daß die Geburt seiner Geschwister wirklich stattgefunden hatte.

Während der Anfangsjahre seiner Analyse waren Unterbrechungen und damit Trennungen von seinem Analytiker am amerikanischen Feiertag "Labor Day" (Anfang September; entspricht etwa dem europäischen "Tag der Arbeit" am 1. Mai) besonders schwierig, da im Englischen der Ausdruck "to be in labor" auch "in den Wehen sein" bedeutet. Wenn sein Analytiker am "Labor Day" nicht für ihn da war, stand dies in seiner Vorstellung symbolisch für die Abwesenheit des Analytikers/der Mutter, um "dafür zu arbeiten, Babies zu gebären" (engl.: to labor to deliver babies).

Ätiologie

Internalisierung der Interaktionen mit der frühen Umgebung

Ein Mensch mit Borderline-Persönlichkeitsorganisation ist jemand, der einen Mangel an oder Schwierigkeiten mit den integrativen Funktionen seines Ich aufweist und der daher eine spezifische Pathologie (KERNBERG 1975, 1985) der internalisierten Objektbeziehungen hat. Diese zeigt sich darin, daß die differenzierten "guten" Selbst- und Objektvorstellungen von den differenzierten "schlechten" Selbst- und Objektvorstellungen getrennt gehalten werden. Die entwicklungsgemäße Spaltung von Selbst- und Objektvorstellungen entlang affektiver Linien wird in eine Spaltung zu Abwehrzwecken umgewandelt. Alles was zu einem Mangel an der integrativen Fähigkeit des Kindes führt oder seine integrative Fähigkeit belastet, kann in die ätiologischen Überlegungen mit einbezogen werden. Es ist kein Wunder, daß ätiologische Konzepte (GROTSTEIN, SOLOMON und LANG 1987) sowohl eine Anzahl unterschiedlicher Hypothesen über die Ursachen einer Borderline-Struktur ergeben als auch verschiedene Annahmen, was unter einem Borderline-Patienten überhaupt verstanden werden soll. Hypothesen zur Ätiologie reichen von neurobiologischen Ansätzen bis zu sozialpsychologischen Theorien, die sich zum Beispiel auf die Folgen der familiären Delegation der Krankenrolle an den Patienten konzentrieren. Theorien, die psychoanalytisch begründet sind, schließen den Einfluß von Trieben, insbesondere des Aggressionstriebes, multiple Identifikationen und Traumata durch wiederholten und gehäuften sexuellen Mißbrauch oder gewalttätige Mißhandlungen mit ein. Ich meine, daß es ein Fehler ist, die ätiologischen Faktoren voneinander getrennt zu betrachten. Falls sie die Entwicklung einer Borderline-Persönlichkeitsorganisation beeinflussen, müßten sie alle etwas gemein haben. Was die folgenden Faktoren miteinander verbindet, ist ihre Rolle in bezug auf die integrativen Funktionen des Ich.

- Konstitutionelle/biologische Faktoren
- Reaktionen des Kindes auf Traumata, körperliche und seelische Mißhandlungen und sexuellen Mißbrauch

- Behälter-Funktion des Kindes für die Projektionen der Familienmitglieder
- Mangel an stabilisierenden Identifikationen
- Erziehung
- Kultur

Während das Kind seine Ich-Funktionen und seine psychische Organisation entwickelt, werden letzten Endes all die genannten Faktoren kontaminiert mit den vom Kind selbst stammenden Phantasien, durch die Mutter/(Bezugsperson)-Kind-Beziehung kanalisiert und in die psychische Struktur mit eingebaut.

GREENSPANS (1989) bahnbrechende Forschung über die frühe Ich-Entwicklung zeigt einerseits, daß der Geist des Kindes aktiver ist, als wir je zuvor angenommen haben, und richtet dabei gleichzeitig unsere Aufmerksamkeit wieder einmal auf die Mutter/Kind-Interaktion, die die zentrale Bühne für die Entwicklung der inneren Welt des Kindes darstellt.

Ich kann mir leicht die Möglichkeit vorstellen, daß ein Kind mit bestimmten genetisch-biologischen Eigenschaften ausgestattet ist, die seine integrativen Funktionen stören können. Aus psychoanalytischer Sicht beziehen wir uns dabei auf die inneren Vorstellungen über den Einfluß dieser Eigenschaften. KERNBERG (1975, 1976, 1980, 1984) spricht vom aggressiven Triebüberschuß bei Borderline-Patienten. Praktisch gesehen ist es schwierig zu unterscheiden, was an einem bestimmten Verhaltensmuster auf einen aggressiven Trieb und was auf wiederholte und unerträgliche Frustrationen zurückzuführen ist. Der Analytiker wird Vermutungen über einen angeborenen aggressiven Triebüberschuß bei einem Borderline-Patienten erst dann im Verlauf der analytischen Arbeit anstellen, wenn trotz Anwendung der korrekten Technik und nach wiederholtem Durcharbeiten aggressive Triebdurchbrüche anhalten und der Patient, obwohl er schon ausreichend lang in Behandlung ist, immer noch beim Erleben seiner Aggression das Empfinden hat, daß sein Selbstgefühl zerbricht.

Wir werden uns auf die Gemeinsamkeiten und die zentrale Bühne der Ätiologie der Borderline-Pathologie konzentrieren.

Biologische Faktoren

Hamilton berichtete, daß er als Kind, besonders beim Gebrauch seiner Hände, ungeschickt war und er vor allem in der zweiten

Klasse Lernschwierigkeiten im Rechnen hatte. Obwohl dies Hinweise auf kleine hirnorganische Defekte sein könnten, ließ mich meine Arbeit mit ihm eher an andere - psychologische - Erklärungen für seine Unbeholfenheit und Lernschwierigkeiten denken.

Die Ursache von Unbeholfenheit ist überdeterminiert (AKHTAR 1988). Ein Kind, das extrem abhängig bleibt, kann unbewußt einen Bereich wählen, in dem es nicht richtig funktioniert, um sich die Hilfe des "guten" Objektes zu sichern. Das Kind, das nicht lernt, seine Schnürsenkel zu binden, zwingt dadurch seine Bezugspersonen dazu, ihm die Schuhe zu binden, das heißt sich um es zu kümmern.

AKHTAR hebt die Reaktion des älteren Kindes auf Selbstbefriedigungsimpulse als Ursache von Unbeholfenheit hervor, insbesondere der mangelhaften Geschicklichkeit von Händen und Fingern.

Als Kind hatte Hamilton das Gefühl, daß sein älterer Bruder und dessen Freunde deswegen nicht Fußball mit ihm spielen wollten, weil sie ihn für ungeschickt hielten. Wie sich der Leser erinnert, schlief der kleine Hamilton mit seinem Bruder im selben Bett. Offensichtlich kam es zwischen den beiden nicht zu sexuellen Spielen, aber er war dem Anblick des größeren Penis seines Bruders wiederholt ausgesetzt. Die Furcht, daß sein eigener Penis nie dem seines Bruders gleichwertig sein könnte, verfolgte ihn durch seine Kindheit. Er verallgemeinerte dieses Gefühl und setzte es bei der Teilnahme an den Spielen mit seinem Bruder in Szene.

Er hatte Erinnerungen daran, wie sein Bruder ihn in der Nacht liebevoll zudeckte. In der Zeit der großen Depression der 30er Jahre hatten sie keine richtige Heizung. Außerdem sollten, nach den Vorstellungen der Großmutter, Knaben nicht mit Luxus verhätschelt werden. Manchmal, wenn ihr Schlafzimmer sehr kalt war, achtete sein Bruder darauf, daß der kleine Hamilton nachts mit einer warmen Decke gut zugedeckt war. Sein Bruder beschützte ihn auch vor aggressiven Mitschülern in der Schule. Trotz dieser guten Erinnerungen blieben Hamilton und sein Bruder während ihres ganzen Lebens auf Distanz und in Konkurrenz miteinander. Hamiltons Überzeugung, einen kleinen Penis zu haben, begleitete ihn bis zu einem gewissen Grad sein ganzes Leben hindurch. Frauensammeln diente ihm zwar im wesentlichen dazu, Abigail/Mutter wiederzufinden; er brauchte aber auch immer wieder von ihnen die Bestätigung, daß sein Penis gut funktionierte. Manchmal fragte er die Frauen, ob sie seinen Penis für groß oder klein hielten und bat sie, ihn mit Penissen anderer Männer zu vergleichen, die sie gekannt hatten. Objektbeziehungskonflikte und psychosexuelle Probleme waren in seinen Beziehungen mit Frauen miteinander verflochten.

Als Jugendlicher betrieb Hamilton Sport. Nachdem seine Knieverletzung ausgeheilt war, spielte er wieder Football und war Mitglied einer Ringkämpfermannschaft. Für diese Sportarten mußte er eine gute Koordination haben. Trotzdem war er weiterhin davon überzeugt, ungeschickt zu sein. Als Erwachsener spielte er gern Golf. Dabei hatte er Schwierigkeiten, da er seinen Blick nicht am Ball halten konnte. Diese spezielle Form der Ungeschicklichkeit verschwand, nachdem ihm, wie oben berichtet, ihre psychologische Bedeutung in der Analyse klargeworden war. Er war erstaunt über den Unterschied zwischen seiner früheren Unfähigkeit, die Augen am Ball zu behalten und seiner neu gefundenen Fähigkeit zur Konzentration.

Während seiner Analyse "vergaß" er immer wieder, was eine Sitzung kostete. Obwohl er reich war und ein höheres Honorar hätte zahlen können, verlangte ich nur meinen üblichen Stundensatz. Er brachte sein Vergessen der Höhe meines Honorars mit seinen Lernschwierigkeiten in Mathematik während der zweiten Grundschulklasse in Verbindung. Wie ich im Kapitel über die Analität noch beschreiben werde, war dieses Symptom, nämlich das Vergessen der Summe, mit seiner analen Problematik verbunden. Er fand auch die Erinnerung an einen unfreundlichen Lehrer in der zweiten Klasse wieder, der eindeutig eine Fortsetzung seiner "bösen" Objektvorstellungen war.

Insgesamt läßt meine Arbeit mit ihm darauf schließen, daß die Symptome seiner Kindheit, die man als organisch bedingt ansehen könnte - Ungeschicklichkeit und Lernschwierigkeiten - im wesentlichen psychisch bedingt waren.

Frühe Umgebung

Meine bisherigen Forschungen (VOLKAN 1987) über die frühe Umgebung von Borderline-Patienten zeigen, daß wir dabei drei wichtige Gruppen ausmachen können:

In der *ersten Gruppe* lebt das Kind mit einem oder beiden Elternteilen in einer *Kernfamilie* mit oder ohne Geschwister. Psychische Prozesse, die die Entwicklung des zukünftigen Borderline-

Patienten beeinflussen, sind für diesen Typ der Familie in den 70er Jahren von einem Forscherteam untersucht worden (ZIMMER und SHAPIRO 1972; BERKOWITZ et al. 1974; SHAPIRO et al. 1975, 1977). Sie stellen die Unfähigkeit der Familie fest, dem Kind eine "fördernde Umgebung" (WINNICOTT 1963) bereitzustellen, um ihm die Integration "guter" und "böser" Selbst- und Objektvorstellungen zu ermöglichen. Diese Autoren illustrierten überzeugend, wie ein Familienmitglied sich zu einem anderen Familienmitglied so verhalten kann, als ob das letztere ein Aspekt der inneren Vorstellungswelt des ersteren sei. Wenn ein Kind vom Vater oder von der Mutter dazu ausgewählt wird, deren ungewollte, "böse" Selbst- und Objektvorstellungen zu verkörpern, so wird das Kind Selbstvorstellungen entwickeln, die übermäßig aggressiv gefärbt sind. Es wird alles, was zu der Rolle gehört, die von Vater oder Mutter auf das Kind projiziert wurde, assimilieren und zu einem Teil seiner selbst machen.

Während einige "Botschaften", die dem Kind von der für es sorgenden Person übermittelt werden, unbewußt sind, können andere Botschaften doch auch ganz offen zutage treten. Wenn das Kind körperlich mißhandelt oder sexuell mißbraucht wird, empfindet es sich selbst als gedemütigt und wertlos. Fortgesetzte elterliche Mißhandlungen werden seine Wertlosigkeit weiter bestätigen. Durch diese Auffassung kann das Kind eventuell "gute" Eltern und dazugehörende "gute" Selbstvorstellungen abspalten, um sich diese zu sichern. Da das Kind auf mannigfache Weise von den Eltern abhängig ist, kann seine Fähigkeit, Vorstellungen von "guten" und "schlechten" Eltern und die dazugehörenden "guten" und "schlechten" Selbstvorstellungen zu integrieren, zunichte gemacht werden.

Als Hamilton in die Analyse kam, war er sich dessen bewußt, daß er von seiner Mutter und seinem Vater erbarmungslos geschlagen worden war. Erinnerungen solcher Ereignisse waren ihm zugänglich. Aber solange er ständig nach einer idealen Mutter/Abigail suchte, empfand er sich selbst nie als mißhandeltes Kind. Solange er die Illusion aufrechterhielt, sie finden zu können, war er in der Lage, die Existenz der "bösen" Eltern zu verleugnen. Anfangs riefen die Erinnerungen seiner Traumata keine Gefühle in ihm wach. Nachdem er aber in der Analyse die Möglichkeit in Betracht zog, daß die perfekte Frau nicht existiere, gab er schließlich sich selbst gegenüber zu, Eltern gehabt zu haben, die ihn körperlich mißhandelten. PAULINA KERNBERG (1989) hält

Mißhandlungen durch die Eltern für einen möglichen Weg zur Entwicklung einer narzißtischen Persönlichkeitsorganisation. Wir möchten hinzufügen, daß derselbe Weg zur Borderline-Persönlichkeitsorganisation führen kann.

Im ersten Typus früherer Umgebungen kann es noch zu einem weiteren Einfluß auf die Entwicklung des Kindes kommen, wenn die bemutternde Person nicht in der Lage ist, die üblicherweise von ihr erwarteten fürsorgenden Funktionen auszuüben. Sie kann dann nicht zu einem "Hilfs-Ich" für das Kind werden und die überschießenden Gefühle absorbieren. Wenn das Kind wiederholt Frustration und Aggression erlebt und seine Umgebung kein Modell zur Begrenzung seiner Frustrationen und Aggressionen bietet, werden diese Erfahrungen in die "bösen" Selbst- und Objektvorstellungen des Kindes eingebaut. Die Vorstellungswelt kann dadurch exzessiv mit Frustrationen und Aggressionen beladen sein, so daß es schwierig ist, diese mit den "guten" Selbst- und Objektvorstellungen zu verbinden.

Wenn die Mutter aufgrund ihres eigenen psychischen Zustandes, wegen Krankheiten oder Zeiten der Abwesenheit nicht in der Lage ist, dem Kind als Modell für die integrativen Funktionen und die Realitätsprüfung zu dienen, führt dies beim Kind zu Mängeln in bezug auf diese Funktionen, da es keine Identifikationen hat, die diese Funktionen beinhalten. Während seiner gesamten Analyse konnte Hamilton sich nicht daran erinnern, daß seine Eltern je wegen seines Verlustes von Abigail Mitgefühl mit ihm gehabt hätten. Niemand erklärte ihm ihr plötzliches Verschwinden. Er wurde mit seinen Gefühlen und Phantasien alleingelassen, einschließlich der Phantasie, seine eigene "Schlechtigkeit" habe Abigail vertrieben. Später, als Erwachsener, konnte er die Realität, daß eine Frau auch "nein" zu ihm sagen kann, nicht verarbeiten. Er konnte "nein" nicht wirklich hören. Wenn die Eltern Mitgefühl mit ihm gehabt hätten, als er Abigail verlor, und wenn sie ihm dafür um so mehr ihre Liebe gezeigt hätten, als dringend benötigten Ersatz für Abigails Liebe zu ihm, und wenn sie ihm klargemacht hätten, daß Abigail nicht mehr zurückkehren würde, dann hätte der kleine Hamilton lernen können, das idealisierte Bild von Abigail mit der Abigail, die ihn durch ihr Verschwinden verletzt hatte, zusammenzubringen. Falls die Realitätsverarbeitung des kleinen Hamilton damals Hilfe von außen erfahren hätte, hätte er vermutlich aus seinem Leben nicht eine unablässige Suche nach Abigail gemacht.

Andere Phantasien des kleinen Hamilton über Abigails Verschwinden hatten mehr ödipalen Charakter. Während seiner Analyse entwickelte er einmal den Gedanken, daß Abigail von seinem Vater oder ihrem Bruder Morris geschwängert worden sein könnte. Ich nehme an, daß solche Phantasien auch vorhanden waren, als er noch viel jünger war, und daß sie teilweise für die sexuellen Spiele mit seiner Schwester im Teenageralter verantwortlich gewesen waren. Er tat mit ihr, was - in seiner Phantasie - sein Vater und / oder Morris mit Abigail gemacht hatten.

Fragen, die ich sogar nach fünf Jahren Analyse mit Hamilton nur schwer beantworten kann, sind folgende: Hatte der kleine Hamilton schon einmal die Fähigkeit entwickelt, gegensätzliche Einheiten in seiner Vorstellung zusammenzubringen, regredierte aber zur Verwendung von Spaltung als Abwehr nach seinem Verlust von Abigail? Oder hatte er niemals voll die integrativen Funktionen des Ich entwickelt? Ich tendiere dazu, zu glauben, daß die Antwort auf die zweite Frage ein "Ja" ist, da er schon vom Säuglingsalter an mehrfacher Bemutterung ausgesetzt war.

Der zweite Typus früher Umgebungen bezieht sich auf die *Bemutterung durch mehrere Personen.* Die Mutter-Kind-Beziehung ist von zentraler Bedeutung dafür, wie sich die Persönlichkeitsorganisation eines Kindes entwickeln wird. Das Kind hat seine eigenen Traumata, seine Erziehung und so weiter. Die Mutter-Kind-Beziehung jedoch absorbiert und modifiziert für das Kind all die erwähnten Einflüsse und führt zur Errichtung der die Psyche des Kindes bildenden unvermittelten Blöcke. Wenn ein Kind zwei (oder mehr) Mutter-Kind-Beziehungen hat, die im Erleben getrennt gehalten werden, wird es zwei oder mehr Gruppen von ich-bildenden Blöcken entwickeln, die voneinander getrennt gehalten werden und sich widersprechen. In metapsychologischer Terminologie heißt das, daß das Kind zwei oder mehr nicht integrierte Kernidentifikationen entwickelt, die dem Kind Ich-Funktionen geben, die auf seinen angeborenen und autonomen Ich-Funktionen (HARTMANN 1939) aufbauen.

Wenn ein Kind eine *einzige* Mutterfigur hat, so muß es in seiner Beziehung darum kämpfen, die inneren Bilder seiner angenehmen "guten" und seiner unangenehmen "bösen" Erfahrungen mit ihr zu verbinden. Wenn das Kind mehr als eine Mutterfigur hat, kann es sich an seine zweite Mutter wenden, um Vergnügen zu finden, wenn die Beziehung mit seiner ersten Mutter "schlecht" wird. Es wird weniger dazu motiviert sein, sich mit einer einzigen Bezugsperson auseinanderzusetzen und seine Beziehung mit ihr zu integrieren. Mehrfache Bemutterung erschwert es dem Kind, seine integrativen Fähigkeiten zu erproben. Ein besonders typisches Beispiel mehrfacher Bemutterung findet sich in der Situation einer *Großfamilie*, wo Mutter, Großmutter, eine unverheiratete Tante, eine ältere Schwester etc. unter demselben Dach zusammenleben. Einige oder alle diese Frauen können sich berechtigt fühlen, die Funktion der primär bemutternden Person auszuüben. Großfamilien oder großfamilienähnliche Familienkonstellationen existieren in bestimmten Teilen der Welt, was jedoch nicht bedeutet, daß jedes Kind, das in einer solchen Familie aufwächst, eine Borderline-Persönlichkeitsstruktur entwickelt. Mehrere Mutterfiguren können als Erweiterung einer Figur funktionieren, so daß die unterschiedlichen Identifikationssysteme miteinander verbunden werden können, da sie einander ähneln. Das Kind wird jedoch Schwierigkeiten bei der Integration haben, wenn die Mutterfiguren miteinander in Konflikt stehen und die Vorstellungen von ihnen im Geist des Kindes entgegengesetzte Einheiten bilden.

In einer Großfamiliensituation, in der die Mitglieder nicht miteinander im Konflikt stehen, entwickelt das Kind keine Borderline-Persönlichkeitsorganisation, sondern bildet als Erwachsener eine sozial akzeptierte Flexibilität in seinen Loyalitäten gegenüber seinen Mitmenschen aus. Als Erwachsener kann er in unterschiedlichen Situationen innerlich deutlich anpassungsfähiger in seinen Beziehungen zu mehrfaltigen Objektvorstellungen und äußeren Objekten sein als derjenige, der eine typische Einzelbeziehung mit einer einzigen Mutter hatte.

Wenn jedoch mehrere Mütter keine Kontinuität bilden, vielmehr ihre Objektvorstellungen im Geist des Kindes unvereinbar sind, wird das Kind Schwierigkeiten dabei haben, seine integrativen Funktionen vollständig zu entwickeln.

Die Rolle des Vaters ist für Kinder in einer Umwelt des Typus zwei ebenso wichtig wie für Kinder in der Kernfamilie. Wenn das Kind in das ödipale Alter kommt und bevor es eine vollständig triangulierte Beziehung entwickelt hat, können seine Interaktionen mit seinem Vater es aus einer einengenden Beziehung mit der einzigen Mutter befreien, oder die Interaktionen mit seinem Vater können das Kind, nach der Erfahrung der Bemutterung durch mehrere Personen, lehren, mit einer einzelnen, zentralen Einheit eine Beziehung zu bilden. Falls der Vater abwesend oder psychisch schwach ist, wird sein Einfluß auf die sich entwickelnden differenzierenden Fähigkeiten des Kindes nicht hilfreich sein.

Mitunter führen Adoptionen zur Erfahrung von konfliktbeladener mehrfacher Bemutterung (KRAMER 1986). Oder aber die biologische Mutter verläßt das Kind, sei es durch ihren Tod, wegen Scheidung oder anderer Umstände, und das Kind muß mit einer neuen Mutter zurechtkommen. Dies kann, wegen der miteinander konkurrierenden Identifikationen mit zwei für das Kind sorgenden Personen und ihren Funktionen, zu einer Spaltung der Selbstvorstellungen führen. CAMBOR (1969) beschreibt den Einfluß mehrfacher Bemutterung und gibt Fallbeispiele, in denen die biologische Mutter im Vergleich zur Ersatzmutter von ihren Kindern als relativ abweisend empfunden wurde. Diese Situation führte zu einer deutlichen Verzögerung beim Aufbau stabiler Objektrepräsentanzen, was durch Störungen beim Prozeß des Verbindens "guter" und "böser" mütterlicher Objektvorstellungen noch verstärkt wurde. CAMBOR merkt an: "Dies stört sowohl beim Prozeß der Separation-Individuation als auch bei der zunehmenden Reifung von Identifikationsprozessen und verstärkt den regressiven Wunsch nach Verschmelzung mit der idealisierten, 'nur guten' Mutter" (S. 95).

In meinem früheren Buch über Borderline-Patienten (VOLKAN 1987) stellte ich den Fall von Clark dar, über den mir der finnische Psychoanalytiker ANTTI KUMENTO berichtet hatte; er illustriert im Detail die Effekte mehrfacher Bemutterung. Hamiltons Fall weist die Erfahrung mehrfacher Bemutterung auf, die damals noch für viele Kinder wohlhabender Familien in den Vereinigten Staaten, speziell im Süden, typisch war. Diese Kinder hatten eine weiße biologische Mutter und eine schwarze Mutter, die damit beauftragt war, sich um sie zu kümmern. Eine fehlende Kontinuität in der Vorstellung des Kindes im Erleben der Bemutterung durch die weiße und die schwarze Mutter verursachte Schwierigkeiten.

SMITH (1949) schrieb über die Erfahrungen von weißen Kindern in den Südstaaten mit weißen und schwarzen Müttern. Diese Kinder, sagt SMITH, wachsen mit der Verpflichtung auf, Treue gegenüber ihren weißen Müttern, ihrer Autorität und ihrer Kultur zu fühlen, verbanden aber viele Gefühle der Freude und des Vergnügens mit der schwarzen Mammy. Sie merkte an, daß die psychischen Auswirkungen dieser Doppelbeziehung die Lösung ödipaler Probleme im Vergleich dazu wie eine leichte Aufgabe erscheinen lassen. Man sollte sich jedoch daran erinnern, daß in der ödipalen Phase ebenfalls mit Komplikationen zu rechnen ist, wenn das Kind beim Eintritt in diese Phase die präödipalen Konflikte nicht gelöst hat.

Nachdem Abigail aus dem Haus gejagt worden war, kam sie als reale Person nie wieder in Hamiltons Leben zurück. Über fünfzig Jahre später, als Hamilton in Analyse war, erkundigte er sich nach ihr und erfuhr, daß sie einige Jahre zuvor gestorben war. Sie hatte ihr ganzes Leben in der Nähe von Williamsburg verbracht, nicht weit von der Farm entfernt, auf der Hamiltons Familie ursprünglich gelebt hatte. Er fand jedoch nicht heraus, ob sie je verheiratet gewesen war und ob sie jemals eigene Kinder gehabt hat. Es ist nicht überraschend, daß er damals nicht mehr über sie herausfand, da die Abigail, wie er sie beschrieb, das Werk seiner Vorstellung und nicht das Bild der wirklichen Abigail war. Etwas über die reale Abigail zu erfahren wäre zu diesem Zeitpunkt noch eine Bedrohung seines inneren Bildes von ihr gewesen, und das wollte er noch nicht aufgeben. Morris hingegen und ein weiterer Bruder Abigails waren auf die neue Farm mitgekommen, wo sie für Hamiltons Vater arbeiteten. Sie verbrachten dort ihr ganzes weiteres Leben, bis sie starben. Der Umstand, daß Hamiltons Familie Abigails Brüder bei sich behielt, ihr selbst aber niemals zurückzukehren erlaubte, läßt vermuten, daß es zu einem schwerwiegenden Bruch zwischen Hamiltons Eltern und ihr gekommen sein muß. Der wirkliche Grund für den rigiden Rausschmiß konnte während der gesamten Analyse Hamiltons nicht gefunden werden. Seine Vorstellung, sein Vater oder ihr Bruder Morris könnten sie geschwängert haben, blieb als Phantasie bestehen.

Die affektiven Erinnerungen an Abigail waren vollständig idealisiert. In Hamiltons Vorstellung wurde, wie oben beschrieben, die ursprüngliche Abigail mit dem Körper der zweiten Abigail ausgestattet. Sein ganzes Leben lang suchte er nach ihrem mit der Vorstellung der idealisierten Mutter kombinierten Ebenbild, bis diese Suche durch die analytische Arbeit ein Ende fand.

Es ist klar, daß mehrfache Bemutterung den kleinen Hamilton beeinflußte. Wenn die Spaltung vor Abigails Verschwinden zwischen den Vorstellungen von den beiden Müttern verlief, so errichtete er nach dem Trauma ihres Verlustes eine stabile Spaltung zwischen der idealisierten "guten" Abigail/Mutter und der abweisenden "bösen" Abigail/Mutter.

Beim *dritten Typus* frühkindlicher Umgebung hat die Mutter einen bedeutsamen Verlust erfahren, zum Beispiel den Tod eines ihrer Kinder. Die Mutter hat eine voll entwickelte innere Vorstellung von ihrem toten Kind. Bekommt sie ein weiteres Kind, so kann sie - obwohl sie das Nachgeborene gleichzeitig als ein eigenständiges Kind ansieht - unbewußt durch ihre verbale und nonverbale Kommunikation, ihre Einstellungen und Erwartungen, ihr inneres Bild von ihrem verstorbenen Kind der sich entwickelnden psychischen Organisation des neuen Kindes überstülpen. Dieses Kind ist eine *besondere Art des Ersatzkindes* (POZNANSKI 1972), dessen eine Identifikation aus der Interaktion zwischen Mutter und diesem Kind stammt, und dessen zweite Identifikation aus der Interaktion zwischen seiner Mutter und der in ihm deponierten Repräsentanz des toten Kindes stammt. Die integrative Leistung des Kindes wird dadurch überlastet. Ich habe über zwei solche Fälle detailliert berichtet (VOLKAN 1981a, 1987).

In Hamiltons Fall schien diese Kategorie der familiären Umgebung nicht vorhanden zu sein, bis wir im 4. Jahr seiner Analyse den wesentlichen Grund für die Depression seiner Mutter herausfanden und erfuhren, daß er in der Tat durch die Erinnerung seiner Mutter an ein totes Kind beeinflußt worden war. Dennoch war er nicht ein Behältnis für das innere Bild seiner Mutter von diesem Geschwister. Im Teil II werden wir Details davon beschreiben, wie die Bedeutung der Depression seiner Mutter rekonstruiert wurden.

Globale Kontrolle und Analität

Ich habe schon beschrieben (VOLKAN 1976), wie Patienten, die Objektbeziehungskonflikte haben, "globale Kontrolle über äußere Objekte", wie ich es nannte, haben müssen. Mit dem Ausdruck "äußeres Objekt" bezog ich mich mehr auf ein Objekt, das mit den vom Patienten stammenden verschiedenen Projektionen kontaminiert ist, und nicht so sehr auf irgend etwas, was in der äußeren Welt nachweisbar vorhanden und unkontaminiert ist. Wenn ein Borderline-Patient ein Objekt durch seine Projektionen emotional besetzt hat, so muß er es kontrollieren. Da er in einen introjektiv-projektiven Zyklus verwickelt ist, wird er durch die Re-Internalisation dessen, was projiziert wurde, bedroht. Aus diesem Grund muß er globale Kontrolle über das Objekt ausüben. Eine solche Kontrolle ist jedoch eine Illusion und wegen der Möglichkeit des Wechsels der Projektion nicht wirksam. Was ein "böses" äußeres Objekt gewesen ist, kann plötzlich als benötigtes Objekt erlebt werden, und der Patient wünscht sich, ihm nahe zu sein. Dadurch ändert sich sein Versuch, den Abstand zum Objekt zu kontrollieren in den Versuch, die Nähe zu ihm zu kontrollieren. Das Bild ist verwirrend.

ABSE und EWING (1960) und BURNHAM (1969) haben über das exzessive Bedürfnis nach äußeren Objekten bei gleichzeitiger extremer Angst vor ihnen bei schizophrenen Patienten berichtet. BURNHAM beschrieb, daß einem solchen Patienten die innere Struktur fehle wie einem Schiff auf dem Meer die Navigationsinstrumente. Der Patient braucht Orientierungen von äußeren Objekten, aber in seiner Vorstellung können sie ihn sowohl aufbauen als auch zerstören. Ich konnte beobachten, daß dieses Bedürfnis-Angst-Dilemma auch bei Borderline-Patienten existiert, daß sie aber besser damit umgehen können als Schizophrene.

Globale Kontrolle und die Verwendung von Übergangsobjekten und Übergangsphänomenen

Als ich zeigte, wie Erwachsene mit Objektbeziehungskonflikten reaktivierte oder neu geschaffene Übergangsobjekte oder Übergangsphänomene (WINNICOTT 1953) verwenden, wies ich darauf hin (VOLKAN 1976; VOLKAN and KAVANAUGH 1978), daß der Ursprung der globalen Kontrolle aus der oralen Phase der psychosexuellen Entwicklung stammt. Ich gab klinische Illustrationen von Patienten, die Katzen, Schildkröten, Maschinen oder ähnliches als Übergangsobjekte im Erwachsenenalter verwenden.

Das Neugeborenen hat die Brust unter magischer Kontrolle, da die Mutter unmittelbar nach der Geburt ganz für das Kind da ist. Dies fördert im Kind die Illusion, daß ihre Brust zum Körper des Kindes gehört (WINNICOTT 1953). Die Illusion von Kontrolle über das Übergangsobjekt gibt dem erwachsenen Patienten, der Übergangsobjekte und Übergangsphänomene verwendet, das Gefühl der absoluten Kontrolle über seine äußeren Objekte.

Hamilton erzählte mir einmal, daß er als Kind keinen Teddybären hatte. Auf symbolische Weise beklagte er sich, daß seine Mutter niemals besänftigend auf ihn gewirkt hat. Dennoch können wir beobachten, wie er als Erwachsener Derivate von Übergangsobjekten oder Übergangsphänomenen verwendete. Er suchte und sammelte in seiner Vorstellung "perfekte Frauen". Jede von ihnen gab für eine gewisse Zeit seiner Illusion Nahrung, es gebe äußere Realitäten, die genau so seien, wie er sie erschaffen habe.

WINNICOTT (1953) schrieb von der Sucht als einer pathologischen Entwicklung der Verwendung von Übergangsobjekten und Übergangsphänomenen. Wenn Hamilton seine "Sucht" nach "Titten" und "Muschi-Pillen" beschrieb, so bezogen sich diese Bezeichnungen auf einer bestimmten Ebene darauf, daß er sie in seinem Erwachsenenleben als Derivate von Übergangsobjekten und -phänomenen verwendete.

Analität

Bei Hamilton war die Verwendung von Derivaten von Übergangsobjekten und -phänomenen vermischt mit und überschattet von vielen charakteristischen Merkmalen, die mit der analen Phase der Entwicklung assoziiert werden. Seine globale Kontrolle basierte auch auf der Vorstellung von Ausstoßen oder Zurückhalten seines Kotes und der Sphinkterkontrolle. Er wendete Zwänge und Rituale an und übte globale Kontrolle über seine äußeren Objekte aus.

Wir müssen uns hier zwei Fragen stellen:

1. Warum sehen wir Hamiltons Fall nicht als schwere Zwangsneurose an, die im klassisch psychoanalytischen Sinn mit Analität assoziiert ist?
2. Warum bestehen wir darauf, daß er eine Borderline-Persönlichkeit hatte, wenn auch auf höherem Organisationsniveau?

Der Beginn der Borderline-Pathologie geht zurück auf die orale Phase. Übermäßiger oraler Neid und orale Wut (KERNBERG 1967, 1975, 1984) kontaminieren die "bösen" Vorstellungsinhalte, so daß deren Integration mit den "guten" Inhalten schwierig ist.

Eine der frühesten Erinnerungen Hamiltons handelt davon, wie er mit seiner Mutter vor einer Eisbude stand und sie es ablehnte, ihm eine Eiskremkugel zu kaufen. Dies löste einen Wutanfall bei ihm aus. Ich glaube, daß diese Erinnerung eine Deckerinnerung ist und für das Erleben des Verlustes der Brust seiner Mutter (Eiskremkugel) stand, nachdem sie seine nächsten Geschwister geboren hatte. Diese Eiskremerinnerung, auf die er bei vielen Gelegenheiten während des ersten Jahres seiner Analyse zurückkam, zeugte von seinem oralen Neid und seiner Wut.

Die Antwort auf die oben gestellten Fragen liegt in meiner Annahme von *zwei Typen von Zwangszuständen*, selbst wenn ihr oberflächliches klinisches Bild nicht unterscheidbar ist. Beide weisen Zwangsgedanken, Grübeln, magisches Denken und sich wiederholende Tätigkeiten und Rituale auf. Bei näherer Betrachtung jedoch sind Unterschiede zu erkennen.

Der erste Typ ist die klassische *Zwangsneurose*, die manchmal auch Schuldneurose genannt wird, da der Patient ein ausgebildetes, strenges Über-Ich hat, das sich gegen die unangenehmen Impulse, Ideen und Affekte des Patienten wendet.

Ein junger Arzt, der die Gewohnheit hatte, ältere und verheiratete Frauen zu verführen, erhielt eines Nachts einen Anruf, sein Mentor sei krank. Dessen Frau bat den jüngeren Kollegen, ihren Mann zu untersuchen. Nach der Untersuchung des älteren Mannes empfahl er diesem, im Bett zu bleiben. Anschließend verführte der junge Arzt die Frau seines Mentors. Am nächsten Morgen rief sie ihn wieder an und teilte ihm mit, ihr Mann sei während der Nacht verstorben. Als der junge Arzt diese Nachricht hörte, entwickelte er eine schwere, mit Schuldgefühlen einhergehende Zwangsneurose, die sich auch auf Rituale zur Verhinderung einer Erblindung erstreckte. Er litt unter der irrationalen Befürchtung, er könne, wie Ödipus, geblendet werden. Die genaue Untersuchung dieses dramatischen Falles zeigte, daß er einen ungelösten Ödipuskomplex hatte und wiederholt in kontraphobischer Weise in ödipale Dreieckssituationen verwickelt war. Der Tod seines Mentors bedeutete für ihn, daß er seinen ödipalen Vater "getötet" hatte, und seine sexuelle Beziehung mit der Frau des Mentors bedeutete für ihn, daß er eine sexuelle Beziehung mit seiner ödipalen Mutter eingegangen war. Er fürchtete die Vergeltung seines Vaters, der Teil des Über-Ich geworden war, und entwickelte daher Angst vor Kastration (Blindheit). Er *regredierte* zur analen Phase und zeigte anale Abwehrmechanismen, das heißt Reaktionsbildung, Ungeschehenmachen und Isolation. Seine exzessiven Schuldgefühle waren ihm leicht zugänglich.

Ein anderer, ebenfalls jüngerer Mann, entwickelte eine schwere Zwangssymptomatik, bald nachdem er auf Drängen seiner Mutter die von ihr ausgewählte Frau geheiratet hatte. Bis zur Heirat hatte er bei seiner Mutter gelebt. Sein Vater hatte die Familie verlassen, als der Patient ein Jahr alt gewesen war. Seine Mutter beherrschte sein Leben, die Separation-Individuation von ihr war nicht vollständig gelungen. Er konnte keinen Urlaub allein machen, ging selten mit Frauen aus, hatte alternierende kurzlebige paranoide und depressive Verstimmungen. Eine halbe Stunde nach Arbeitsschluß mußte er immer zu Hause sein, da ihm seine Mutter gesagt hatte, daß der Heimweg von der Arbeit nur 30 Minuten dauern dürfe.

Als seine Mutter in der Kirche eine Frau kennenlernte, die einen häuslichen Eindruck machte, befahl sie ihrem Sohn, diese Frau zu heiraten. Mit seiner Ehefrau mietete er ganz in der Nähe seiner Mutter ein Haus. Er entwickelte das Ritual, seine Mutter direkt vor dem Schlafengehen und unmittelbar nach dem Aufwachen anzurufen. Nach wenigen Monaten konnte er nicht mehr gut schlafen. Im Bett liegend hatte er zwanghafte und magische Gedanken über Sterne und Milchstraßen. Für Stunden dachte er daran, wie ein Stern oder eine Milchstraße sich einem anderen Stern oder einer anderen Milchstraße näherte oder wie sie sich voneinander entfernten.

Eine eingehende Untersuchung dieses Patienten zeigte, daß er vor allem an Objektbeziehungskonflikten litt. Er hatte ein "gutes"

Mutterbild, das er brauchte, während er das "schlechte" Mutterbild fürchtete. Zu heiraten und ganz in die Nähe seiner Mutter zu ziehen, versetzte ihn in einen "Satellitenstatus" (VOLKAN und CORNEY 1968), wie wir ihn (S. 33ff) beschrieben haben. Sterne und Milchstraßen repräsentierten die "guten" und "schlechten" Vorstellungen von sich und seiner Mutter. Seine Zwangsgedanken über sie dienten dazu, globale Kontrolle über seine Objektbeziehungskonflikte auszuüben. Dieser Patient hatte kein integriertes und ausgeformtes Über-Ich. Als Repräsentanten von Über-Ich-Vorläufern verursachten seine "bösen" Objekte ihm nicht Schuldgefühle, sondern paranoiden Schrecken. Fühlte er sich von seinen "guten" Objektvorstellungen zurückgewiesen, war er vorübergehend depressiv.

Der Unterschied im Erleben von Über-Ich-Schuld und paranoidem Schrecken ist folgender: Die Schuld, die von dem jungen Arzt empfunden wurde, gehörte zu ihm, nachdem die unbewußten Aspekte seiner ödipalen Kämpfe interpretiert worden waren. Der paranoide Schrecken, der vom zweiten Patienten erlebt wurde, wurde von der "bösen" Objektvorstellung verursacht, die vom Patienten nicht als zu ihm gehörig empfunden werden konnte, obwohl er einer rationalen Erklärung darüber, wie seine Vorstellungswelt funktionierte, folgen konnte. Der junge Arzt *regredierte* auf die anale Ebene und benützte anale Abwehrmechanismen in bezug auf seine aggressionsgeladene Beziehung mit seinem ödipalen Vater und seine libidinösen Wünsche gegenüber der ödipalen Mutter. Der zweite Patient *reichte* zur analen Ebene *hinauf* und verwendete anale Abwehrmechanismen, um mit den Spannungen aus seinen Objektbeziehungskonflikten und den Problemen der Separation-Individuation fertig zu werden.

In der klassischen Zwangsneurose ist der Patient in eine interpersonale, trianguläre - drei Personen einschließende - Beziehung verwickelt, während er beim Zwangsleiden, bei dem der Patient zur analen Kontrolle als Abwehr greift, im Grunde in einer dyadischen - zwei Personen umfassenden - Beziehung geblieben ist. Der Patient mit Zwangsleiden war zwar verheiratet, empfand aber seine Frau als eine Ausdehnung seiner Mutter. Auch in der Arbeit erlebte er den Chef als Ausdehnung seiner Mutter. Er war in der Separations-Individuationsproblematik einer Zweierbeziehung steckengeblieben.

Während in der klassischen Zwangsneurose die Beziehung zum Objekt und seiner Repräsentanz ambivalent ist, ist beim zweiten Typ von Zwangszuständen, dem Zwangsleiden, das Objekt und seine Repräsentanz gespalten und die globale Kontrolle wird zur Unterstützung des Abwehrmechanismus der Spaltung verwendet.

In den meisten Fällen, die Zwangssymptome aufweisen, wie im Falle Hamiltons, sehen wir, wie ödipale Regression und orale Themen miteinander verflochten sind. Traumata, die in der analen Phase erlebt werden, grob gesehen zwischen eineinhalb und dreieinhalb Jahren, können außerdem dazu beitragen, daß der Patient auf anale Themen fixiert bleibt.

Befehle wider die Natur

Die Ideen der Großmutter über Kindererziehung erstreckten sich auch auf Anweisungen an ihren Enkelsohn, Kot zu produzieren, der "fest, geformt, aber weich" sein sollte. Später in seiner Analyse machte Hamilton öfters Späße darüber, daß die Befehle seiner Großmutter "wider die Natur" waren. Als Kind jedoch assoziierte er in seiner Vorstellung die Produktion von festem, geformtem, aber weichem Kot mit dem Erhalten von Anerkennung und Liebe von den "guten" Objekten und ihren Repräsentanzen. Das Zurückhalten von Kot (Verstopfung) oder die Produktion von dünnem Stuhl wurden als Anlässe für Zurückweisungen erlebt. Sie wurden daneben aber auch zu Waffen im Kampf gegen die "bösen" Objekte.

Hamilton berichtete Details über die Einstellungen seiner verschiedenen Muttergestalten in bezug auf Kot. Während im Herrenhaus seine Mutter und Großmutter sehr reinlich waren und verlangten, daß er "perfekten" Kot produzierte, wurden in der Küche, wo Abigail arbeitete, körperliche Funktionen völlig anders erlebt.

Auf der Farm gab es Hühner, die sich vor der Küche versammelten, um Futterkrumen zu picken. Manchmal kamen sie auch in die Küche hinein. Sie defäzierten häufig auf den Boden und hinterließen "Sauereien" ("inky messes"). Die schwarzen Dienstboten, Männer und Frauen, kamen in die Küche, saßen am Herd herum, sprachen über schmutzige und sexuelle Dinge und aßen, ohne sich durch die "Sauereien" gestört zu fühlen. Der kleine Hamilton saß auf einem Hochstuhl und fühlte sich als "kleiner König". Er war jedoch mit sich darüber im Konflikt, was "fester, geformter, aber weicher Kot" und was "Sauereien" (inky messes) für ihn repräsentierten. Als Kind hatte er eine Phobie davor, in "Sauereien", den Hühnerkot, zu treten. Dadurch wäre er schmutzig und für seine weiße Mutter unakzeptabel geworden. Es war die Aufgabe von Abigails Bruder Morris, dem kleinen Hamilton das Gesäß zu reinigen, nachdem er Stuhlgang gehabt hatte. Später in seiner Analyse wurde die Idee, daß Morris seinen Anus stimuliert hatte, eine reale Möglichkeit. Als Erwachsener war Hamilton ein reinlicher Mann. Schmutzige Leute und schmutzige Worte beleidigten ihn. Wenn er seine Frauen zum Essen ausführte, war er äußerst enttäuscht, wenn sie nachlässige Tischmanieren hatten, rauchten oder Worte wie "Scheiße" benutzten. Hamilton benützte niemals derartige Worte.

Auf der anderen Seite war er in seinem gesellschaftlichen und beruflichen Leben wiederholt in Probleme verwickelt und verursachte so gesellschaftliche und berufliche "Sauereien" (inky messes), die gewöhnlich vor Gericht wieder bereinigt werden mußten.

Der große, dicke Mann auf der Toilette

Zwei Jahre und drei Monate nach Beginn seiner Analyse, Mitte Dezember, als unsere Trennung wegen der Weihnachtsfeiertage herannahte, war er völlig mit seinen Weihnachtsgeschenken beschäftigt. Er hatte eine Liste von hundert Personen, an die er gewöhnlich Geschenke verschickte. In dieser Zeit seiner Analyse verstand er zwar, daß er durch die Geschenke "vorgetäuschte Liebe" kaufen wollte. Dieses Wissen hielt ihn damals jedoch nicht davon ab, sein Ritual der Weihnachtsgeschenke durchzuführen. Die schwarze Frau und der schwarze Mann in der Kneipe, wo er sein Frühstück einnahm, bekamen ein Lotterielos. Wenn sie in der Lotterie gewinnen würden, hätten sie "eine große Überraschung", eine Menge Geld.

Während er hoffte, seinen schwarzen "Eltern" einen "Haufen Geld" zu geben, gehörte ich nicht zu denen, die Ziel seiner Großzügigkeit waren. Im Gegenteil, er "vergaß" die Höhe meines Honorars. Aufgrund unserer herannahenden Trennung wurde ich in der Übertragung zur abwesenden Abigail/"bösen" Elternfigur. Mir sollte sein Geschenk vorenthalten werden. Durch sein "Vergessen" der Höhe meines Honorars versuchte er zu verleugnen, daß er mir Geld zahlte. Die Gleichsetzung von Geld und Kot ist von Psychoanalytikern beobachtet worden, seit FREUD (1897) seine erste Anmerkung dazu in einem Brief an FLIESS machte. Trotzdem warten wir bei jedem Fall, den wir analysieren, darauf, bis unsere Patienten uns die notwendigen Informationen darüber geben, um zur selben Schlußfolgerung zu gelangen.

Hamilton berichtete einen Traum, in dem er in ein Badezimmer ging und einen dicken Mann, der dieselbe Hautfarbe wie sein Analytiker hatte, auf einer Toilette sitzen sah. Kein Sichtschutz umgab ihn. Der Mann konnte dort von jedem gesehen werden, wie ein Kind gesehen würde, das in der Mitte des Raumes auf dem Töpfchen sitzt. Der dicke Mann in dem Traum sah wie eine Ballonfigur aus, aufgeblasen, aufgedunsen. Im Traum verspürte der Patient Angst.

Ich dachte mir, daß der aufgedunsene, ballonartige, dicke Mann seine verstopfte, nichtgebende Selbstvorstellung repräsentierte, die durch projektive Identifikation mit der Vorstellung von mir verschmolzen war. (Meine Hautfarbe ist ein wenig dunkler als seine.)

Seine Assoziationen zu diesem Traum riefen ihm den ersten Traum seiner Analyse in Erinnerung. In der dritten Stunde seiner analytischen Behandlung erzählte er, daß er von einem schwarzen Mann geträumt hatte, der am Halse aufgehängt war. Damals verstand ich den Sinn dieses Traums noch nicht. Inzwischen aber war mir eine wesentliche Bedeutung des schwarzen Mannes mit einem engen Strick um den Hals klar geworden. Der Strick repräsentierte einen engen analen Sphinkter, der von seinem ursprünglichen Ort zum Halse verschoben war. Nachdem er den Traum mit dem dicken Mann berichtet und seinen ersten Traum erinnert hatte, sprach Hamilton über seinen Wunsch, seiner Ex-Frau kein Geld zu zahlen, weswegen sie immer noch vor Gericht stritten. Er erzählt mir weiter, daß er Zwangsgedanken darüber hatte, nicht zur Analyse zu kommen. Auf dem Weg zu dieser Stunde war ihm plötzlich wieder eingefallen, wie hoch mein Honorar war. Er grübelte darüber, wie viel er mir für jede Minute unserer 50-Minuten-Sitzungen zahlen mußte.

Nach einer Pause berichtete Hamilton, daß er ein Buch über Alfred Nobel, den ersten Hersteller von Dynamit, gelesen hatte. Er versprach sich und betonte Nobel auf der ersten Silbe. Der Versprecher war sein Versuch einer Reaktionsbildung. Er machte den Erfinder von Sprengstoff (analer Sadismus) zu einem noblen Mann.

Er erzählte mir, daß Nobel mit einer jungen Frau zusammengelebt hatte, die von jemand anderem, den sie später heiratete, schwanger wurde; aber Nobel unterstützte sie weiter.

Ich hörte aus dieser Geschichte ein Echo seiner Kindheit, wie er Abigails Schwangerschaft und ihr Verschwinden erlebt hatte. Den Rest seines Lebens blieb er in Gedanken mit ihr beschäftigt, wie offensichtlich auch Nobel in Gedanken nicht von der ihn zurückweisenden Frau losgekommen war.

Unsere herannahende Trennung wurde von ihm als Wiederholung von Abigails Verschwinden aus seinem Leben erfahren. Er hatte Zwangsgedanken darüber, mich zu verlassen, so als ob er, wenn er mich zuerst verließe, die Trennung kontrollieren könnte. Auch er war voll von analem Sadismus gegen die zurückweisende Abigail/den Analytiker.

Er setzte die Stunde fort, indem er die Details der Herstellung von Dynamit beschrieb und wie es zum Explodieren gebracht werden könne. Ich sagte: "Höre ich ein Echo von dem dicken Mann auf der Toilette, der kurz vorm Explodieren steht?" Er antwortete: "Oh, ja, heute morgen wachte ich verstopft auf". Er berichtete, wie er an diesem Morgen nach dem Aufstehen ins Badezimmer gegangen war und sich bemüht hatte, den Darm zu entleeren. Seine Stimme senkte sich, als er darüber sprach, daß der Kot, der herauskam, "hart" gewesen war, inakzeptabel für Großmutter Dolly. Durch das Senken seiner Stimme drückte er seine Furcht aus, ich könnte hören, daß er ein "schlechter" Junge war. "Gestern war ich angespannt, und Anspannung führt zu hartem Stuhlgang" fügte er hinzu.

Er schien noch weiter regrediert zu sein, wie in einem Trancezustand, als er sich daran erinnerte, wie seine Mutter ihm beibrachte, wie das Toilettenpapier gefaltet werden muß, um das Gesäß sauber abzuwischen ohne dabei seinen Kot zu berühren. Die Mutter bestand darauf, daß nur weiches Toilettenpapier benützt wurde, da es sich angenehm am Gesäß anfühlte. Während einerseits keine "Sauerei" (inky messes) im Herrenhaus erlaubt war, so wurde andererseits starkes Gewicht auf die Stuhlgewohnheiten der Familie gelegt, besonders aber der Kinder. Die Großmutter hielt "Predigten" darüber, wie nützlich Einläufe seien. Nicht nur wurden *ihm* Einläufe verabreicht, er wußte auch, daß seine Mutter und sein Vater ebenfalls Einläufe verwendeten.

Seine nächste Stunde war voller Beschreibungen über die Praxis von "hohen Kolonspülungen", die Teil seiner Familienerfahrungen waren. Man sollte sich daran erinnern, daß auch die Mißhandlungen durch seinen Vater in jenem Badezimmer stattgefunden hatten, das früher eine Bibliothek gewesen war. Statt mit Büchern waren die Regale nun mit Einlaufbeuteln, Gummischläuchen, Abführmitteln und Mineralölen gefüllt. Hamilton erinnerte sich jetzt auch daran, daß er täglich einen Teelöffel Mineralöl einnehmen mußte. Gelegentlich wurden ihm auch Samen einer unbekannten Frucht als Abführmittel gegeben. Trotzdem konnte er das Wort "Scheiße" nicht verwenden. Nur die von ihm entwerteten schwarzen Leute konnten schmutzig reden.

Eine Woche vor den Weihnachtsferien

In der letzten Woche vor den Weihnachtsferien fanden in seinen Sitzungen folgende Ereignisse statt:

Montag: Auf dem Weg zu meiner Praxis verschüttete er Orangensaft auf seiner Hose. Als er in das Gebäude kam, in dem ich arbeite, ging er in das *Badezimmer*, um den vom Orangensaft stammenden Fleck zu säubern, richtete aber eine noch größere "Sauerei" an. Das machte seine Hose wirklich naß. Als er in mein Zimmer kam, fiel es ihm schwer, seinen Mantel auszuziehen. Es war ihm peinlich, daß ich die Nässe auf seinen Hosen sehen könnte. Trotzdem: Er zog seinen Mantel aus und legte sich auf meine Couch. Ich konnte sehen, daß seine Hosen naß waren. Ich dachte bei mir, daß er "mutig" war, da er seinen Urin und/oder Kot mir so offen wie nur möglich zeigte.

Nachdem er mir seine Verlegenheit eingestanden hatte, berichtete er über ein weihnachtliches Familientreffen im Hause seines Bruders am vorangegangenen Wochenende. Seine Schwester, mit der er kurzfristig sexuelle Spiele gehabt hatte, war ebenfalls dort, und Hamilton fühlte sich unwohl. Ich dachte, daß die Nässe seiner Hosen, außer sich auf Urin und Kot zu beziehen, auch Ausdruck seines "Samenspritzens" sein könnte. Zu diesem Zeitpunkt aber sagte ich nichts, sondern hörte ihm nur weiter zu. Er berichtete, daß das Haus gegenüber dem Hause seines Bruders vermietet worden sei. Die neuen Mieter seien merkwürdig, sie würden das Haus nur gelegentlich benutzen. Wurde das Gebäude als Unterschlupf benützt? Waren diese Leute Terroristen? Waren es "Bombenmacher"? Ich schlug vor, es könne eine Verbindung geben zwischen den Bombenmachern und dem dicken

Mann auf der Toilette, der jederzeit explodieren konnte. Die Bombe könnte für explosionsartigen Stuhlgang stehen. Als Antwort fuhr er fort zu beschreiben, wie er vorhin im Badezimmer Wasser verspritzt hatte, als er den vom verschütteten Orangensaft stammenden Fleck auf seiner Hose reinigen wollte. Ich sagte ihm, daß die Gefühle über unsere herannahende Trennung und sein Unbehagen über das Treffen mit seinen Geschwistern mit der Nässe seiner Hosen in Zusammenhang stehen könnten. Er erinnerte sich an seine Furcht als Kind davor, das Bett naßzumachen. Da er mit seinem Bruder in einem Bett schlief, konnte er ihn durch Bettnässen auf Distanz halten und sich vor einem phantasierten homosexuellen Angriff schützen.

Hamilton hatte zu diesem Zeitpunkt seiner Analyse sein Ritual aufgegeben, jede Nacht mit einer anderen Frau zusammen zu sein. Die Bedeutung des Rituals war verstanden worden. Anfangs experimentierte er damit, drei aufeinander folgende Nächte mit derselben Frau zu verbringen. Danach kehrte er wieder zu seinem Ritual zurück. Später blieb er für eine ganze Woche mit derselben Frau zusammen. Nachdem er mit Michelle, einer aus Frankreich stammenden geschiedenen Frau, bekannt gemacht worden war, hörte er ganz auf, andere Frauen zu treffen. Sie wurde seine feste Freundin. In der Nacht vor dieser Sitzung hatte er bei sich zu Hause mit Michelle in seinem Bett geschlafen. Er war sehr besorgt darüber, daß seine Putzfrau einen daher stammenden Fleck auf dem Laken entdecken und ihn deswegen für schmutzig halten könnte. Samen, Urin und Kot waren in seiner Vorstellung alle miteinander vermengt und durch die Nässe seiner Hosen thematisch in die Stunde gebracht worden.

Er wollte erproben, ob ich genauso wie seine Großmutter/Eltern darauf reagieren würde, daß er nicht ein perfektes, sauberes Geschenk, sondern eine "Sauerei" mitgebracht hatte.

Das Naßmachen seiner Hosen war im Grunde ein aggressiver Akt. Es symbolisierte seinen Wunsch, mich wegzustoßen oder mich in Stücke zu zerreißen, da ich ihn während der Weihnachtszeit allein lassen würde.

Dienstag: Wir hatten keine Sitzungen am Dienstag. Dienstags traf er sich regelmäßig mit Michelle zu "Nachmittags-Freuden", das heißt, einer sexuellen Begegnung. Dies war der einzige Tag in der Woche, an dem er tagsüber sexuell aktiv war. Während der restlichen Woche schlief er mit Michelle nur nachts. In *meiner* Phantasie hörte ich seine Dienstag-"Nachmittag-Freuden" (afternoon delight) immer als "Türkische Freuden" (Turkish delight). Im Englischen ist dies eine allgemein bekannte Bezeichnung für türkischen Honig. Es stand für die "fehlende" Sitzung während des Tages mit mir. Während er mit mir kämpfte und mich montags, mittwochs, donnerstags und freitags als "böse" Objektvorstellung testete, hatte er dienstags eine abgespaltene "gute" Vorstellung von mir.

Mittwoch: Er beschrieb eine Erinnerung aus seiner Kindheit darüber, wie junge Hunde zur Sauberkeit erzogen wurden. "Wenn der Welpe einen Haufen ins Haus macht, drückt man seine Nase in den Kot und schlägt ihn mit der Zeitung", erzählte er. Sein Bericht über junge Hunde spiegelt seine Furcht wieder, ich könne ihn dafür bestrafen, daß er seine Hosen naßgemacht hatte. Obwohl er am Tag zuvor mit Michelle "Nachmittags-Freuden" gehabt hatte, empfand er sie jetzt wie seine Mutter, die ihn ausgepeitscht hatte. Am Mittwoch wurde sie in die "schlechte" Kategorie eingeordnet, nahe meiner Repräsentanz.

Nachdem er eine Weile geschwiegen hatte, erinnerte er sich daran, wie er und sein Cousin oft miteinander spielten und so taten, als ob sie einen Schlauch für Einläufe in eine schwarze Frau stecken und sie "aufblasen" würden. Sein Gesicht strahlte vor Vergnügen, als er diese Erinnerung erzählte. Ich sagte ihm, daß er der Frau in seiner Kindheit das antun wollte, was Frauen *ihm* angetan hatten.

Hamilton nahm meine Bemerkung an und sprach über süße Rache. Aber gleichzeitig spürte ich seine Furcht vor Vergeltung von seiner Mutter/dem Analytiker. Wer würde ihm über den Rücken streicheln und wer ihm zu essen geben, falls er ärgerlich war? Seine Gedanken gingen zu einem türkischen Mann, den er kannte und der offensichtlich für mich stand. Er sprach darüber, wie anständig und sanftmütig dieser Türke war. Ich reagierte darauf, indem ich sagte, daß er sich wünschte, ich als sanftmütiger Türke würde ihn nicht für die nassen Hosen und seine aggressiven Gedanken bestrafen. Dies führte zu einer weiteren Diskussion seines analen Sadismus und seiner Furcht vor Vergeltung.

Donnerstag: Nach der Mittwochstunde war ein Flugzeug abgestürzt, in dem eine Bombe explodiert war, viele Menschen starben. Im Rundfunk, Fernsehen und in den Zeitungen wurde über dieses tragische Ereignis berichtet. Hamiltons innere Vorstellung von diesem äußeren Ereignis war, daß seine analen Bomben wirklich töten könnten und daß sich jemand dafür rächen und ihn töten könnte. Das versetzte ihn in Angst. Daher kaufte Hamilton, bevor er zu seiner Donnerstagsitzung kam, ein Geschenk für mich. Er konnte nicht länger ein verstopfter, dicker Mann bleiben oder eine Sauerei auf seinen Hosen anrichten. Jetzt mußte er ein guter Junge sein. Sein Geschenk war ein gestürzter Apfelmuskuchen, etwas Gutes zum Essen. Er wollte mir eine orale Befriedigung geben, damit ich ihm seine anale Bombe vergebe, die Menschen getötet hatte. Wie ich noch beschreiben werde, stand sein Geschenk aber auch für sein Kot-Geschenk, das von seiner Großmutter verlangt worden war. Er würde meine Liebe bekommen, sein analer Sadismus wäre ungeschehen gemacht worden, und er wäre vor meiner Vergeltung geschützt.

Als er zu seiner Stunde kam, ließ er den Kuchen auf dem Rücksitz seines Wagens, der auf der Straße direkt bei meiner Praxis geparkt war. Sein Wagen konnte aus meinem Praxisfenster gesehen werden. Er beschrieb den Kuchen sehr genau. Die Farbe war dunkel, er war "fest geformt, aber weich". Nüsse und Rosinen waren darin. Ich wartete, bis er seine Beschreibung des Kuchens beendet hatte. Dann sagte ich ihm, daß ich ihn früher etwas anderes mit denselben Adjektiven hatte beschreiben hören. Er explodierte vor Lachen. "Ich kann nicht anders. Ich kann es nicht vermeiden", sagte er. "Ich brauche Ihre Anerkennung. Ich will nicht bestraft werden". Er verfiel in ein unbehagliches Schweigen. Ich dankte ihm dafür, daß er an mich gedacht hatte und mir etwas schenken wollte. Aber es sei nützlicher für uns, sagte ich, die Bedeutung seiner Geste, mir ein Geschenk geben zu wollen, zu verstehen. Wenn ich seinen "perfekten Kot" akzeptieren würde, würden wir vermeiden, an den Gefühlen seiner Unterwerfung unter die Befehle der Großmutter zu arbeiten und an seiner Wut darüber, daß sie mit ihren Einläufen in seinen Körper eingedrungen war. Könnten wir seine Gedanken darüber, mir ein Geschenk machen zu wollen, in Worte fassen? Hamilton beschrieb, wie er heute morgen in einem Geschäft gekauft hatte. Die Verkäuferin war gemein zu ihm gewesen, und er mußte so lang im Laden warten, bis sie seine Geschenke eingewickelt hatte. Wenn er nicht gewartet hätte, hätte sie seine Geschenke nicht eingepackt. Dies erinnerte ihn an seine Mutter und Großmutter, für die er so lange auf dem Töpfchen sitzen mußte, bis er seinen "perfekten" Stuhlgang für sie produziert hatte.

Freitag: Er eröffnete die Stunde mit einem Traum über zwei

Frauen, die seinen Urin testeten, um zu sehen, ob er Zucker enthielt. Seine Assoziationen gingen zu seinen "guten" und "bösen" Frauen. Dementsprechend konnte er "guten" (süßen) Urin oder "schlechten", aggressiven Urin haben. "Sie testen meine Gefühle", sagte er.

Der Test fand in einem Raum der Universitätsklinik statt, mit der ich zusammenarbeite. Der Raum hatte einen "Hintereingang" (Anus), durch den Eisenbahnschienen in die Klinik führten. Auf den Schienen gab es eine große Lokomotive. Sie konnte in den Raum hineinfahren (Zurückhalten von Kot) oder aus dem Raum hinausfahren (Ausscheidung von Kot). Es gab ein Gefühl des Unbehagens.

Bevor er träumte, hatte er mit Michelle geschlafen, war aber nicht zum Orgasmus gekommen. Michelle hatte zu ihm gesagt, er müsse nicht kommen. Sein Kot und sein Samen waren eins für ihn. Er wußte nicht, ob er ihn behalten oder gehen lassen sollte. Er teilte mir auch mit, daß er den Kuchen in den Kofferraum seines Wagens (rückwärtiger Teil seines Körpers) gelegt hatte. Als ob er unsere Diskussion darüber am Tag zuvor vergessen hätte, wollte er immer noch mit mir darüber verhandeln, ob ich ihn annehmen oder nicht annehmen würde, und ob er ihn mir geben oder nicht geben sollte.

Es gab einen zweiten Traum, in dem ein Ausländer (der mich repräsentierte) zu Hamiltons Haus kam. Es schien so, als ob der Ausländer und der Patient gemeinsam zur Schule (Psychoanalyse) gingen. Der Fremde brauchte ein Hemd, und Hamilton gab ihm seines. Als Hamilton nach einem Hemd für sich selbst suchte, konnte er nur ein blaues Hemd mit Karomuster finden. Der Ausländer trug eine Uniform mit Mütze und schien ein Nazioffizier zu sein.

Als Kind hatte Hamilton zu seinem Vater aufgesehen in der Hoffnung, daß er ihn "retten" würde aus den schwierigen Beziehungen mit den abweisenden Frauen seiner Kindheit. In Wirklichkeit aber hatte er das Gefühl, daß sein Vater nicht hilfreich war. Als unsere Weihnachtspause herannahte, wurde er verstopft und machte "Sauereien" als Ausdruck seiner Frustration.

Aber der Flugzeugabsturz versetzte ihn in Angst und zwang ihn "unbewußt", nett zu mir zu sein. Seine Aggression mir gegenüber (Mutter-Übertragung) ließ ihn jedoch in einem unentschiedenen Zustand zwischen Geben und Nichtgeben verharren. Der letzte Traum dreht sich, glaube ich, um seine Vaterübertragung. Er könnte noch einmal versuchen, die Hilfe seines Vaters zu erhalten. Das Resultat wäre jedoch eine Wiederholung seiner Vergangenheit. Der Vater war zu brutal, um zu helfen.

"Das Hemd vom eigenen Leib hergeben" (to give the shirt off one's back) ist eine englische Redewendung, sie bedeutet seine Unterwerfung unter mich. Aber ich wurde als Nazi wahrgenommen. Hamilton war kein Jude, aber in der Vergangenheit hatte er wiederholt seinen Vater mit Hitler verglichen, wenn er sich an seine Prügel erinnerte. Das blaue Hemd mit Karomuster, das er am Ende tragen mußte, erinnerte ihn an ein Kleid mit demselben Muster und derselben Farbe, das seine Mutter hatte, als er ein Kind war. Im Traum identifizierte er sich mit seiner Mutter, verweiblichte sich und bot sich durch diese passiv homosexuelle Position seinem Vater in der Hoffnung an, daß wenigstens sein Vater verstünde, welche Trennungsangst er hatte. Der Traumwunsch bestand darin, eine Lösung für seine Einsamkeit zu finden. Unglücklicherweise nahm ich nach dieser Stunde meinen Weihnachtsurlaub und mußte drei Sitzungen mit ihm ausfallen lassen.

Ich beabsichtige nicht, die weitere Geschichte seiner Analität zu beschreiben, wie sie sich in den späteren Stunden entwickelte. Ich möchte jedoch hier erwähnen, wie sein "guter" Kuchen zum "schlechten" Kuchen wurde. Er "vergaß" den Kuchen aus dem Kofferraum seines Wagens zu holen, so daß er verdarb. Er hatte schließlich vorgehabt, ihn den schwarzen Leuten in der Kneipe zu geben, enthielt jedoch letzten Endes uns allen seinen "guten" Kot vor.

Regression von ödipalen Konflikten

Das präsentierte Material zeigt, wie Hamilton die anale Ebene gebrauchte, um Spannungen aus Objektbeziehungskonflikten und Probleme der Separation-Individuation zu bewältigen. Seine langdauernden Erfahrungen mit der "Einlauf-Kultur" der Familie während seiner Kindheit führten zur Fixierung seiner Analität. Dies bedeutet jedoch nicht, daß er keine Regression von Konflikten der ödipalen auf die anale Ebene zeigte. Die Reaktivierung seiner Erinnerungen an seine sexuellen Beziehungen mit seiner Stiefschwiegermutter und seiner Schwägerin verursachte ödipale Ängste in ihm, die zur Folge hatten, daß er auf anale Verhaltensweisen auswich. Als er zum Beispiel zum erstenmal über den Unfalltod des Ehemannes seiner Schwägerin berichtete, blieb er den Rest der Stunde verbal "verstopft". Er hatte nicht nur kurz vor dem Tod seiner ersten Frau Geschlechtsverkehr mit seiner Schwägerin, sondern auch einige Jahre später nochmals. Am Tag nach ihrer zweiten sexuellen Begegnung starb der Ehemann seiner Schwägerin bei einem Autounfall. Hamiltons Situation damals war nicht unähnlich der Situation des jungen Arztes, der sexuellen Verkehr mit der Frau seines Mentors in dessen Todesnacht hatte. Erst in der Analyse erkannte Hamilton, daß er in seiner Phantasie den Ehemann seiner Schwägerin, der für einen ödipalen Rivalen stand, getötet hatte. Er regredierte auf die Stufe analer Retention und Reaktionsbildung. Jahre nach diesem Autounfall, als Hamilton bei mir in Behandlung war, erschien diese verwitwete Schwägerin, die in einem anderen Staat lebte, im Büro meines Patienten. Sie bat ihn, ihrem Sohn, der ein Geschäft eröffnen wollte und dafür Kapital brauchte, Geld zu leihen. Hamiltons erste Reaktion war, nichts zu geben. Für ein zweifelhaftes Geschäftsabenteuer würde er kein Geld herausrücken. Dann jedoch verspürte er Schuldgefühle darüber, den Ehemann seiner Schwägerin "getötet" zu haben. In der Reaktionsbildung wurde er in einer Art, die weit über das übliche Maß hinausging, gegenüber der Familie des toten Mannes "großzügig" und lieh dem Sohn seiner Schwägerin sehr viel Geld.

Objektbeziehungskonflikte und strukturelle Konflikte

So, wie die anale Phase zwischen der oralen und der phallischen Phase steht, dient sie auch als Brücke zwischen Objektbeziehungskonflikten und strukturellen Konflikten. In der normalen Entwicklung wird während der analen Phase (im Alter von 1 1/2 bis 3 1/2 Jahren) Spaltung nach und nach durch Verdrängung ersetzt. Furcht vor "bösen" Objekten und Angezogensein von "guten" Objekten vereinigen sich in der Ambivalenz gegenüber einem integrierten Objekt. Spannungen zwischen unintegrierten Vorstellungseinheiten werden zu Spannungen zwischen Substrukturen des psychischen Apparats. Furcht vor "bösen" Objekten, die nicht als zum Selbst gehörend empfunden werden, wird zur Furcht vor dem Über-Ich, das als Teil des Selbst erlebt wird.

Während der analen Phase reduzieren die sich entwickelnden integrativen Prozesse, gemeinsam mit der Verfügbarkeit reiferer kognitiver Fähigkeiten und beherrschter Affekte, die Verwendung von Spaltung. Das Verbinden entgegengesetzter Selbst- und Objektvorstellungen und der zu ihnen gehörenden Affekte ist am Ende der analen Phase praktisch vollendet. Dieser Prozeß des Verbindens ist jedoch bei niemandem jemals vollständig abgeschlossen. Die restlichen noch vorhandenen nicht verbundenen "guten" und "schlechten" Vorstellungseinheiten beunruhigen das Kind, das nun einen integrierten Kernbereich hat. Fände das Kind keine Möglichkeit, mit den verbleibenden unintegrierten "guten" und "bösen" Vorstellungsinhalten umzugehen, würden diese frei flottieren und zur Grundlage neuer introjektiv-projektiver Entwicklungen werden. Das Kind würde dann weiter Objektbeziehungskonflikte erleben. Es muß sich also, so gut es kann, um diese unintegrierten Bereiche kümmern. Dazu stehen ihm drei Möglichkeiten zur Verfügung.

Die ersten beiden wurden von KERNBERG (1976) dargestellt. Ich beschrieb eine dritte Möglichkeit (VOLKAN 1988).

1) Das reifende Ich kann unintegrierte Teile durch Verdrängung in das Es verlagern. Vor KERNBERG stellte bereits VAN DER WAALS (1952) fest, daß der verdrängte Teil des Es kein reines Es, sondern ein "Ich-Es" sei.

2) Sowohl die nicht verbundenen "guten" und idealisierten Repräsentanzen als auch die "bösen" und bestrafenden Repräsentanzen werden an das Über-Ich gebunden, wodurch es zu einer besser ausgeformten Struktur wird.

3) Nicht verbundene Vorstellungsinhalte werden auf *passende Ziele der Externalisation* projiziert. Solche Ziele werden innerhalb einer Gruppe beziehungsweise einer Volks- oder nationalen Gruppe von deren Mitgliedern geteilt. Die Gruppe "wählt" ein Ziel aus, zum Beispiel die Nationalfarben der benachbarten Gruppe, auf die das Kind seine "bösen" Vorstellungsinhalte projizieren kann. Jedes Kind der Gruppe hat dasselbe Ziel, wodurch alle Kinder wie durch ein unsichtbares Netz miteinander verbunden sind.

Das miteinander geteilte "passende Ziel der Externalisation", das "böse" Vorstellungsinhalte von allen Kindern derselben Gruppe absorbiert, entwickelt sich zum sozialen und politischen Feind dieser Gruppe. Alle Mitglieder der Gruppe sind sich über solche Feinde einig. Vorurteile und Feindseligkeiten gegen den gemeinsamen Feind *stabilisieren* die ursprünglichen Projektionen; sie wenden sich nicht gegen einen selbst und verursachen dadurch dem Kern des integrierten Selbstgefühls und den integrierten Objektvorstellungen des Individuums keine inneren Schwierigkeiten mehr. Die "passenden Ziele der Externalisation", auf die die Kinder einer Gruppe ihre "guten" inneren Vorstellungseinheiten projizieren, werden zu Vorläufern sozialer und politischer Verbündeter, wie zum Beispiel die eigene Volkszugehörigkeit oder die eigenen kulturellen Verstärker (MACK 1984). Die sozialen und politischen Feinde und Verbündeten enthalten Projektionen der Selbst- und Objektvorstellungen. Sie werden sowohl für die Errichtung und Aufrechterhaltung eines kohärenten Selbstwertgefühls als auch beim Finden eines Unterstützungssystems innerhalb der eigenen Gruppe für diese Kernidentität benötigt.

Durch die drei oben beschriebenen Mechanismen beschützt das Kind seine zentrale integrierte Vorstellungseinheit, während es andererseits einen Teil seines Ich in den verdrängten Bereich des Es verlagert, sein Über-Ich formt, seine Ich-Funktionen erweitert und sich an seine Gruppe anschließt. Über die anale Brücke verläßt das Kind den Bezirk, in dem Objektbeziehungsprobleme dominieren, und erreicht über sie den Bereich, in dem strukturelle Mechanismen vorherrschen.

Lassen Sie mich ein Beispiel geben: Hamiltons inzestuöse Beziehungen beinhalten ein gewisses Maß an Verdrängung. Er hatte keine sexuellen Beziehungen mit seinen Eltern, sondern nur mit seiner Schwester, und es war ihm nicht bewußt, daß er mit seiner Mutter ins Bett gehen wollte. Aber seine Verdrängung war sehr dünn, was dadurch sichtbar wird, daß die Erinnerung an die Brüste seiner Mutter ihn immer noch erregte und er mit Verwandten ins Bett ging, die nicht weit vom Bild seiner Mutter entfernt waren.

Zu Beginn seiner Analyse verursachten ihm seine inzestuösen Beziehungen ein Gefühl des paranoiden Schreckens. Wie ich oben zeigte, ist dieses Gefühl nicht mit Schuld identisch. In derartigen Situationen verspürte er zwar ein gewisses Maß an Über-Ich-Schuld, aber das dominierende Gefühl zu Beginn unserer Arbeit war seine Furcht davor, von einem "bösen" Objekt, das nicht als zu ihm gehörend empfunden wurde, in der Dunkelheit der Nacht erschossen zu werden.

Gelegentlich habe ich bei Borderline-Patienten das Erleben extremer Schuld unter dem Einfluß eines Über-Ich-Vorläufers beobachtet, einer "bösen" Objektvorstellung (VOLKAN 1987). Ich nenne diesen Typ der Schuld "paranoiden Schrecken". Er ist von kurzer Dauer, da der Patient seine "bösen" Objektvorstellungen bald entwaffnet.

Im vierten Jahr seiner Analyse hörte Hamilton, daß eine seiner Cousinen, die hunderte von Meilen entfernt wohnte, sich von ihrem Ehemann trennte. Sie wurde zum verfügbaren inzestuösen Objekt. Sobald er diese Neuigkeit hörte, rief er die Telefonauskunft an, um ihre Nummer herauszufinden. Als er begann, ihre Nummer zu wählen, hörte er meine Stimme *in* sich, die ihn fragte, was er tue. Seine eigene innere Stimme antwortete: "Ich muß das nicht tun. Das ist nicht richtig. Ich kann mich besser fühlen, wenn ich sie nicht anrufe". Er hielt sich selbst davon zurück, rief sie nie an, um sich mit ihr zu verabreden.

Als er diesen Vorfall berichtete, sprach er von einer Änderung in ihm, die ein Resultat seiner Interaktionen und seiner Identifikation mit mir war. Er hörte meine Stimme in sich. Meine Repräsentanz war von ihm noch nicht völlig assimiliert worden, aber es war die Assimilation unserer Arbeit, die ihm die neue Aufgabe gab, zu einem inzestuösen Objekt, den "Titten" seiner Mutter, "nein" zu sagen. In der Vergangenheit hatte er keine innere Bremse ziehen können, er hatte sich nicht selbst davon abhalten können, sich um eine verfügbare Cousine zu bemühen. Früher hatte er auch keine Schuldgefühle gehabt, wenn er es tat.

Als Hamilton den Hörer auflegte und seine Cousine nicht anrief, zeigte er ein Verhalten, das zu einer neuen inneren Struktur (Über-Ich) in ihm gehörte. Diese Struktur war ein Teil von ihm geworden. Sie hielt ihn davon ab, eine inzestuöse Geste zu machen, aber stärkte dadurch, daß er sich daran hielt, auch sein Selbstwertgefühl. Die verbietenden und idealisierten Aspekte seines Über-Ich hatten begonnen, sich zu integrieren.

Nicht alle Borderline-Patienten zeigen anale Charakterzüge. Die Borderline-Persönlichkeitsorganisation sollte auf einem Spektrum gesehen werden, wobei Hamiltons Fall zum oberen Ende dieses Spektrums gehört.

Teil II

Technik der psychoanalytischen Therapie

Überblick

Als Psychoanalytiker erstmals die klassische analytische Technik bei Patienten anwendeten, die früher aufgrund ihrer Ich-Schwächen oder Ich-Defekte als nicht behandelbar und unzugänglich angesehen wurden, griffen sie im allgemeinen zu *stützenden Maßnahmen*. Sie nannten solche Ansätze eine "Vorbereitung für die Analyse" (RAPPAPORT 1960). Die Vorstellung dabei war, daß das Ich des Patienten durch stützende Maßnahmen gestärkt werden würde. Nachdem diese Ich-Stärke erreicht war, wäre der Patient für die "wirkliche Analyse" bereit. Die Analytiker, die stützende Maßnahmen vertraten, konnten sich zwar auf gute theoretische Gründe berufen, jedoch brachte die Einführung unterstützender Maßnahmen es oft mit sich, daß der Analytiker, ob er das wollte oder nicht, zum Manager des Lebens seines Patienten wurde, anstatt, falls nötig, eine dritte Partei in der Funktion eines Managers mit einzubeziehen.

Zum Beispiel veranlaßte ein Analytiker seinen Patienten, von dem er wußte, daß er erhebliche Schwierigkeiten in der Kontrolle seiner Impulse zu großen Geldausgaben hatte, ein Bankkonto zu eröffnen, von dem der Patient ohne die Unterschrift des Analytikers kein Geld abheben konnte. Das Ziel des Analytikers war es, ein Hilfs-Über-Ich seines Patienten zu werden. Nur kann das, was dieser Analytiker tat, nicht als wirkliches therapeutisches Unternehmen zur Änderung der inneren Struktur des Patienten angesehen werden. Wir können nicht einfach uns selbst als äußeres Modell zur Identifikation anbieten und darauf hoffen, daß unsere Patienten uns in sich hineinnehmen und ihre psychische Struktur ändern. Bei den Bemühungen dieses Analytikers blieb wenig, möglicherweise gar kein *therapeutischer Raum* mehr (WINNICOTT 1971) zwischen dem Patienten und seinem Analytiker. In diesem therapeutischen Raum soll die therapeutische Arbeit stattfinden, die die Struktur des Patienten verändert. Damit der Patient sich wirklich mit der impulskontrollierenden Funktion des Analytikers identifizieren kann, muß es eine intrapsychische Überprüfung dieser Funktion innerhalb des therapeutischen Raumes zwischen Analytiker und Patient geben, und es muß ein

Kampf für und wider die Identifikation stattfinden, bevor diese Funktion im Selbstgefühl des Patienten assimiliert werden kann.

Da ein Großteil des Zeitabschnittes für die "Vorbereitung zur Analyse" unanalytisch war, bezeichneten wir die Behandlung solcher Patienten mit Begriffen wie: intensive Psychotherapie, stützende Psychotherapie etc. Im allgemeinen war man sich stillschweigend darüber einig, daß weitere Regression bei diesen schon regredierten Patienten schlecht sei. Eine Technik ohne therapeutische Regression kann jedoch nach unserer Meinung nicht psychoanalytisch sein.

1912 schrieb FREUD, daß Fortschritte in der Erfahrung von Psychoanalytikern zu einem Konsens über die zweckdienlichste Technik führen würden. 1919 sah er ein, daß die psychoanalytische Methode unvollständig war und daß Techniken geändert werden könnten, wenn man mehr gelernt haben würde. Er erwartete Verbesserungen in der analytischen Technik. Als sich neue theoretische Orientierungen entwickelten, verlangten seine Anhänger neue technische Ansätze. Aber bestimmte Prinzipien blieben trotz unterschiedlicher theoretischer Schwerpunkte unverändert. Die Verwendung der Couch, Abstinenz, freie Assoziation, Trauminterpretation und Arbeitsbündnis blieben gleich. Außerdem konzentrierten sich alle analytischen Techniken weiterhin auf die Analyse von Widerständen und Übertragungen.

Mit der Herausbildung einer auf die Beziehungen zwischen Selbst- und Objektrepräsentanzen zentrierten Theorie der psychischen Entwicklung, die Elemente des Kleinianischen Denkens und der Ich-Psychologie aufnahm (JACOBSON 1964; MAHLER 1968, 1972; KERNBERG 1967, 1975, 1976, 1980; VOLKAN 1976, 1987), wurde nicht nur die Theorie, sondern durch die nochmalige Überprüfung der Behandlung von Fällen, die früher als unanalysierbar galten, auch die Technik der Psychoanalyse bereichert. Zu diesen Fällen gehören die Patienten mit Borderline-Persönlichkeitsorganisation. Die Objektbeziehungstheorie verlangt vom Analytiker nicht, daß er den Wechsel von "guten" und "bösen" auf ihn projizierten Objektrepräsentanzen unmittelbar wahrnehmen und ansprechen muß. Jede dieser dominierenden Repräsentanzen hat ihre eigene Entwicklungsgeschichte und Ansammlungen von mit ihr verbundenen affektiven Erfahrungen. Dementsprechend steht sie in einem Zusammenhang, den der Analytiker verstehen muß (VOLKAN 1981b).

Wenn ich Vorträge über die Behandlung von Borderline-Patienten halte, werde ich gelegentlich als Objektbeziehungstheoretiker eingeführt. Ich bemühe mich, solch eine Einführung zu korrigieren. Objektbeziehungskonflikte müssen zwar bei bestimmten Patienten während bestimmter Zeiten ihrer Behandlungen notwendigerweise in Betracht gezogen werden. Die Konzentration darauf entläßt uns nicht aus der Notwendigkeit zur Untersuchung von daneben existierenden strukturellen Konflikten, pathogenen Phantasien, Ich-Funktionen außerhalb von Objektbeziehungen, direkten Äußerungen von aus dem Unbewußten stammendem Material, zum Beispiel Träumen, etc. Die Objektbeziehungstheorie sollte uns nicht dazu verleiten, eine mechanistische Technik zu entwickeln und uns nur noch, simplifizierend, auf das Zusammenspiel von "guten" und "schlechten" Selbst- und Objektvorstellungen zu beziehen.

Bei meiner Beschreibung von Hamiltons Fall habe ich nicht nur versucht, die anfänglichen Ursachen seiner Unfähigkeit zur weitgehenden Integration seiner libidinös und seiner aggressiv besetzten Selbst- und Objektvorstellungen zu verstehen, sondern ich unternahm auch den Versuch, die Beziehungen seiner Objektbeziehungskonflikte zu Separations-Individuationsproblemen, strukturellen Erwägungen sowie Fixierungen und Regression in der psychosexuellen Entwicklung zu zeigen. Analytische Arbeit mit Hamilton erforderte, daß der Analytiker nicht nur seine Objektbeziehungskonflikte analysierte, sondern auch all die anderen Bereiche, die mit solchen Konflikten in Beziehung stehen. Außerdem entwickelt sich die innere psychische Organisation von Hamilton und ähnlicher Patienten während der analytischen Behandlung weiter. In der späteren Phase der Behandlung wird es somit notwendig, daß der Analytiker sein Hauptaugenmerk von den Objektbeziehungen auf strukturelle Themen wendet.

Ein Vergleich

Falls der Ausdruck "Psychoanalyse" als therapeutische Technik nur die Behandlung neurotischer Patienten meint oder anderer Patienten mit einer Persönlichkeitsorganisation höheren Niveaus, dann verlangt die Modifikation der Technik für Borderline-Patienten die Verwendung eines anderen Begriffs, zum Beispiel *psychoanalytische Psychotherapie.* Wir sind weniger daran interessiert, welcher Begriff benützt werden sollte oder welcher nicht, sondern mehr an einer klaren Beschreibung dessen, was wir technisch tun. Außerdem wird in der psychoanalytischen Literatur der Begriff Psychoanalyse, als technischer Begriff, für die Behandlung dreier verschiedener Kategorien von Patienten benützt.

Die erste Kategorie bezieht sich auf neurotische Patienten und Patienten mit einer Persönlichkeit höheren Organisationsniveaus. Diese Patienten haben integrierte Selbst- und Objektvorstellungen.

Die zweite Kategorie bezieht sich auf Patienten mit narzißtischer Persönlichkeitsorganisation. Solche Patienten können ein stabiles grandioses Selbst im täglichen Leben aufrechterhalten.

Die dritte Kategorie von Patienten schließt diejenigen mit ein, die eine Persönlichkeit niederen Organisationsniveaus haben, wie zum Beispiel die Borderline-Persönlichkeitsorganisation.

Wenn auch die Behandlung der Patienten dieser drei Kategorien durch ausgebildete Psychoanalytiker mit dem Begriff Psychoanalyse bezeichnet werden kann, so ist doch der Schwerpunkt ihrer Behandlung in jeder Kategorie ein anderer. Wir können in einem kurzen Überblick die wichtigsten Gesichtspunkte bei der Behandlung dieser Gruppen vergleichen:

Erste Kategorie: Die klassische psychoanalytische Technik ist für diese Patienten die Methode der Wahl. Die strukturelle Theorie ist immer noch der beste Weg zum Verständnis der Psychopathologie dieser Menschen mit vollständig differenziertem Es, Ich und Über-Ich.

Der therapeutische Prozeß der klassischen Psychoanalyse ist gewöhnlich in drei Phasen aufgeteilt: Die Anfangsphase, die Mittelphase und die Abschlußphase. Die Technik der klassischen Psychoanalyse ist so gut bekannt, daß ich bei der Beschreibung hier nicht ins Detail gehen werde. Kurz zusammengefaßt: In der Anfangsphase errichtet der Analytiker, innerhalb des Rahmens der psychoanalytischen Technik, das Arbeitsbündnis mit dem Patienten, stört die therapeutische Regression nicht und konzentriert sich auf die Widerstände. Die Mittelphase beginnt, wenn sich die Übertragungsneurose entwickelt und analysierbar wird. Interpretation von Widerständen, Träumen und Übertragungsneurose, (Re)Konstruktion von unbewußten pathogenen Phantasien und Durcharbeiten sind die wesentlichen Charakteristika des Mittelspiels. Die Abschlußphase rekapituliert die Übertragungsneurose und ihre Lösung, festigt die Identifikation des Patienten mit den analytischen Funktionen des Analytikers und gibt Raum für den Prozeß des Trauerns über die Trennung des Patienten und seines Analytikers.

Zweite Kategorie: MODELL (1976) versuchte, die Psychoanalyse von Patienten mit narzißtischer Persönlichkeitsorganisation zu systematisieren. Er teilte den psychoanalytischen Prozeß in drei Phasen auf, wobei diese drei Phasen sich von den drei Phasen der klassischen Analyse unterscheiden.

MODELL nannte die erste die *Kokon-Phase*, die KOHUTS (1971) idealisierender Übertragung ähnlich sei. Der Patient erwartet vom Analytiker, ihn zu retten und die Analyse zu schützen, trotz der Versuche des Patienten, sie zu sabotieren. Während dieser Phase, die ungefähr ein Jahr dauert, empfindet der Patient Interpretationen als aufdringlich. Er weist sie ab oder aber hört und behält sie nicht.

Nachdem die Grandiosität des Patienten langsam konfrontiert wurde, beginnt die *zweite Phase*. Wut gegen die äußere Welt, repräsentiert durch den Analytiker, entwickelt sich. Der Patient taucht aus seinem Gefühls-Kokon auf und fühlt sich wesentlich lebendiger als zuvor. Die zweite Phase kann einige Monate oder etwa ein Jahr dauern. Die *dritte Phase* beginnt, wenn ein therapeutisches Arbeitsbündnis erreicht ist. Jetzt nähert sich die Behandlung der klassischen Analyse an, in der es um ödipale Probleme geht. Aber die Kokon-Übertragung kann in Situationen wie der Trennung vom Analytiker wieder auftauchen. MODELL stellt fest, daß der Ödipuskomplex möglicherweise nicht im selben Ausmaß wie bei den klassischen Fällen in Erscheinung tritt.

Ich habe mich mit MODELLS Ansichten auseinandergesetzt (VOLKAN 1979, 1982a) und stimme ihm darin zu, daß die Analyse von narzißtischen Patienten nicht wie eine klassische Analyse beginnt. Ich stimme auch mit ihm darin überein, daß die nach oben sich entwickelnde Übertragungsbeziehung in Richtung auf eine trianguläre ödipale Situation dann stattfindet, wenn die Analyse dem Patienten hilft, zunehmend reifere Objektbeziehungen zu entwickeln. Solche nach oben sich entwickelnden Übertragungsbeziehungen wurden auch von BOYER (1967) und KERNBERG (1975) beschrieben. Dem Schema MODELLS fügte ich jedoch einige Modifikationen hinzu: Ich halte es für bezeichnend, daß der Patient während der Kokon-Übertragung, obwohl er seinen Analytiker als Bestätigung seiner Grandiosität und Ausdehnung seiner selbst benützt, auch paranoide Züge - wie KERNBERG (1975) darlegte -

aufweisen kann, wenn er das Gefühl hat, daß sein Analytiker ihn nicht bewundert; daher muß der Patient den Analytiker manchmal bis zur Verleugnung seiner Existenz entwerten. Ich stellte auch fest, daß bei den meisten narzißtischen Patienten die Elemente der Übertragungsneurose (d.h.: es existiert ein kohärentes Selbstgefühl, und die Selbst- und Objektrepräsentanzen sind klar voneinander abgegrenzt) *gleichzeitig* mit der Kokon-Übertragung von Beginn der Analyse an bestehen, auch wenn sie zu dieser Zeit noch nicht entscheidend sind; der Patient kann sie zur Abwehr einsetzen, um die narzißtische Übertragung zu verbergen. Nach meiner Überzeugung können die ödipalen Elemente der klassischen Übertragungsneurose erst dann wirkungsvoll analysiert werden, wenn zuvor die Analyse der narzißtischen Übertragung ausreichend fortgeschritten ist. MODELL erwähnte die Möglichkeit regressiver Bewegungen während der gesamten Behandlung. Ich bin davon überzeugt, daß die Aspekte der Kokon-Übertragung im Hintergrund der Übertragungsneurose während der dritten Phase der Behandlung bestehen bleiben und gelegentlich aus ihrem Schatten auftauchen. Wenn Analytiker und Patient ein Datum für die Beendigung der Analyse beschlossen haben, erwarte ich, daß die narzißtische Übertragung für einen letzten Rückblick nochmals aufblüht. Meiner Ansicht nach muß man während der gesamten Analyse den narzißtischen Übertragungen Aufmerksamkeit widmen. MODELL schreibt, daß die Problematik des Ödipuskomplexes unfehlbar in der dritten Phase vorhanden ist, wenn auch möglicherweise nicht so vollständig wie bei einem klassischen Fall. Ich meine, daß die ödipalen Elemente in der letzten Phase oft von der narzißtischen Glorifizierung des Patienten gefärbt sind. Er sieht sich selbst als jemanden, der nicht seinesgleichen auf der Welt hat, und benimmt sich so, als ob er das einzig existierende ödipale Kind sei. Es ist, als ob der Kampf zwischen dem ödipalen Vater und dem ödipalen Sohn ein Kampf zweier Riesen sei. Ist der Ödipuskomplex aber gelöst, so verhält sich der Patient wie ein neurotischer Patient, der seinen Ödipuskomplex aufgearbeitet hat.

Dritte Kategorie: Borderline-Patienten können, wie oben beschrieben, auf einem Spektrum gesehen werden. Einige Autoren behaupten, daß die Behandlung von Borderline-Patienten höheren Organisationsniveaus Psychoanalyse genannt werden kann, nicht jedoch die Therapie von Borderline-Patienten niederen Niveaus. Das verursacht Verwirrung. Wo verläuft die Trennlinie, von der an Psychoanalyse angewandt oder nicht angewandt werden kann?

Wir sind außerdem davon überzeugt, daß sogar bei Borderline-Patienten höheren Niveaus die Technik geändert werden muß. Die Technik der klassischen Psychoanalyse, wie sie bei Neurose-Patienten angewandt wird, kommt für Borderline-Patienten nicht in Betracht, da die Fähigkeit dieser Patienten zur Verdrängung nicht stark entwickelt ist, die klassische Analyse aber primär mit der Aufhebung der Verdrängung arbeitet. Für diese Patienten brauchen wir, mindestens zu Beginn, eine Technik, die sich mit der Unfähigkeit des Patienten befaßt, integrative Ich-Funktionen einzusetzen. Wir versuchen daher, uns von einer starren Definition dessen fernzuhalten, was wirklich Psychoanalyse und was psychoanalytische Psychotherapie genannt werden sollte. Ein wichtiges Thema für uns ist die Erwägung verschiedener therapeutischer Stile für Borderline-Patienten. Wir denken dabei an zwei entgegengesetzte Stile, wenn auch eine solche Unterteilung in der Praxis nie vollständig durchgehalten werden kann.

Beim ersten Stil wird versucht, eine Arbeitsebene aufrechtzuerhalten, auf der der Patient *ohne* weitere Regression funktionieren kann. Der Analytiker verwendet Vorschläge, Klärungen, Grenzsetzungen und sogar Interpretationen, die darauf abzielen, die Angst des Patienten zu reduzieren. Die vom Analytiker ständig wiederholten Konfrontationen der Spaltung, Verleugnung, Idealisierung, Entwertung und introjektiv-projektiver Bezogenheit vermitteln dem Patienten neue "Ich-Erlebnisse" innerhalb des therapeutischen Settings, die ihm schließlich dabei helfen sollen, seine Selbstvorstellungen und die korrespondierenden Objektvorstellungen zusammen mit den zu ihnen gehörenden Affekten zu integrieren, die dadurch auch beherrschbarer werden sollen. Analytiker, die für diesen Stil eintreten, sind der Meinung, wenn ihre schon regredierten oder nicht entwickelten Patienten noch weiter regredierten, bestünde die Gefahr, daß sie psychotisch werden. Diese Ansicht wird mit der Rolle der primitiven prägenitalen Aggression bei Patienten mit Borderline-Persönlichkeitsorganisation begründet. Weitere Regression könnte unkontrollierbare Aggression induzieren, die ihrerseits die therapeutischen Bemühungen zerstören würde.

Beim zweiten Stil wird die Ansicht vertreten, daß solche Patienten eine weitere - jetzt *kontrollierte* - Regression erleben müssen, und der Analytiker also, zur geeigneten Zeit, die Regression des Patienten auf ein Niveau unterhalb der Ebene der Spaltung, die der Patient zuvor zeigte, nicht stören sollte. Entsprechend wird der Patient, nachdem er innerhalb eines therapeutischen Settings so tief regredierte, über gesündere Entwicklungswege zu psychischem Wachstum voranschreiten, ähnlich wie es ein Kind in einer geeigneten Umgebung tun würde. Diejenigen, die diesen Ansatz vertreten, sind sich klar über die prägenitale Aggression des Patienten und bereiten daher den Patienten auf eine therapeutische Regression vor. Wenn diese Patienten weiter regredieren, *können* sie eine vorübergehende Übertragungspsychose entwickeln (eine Verschmelzung von Selbst- und Objektvorstellungen). Der Analytiker läßt sich also auf die Behandlung in der Erwartung ein, auch die psychotische Übertragung durchzuarbeiten, in der Hoffnung, der Patient werde dazu fähig werden, eine neue und gesündere innere Struktur aufzubauen.

Die *Gegenübertragung* wird beim zweiten Behandlungsstil zum entscheidenden Faktor. Wie LITTLE (1957) verwenden wir diesen Begriff in einem *umfassenden* Sinn, der *alle* Gefühle, Einstellungen und Gedanken des Analytikers mit einschließt, die dieser dem Patienten gegenüber hat, und sich somit nicht nur auf die noch bestehenden ungelösten Konflikte des Analytikers bezieht. Hier interessiert uns vor allem die Reaktion des Analytikers darauf, vom Patienten "gespalten" und als Ziel für seine Introjektionen und Projektionen verwendet zu werden. Der Analytiker registriert seine Empfindungen und Gedanken, wenn er vom Patienten einmal als "gut" und dann wieder als "schlecht" erlebt wird, und er absorbiert die Auswirkungen der Übertragung des Patienten. In diesem Buch werden daher immer auch meine Reaktionen auf Hamilton erwähnt.

Der Analytiker muß die Externalisierungen und Projektionen des Patienten absorbieren, obwohl sie stark mit Aggression kontaminiert sein können. Außerdem muß er "im Dienste des anderen" (OLINICK 1964) regredieren, um den Patienten auf einem regredierten Niveau "treffen" zu können.

LOEWALD (1982) stellt fest: "Es ist nicht die Regression per se, die therapeutisch wirksam ist, sondern die Wiederaufnahme einer progressiven Entwicklung, die durch die Regression auf eine frühere Stufe oder einen 'Fixationspunkt' möglich gemacht wird" (S. 114).

Da der zweite Behandlungsstil eine therapeutische Regression, gefolgt von einer "nach oben sich entwickelnden" Übertragung mit einschließt (BOYER 1971; VOLKAN 1976, 1987), ist er, technisch gesehen, nah mit der klassischen Technik verwandt. Modifikationen sind jedoch notwendig. Dieser Stil unterscheidet sich von der klassischen Technik im Bereich der "Vorbereitung auf die therapeutische Regression" und in der Betonung der Entwicklung und Aufrechterhaltung der integrativen Funktionen des Patienten statt der Aufhebung von Verdrängung. Außerdem hat bei diesem Stil die Identifikation mit den Ich-Funktionen des Analytikers eine größere Bedeutung für die Heilung als bei der Behandlung von Patienten mit neurotischer Persönlichkeitsorganisation (VOLKAN 1982b).

Auch bei neurotischen Patienten tritt die Identifikation mit Ich-Funktionen des Analytikers zwangsläufig auf, verbleibt jedoch gewöhnlich im Hintergrund.

Wir möchten hier nochmals feststellen, daß wir von einer Periode der "Vorbereitung auf die therapeutische Regression" und nicht von einer "Vorbereitung zur Analyse" im Sinne RAPPAPORTS (1960) sprechen, wie sie zu Beginn dieses Kapitels erwähnt wurde, und bei der der Analytiker dem Patienten direkte "Unterstützung" gibt und "Manipulation" anbietet, damit der Patient gegenwärtige Konflikte und Lebenssituationen tolerieren und handhaben kann.

Unter der Anwendung des zweiten Behandlungsstils analysierte ich neun Borderline-Patienten niederen Organisationsniveaus (mit Tendenz zu psychotischen Episoden) und beschrieb, daß ihre Behandlung - an deren Ende sie als voll analysiert angesehen werden können - durch *sechs Stufen* geht (VOLKAN 1987).

Hamilton hatte eine Borderline-Persönlichkeit höheren Organisationsniveaus. Dennoch glaube ich, daß das, was über die sechs Stufen gesagt wurde, auch verschiedene therapeutische Überlegungen und klinische Schwierigkeiten in Hamiltons Fall illustriert.

Sechs Stufen

Bei der systematischen Beobachtung der Psychoanalyse von Borderline-Patienten mit einer Persönlichkeitsorganisation niederen Niveaus (mit Tendenz zu psychotischen Episoden), konnte ich erkennen, daß der therapeutische Prozeß *sechs Stufen* durchläuft. In einem früheren Buch (VOLKAN 1987) beschrieb ich anhand der vollständigen Geschichte einer meiner Patientinnen diese sechs Phasen der Behandlung und ihre klinischen Manifestationen. Seither habe ich meine Beschreibung dessen, was ich auf jeder Stufe sehe, verfeinert und erweitert. Dieses Kapitel faßt meine ursprünglichen und die neueren Erkenntnisse zusammen.

Ich möchte betonen, daß ich diese sechs Stufen nicht als Kochbuchrezepte anbiete, sondern als Beschreibung meiner Beobachtung der verschiedenen Haltungen, die die Patienten im Verlauf der Therapie einnehmen. Sowohl innere als auch äußere Ereignisse können zu einer vorübergehenden Rückkehr zu einer Stufe führen, die schon abgeschlossen schien. Die Dauer jeder Stufe wechselt von Patient zu Patient.

Stufe eins: Die Errichtung einer Basis in der Realität

Die Ansicht, daß die neurotische Übertragung eines neurotischen Patienten zu Beginn der Behandlung am stärksten sei und daß der Abschluß seiner Behandlung zu einer realen Beziehung führe, ist falsch.

ANNA FREUD (1954) stellte fest, daß die Haltung des neurotischen Patienten am Anfang der Behandlung realitätsorientiert ist, die Realitätsbasis aber sekundär wird, je mehr sich eine voll blühende Übertragungsneurose entwickelt. Erst nachdem die Übertragungsneurose durchgearbeitet wurde, taucht die reale Person des Analytikers auf, obwohl "in dem Ausmaß, in dem der Patient einen gesunden Teil seiner Persönlichkeit hat, seine reale Beziehung zum Analytiker nie vollständig verschwunden ist." Ich meine, daß diese Feststellung auf Patienten mit Borderline-Persönlichkeitsorganisation nur zum Teil zutrifft. Sie weisen zu

Beginn ihrer Behandlung extreme Übertragungsverzerrungen auf und nehmen den Analytiker nicht als "vollständiges" Wesen, sondern als Repräsentanten von "guten" oder "bösen" Selbst- und Objektvorstellungen, das heißt als *Teilobjekt* wahr.

Diese Umstände können zu Beginn intensive emotionale Reaktionen beim Analytiker selbst auslösen, was zu einer völlig anderen Situation führt als die sich Schritt für Schritt entwikkelnde Übertragungs-Gegenübertragungsachse, die für die Arbeit mit neurotischen Patienten charakteristisch ist (VOLKAN 1981b). Daher bestehe ich darauf, daß meine Borderline-Patienten genügend Sitzungen haben, in denen wir uns gegenübersitzen, um sicherzustellen, daß jeder von uns den anderen in seiner tatsächlichen Existenz wahrnimmt. Ein *Vorläufer* der Repräsentanz des Analytikers als "neues Objekt" (LOEWALD 1960) oder als "analytisches Introjekt" (GIOVACCHINI 1971; VOLKAN 1976) erscheint in der Vorstellung des Patienten schon in der allerersten Stunde. Ein "neues Objekt" oder ein "analytisches Introjekt" bezieht sich auf das Bild des Analytikers, das vom Patienten als nicht mit seinen Übertragungsverzerrungen kontaminiert erlebt wird. Es bezieht sich nicht auf die äußere Realität wie zum Beispiel Name, Alter, Adresse, Wagentyp und Praxiseinrichtung des Analytikers, sondern auf eine Vorstellung von ihm, die dem Patienten erlaubt, Erfahrungen zu machen, die neu sind in dem Sinne, daß sie nicht zu den Übertragungserwartungen des Patienten passen. Die Haltung des Analytikers während der diagnostischen Stunden und den ersten Sitzungen führt zu einem Vorläufer das "neuen Objektes". Viele Patienten haben mir nach Jahren der Behandlung gesagt, wie wichtig meine Einstellung zu Beginn der Behandlung für sie gewesen sei.

Diese anfängliche Haltung beinhaltet folgendes: Ich teile dem Patienten die Stundenfrequenz mit (4mal pro Woche) und erkläre, daß ich ihm keine Medikamente geben werde, daß die therapeutischen Effekte in der Beziehung zwischen uns zu finden sind und daß ich vom Patienten nach nicht zu langer Zeit erwarte, auf der Couch zu liegen. Ich sage ihm, er möge in Worten sowohl alles mitteilen, was ihm in den Sinn kommt, als auch alle körperlichen Empfindungen, welcher Art auch immer, die er während unserer Stunden erlebt.

Ich werde nicht zum Manager des Patienten. Der Patient bringt möglicherweise eine Lebenskrise in die anfänglichen Sitzungen ein, etwa in der Art, daß er nahe daran ist, seinen Arbeitsplatz zu verlieren. In einer solchen Situation sage ich zum Beispiel, daß seine Krise etwas mit dem Beginn unserer gemeinsamen Arbeit zu tun haben könnte, oder daß es während dieser Krise schwierig sein könnte, sich ganz auf die Behandlung einzulassen, daß ich jedoch nicht in Eile bin. Ich biete kein Krisenmanagement an, aber ich zeige Mitgefühl für sein Dilemma. Wenn ich während der diagnostischen Interviews zu der Überzeugung komme, daß der Patient Hilfe von außen benötigt, um die Erfordernisse des Alltags zu bewältigen und um zu seinen Stunden kommen zu können, schlage ich vor, daß ihm eine Hilfe bei der Bewältigung dieser Probleme zur Verfügung stehen sollte, bevor wir mit der Arbeit beginnen. BOYER (1967) verlangt dies als Teil seiner ambulanten Arbeit mit schizophrenen Patienten. Ein ähnliches Arrangement kann eventuell für Borderline-Patienten mit niederer Persönlichkeitsorganisation notwendig sein, besonders wenn sie Jugendliche oder junge Erwachsene ohne festen Arbeitsplatz sind.

Borderline-Patienten, besonders die niederen Organisationsniveaus, führen ein Leben, in dem sie von einer chaotischen Situation in die nächste stürzen. Ich bringe offen meine Einstellung zum Ausdruck, daß das Einlassen auf diese Behandlung der wichtigste Schritt im Leben des Patienten ist. Da ich davon überzeugt bin, kommt diese Feststellung über meine Haltung auf ganz natürliche Weise zum Ausdruck.

Von Beginn unserer gemeinsamen Arbeit an setze ich auf *nicht drastische* Weise Grenzen. Die meisten Patienten mit Borderline-Persönlichkeitsorganisation bringen ihre Ängste über die Aufnahme einer "neuen Beziehung" mit dem Analytiker durch Aktionen zum Ausdruck. Offensichtlich sind die meisten Aspekte dieser Beziehung nicht "neu", da es sich um Projektionen des Patienten auf den Analytiker handelt. Zu Beginn tut der Patient mit dem Analytiker das, was er mit jedem macht, mit dem er emotional verbunden ist. Da der Analytiker in der üblichen analytischen Situation die Projektionen absorbiert und/oder auf den Patienten nicht in derselben Art reagiert, wie es andere in seiner Umgebung tun, initiiert er in der Vorstellung des Patienten den Kern des "neuen Objekts".

Die Aktionen des Patienten sind Teil seines Versuches, einen Puffer zwischen sich und den Analytiker zu bringen, der eine "böse" Vorstellungseinheit (die als angreifend und gefährlich wahrgenommen wird) oder eine "gute" Vorstellungseinheit repräsentiert (die als zur Verschmelzung verführend und daher auch wieder als gefährlich erfahren wird). Der Patient muß daher globale Kontrolle ausüben. Falls der Patient eine Borderline-Persönlichkeitsorganisation niederen Niveaus hat, ist seine globale Kontrolle jener nachgebildet, die ein Kind gegenüber seinem Übergangsobjekt hat. Borderline-Patienten höheren Niveaus, wie Hamilton, verwenden außerdem auch anale Mechanismen für diesen Zweck. Die kontrollierenden Aktionen des Patienten können innerhalb und außerhalb der Praxis des Analytikers sichtbar werden. Beispielsweise kommt der Patient nicht zur abgemachten Stunde, oder er findet einen Ersatz für den Analytiker und "klebt" in einer kontrollierenden Art an dieser Person. Es ist ganz offensichtlich einfacher für den Analytiker, mit den Handlungen des Patienten umzugehen, die innerhalb seiner Praxis stattfinden. Wenn der Patient eine Gefahr spürt, so kann er eventuell wünschen, die Bücher des Analytikers auf den Regalen in der Praxis zu lesen, das Telefon des Analytikers zu verwenden, etc. Ich lehne den Wunsch des Patienten, meine Bücher zu lesen oder mein Telefon zu benützen, ab, nicht ohne Erklärungen darüber, daß meine "Unnachgiebigkeit" bei diesen Verboten im Dienst unserer gemeinsamen Arbeit steht. Ich sage dem Patienten, daß es unser Ziel ist, seine Gedanken, Impulse und Gefühle in Worte zu fassen, und daß ich möglicherweise nicht alle Bedeutungen seiner Handlungen, wie das Lesen meiner Bücher oder das Benützen meines Telefons, erfassen kann. Ich verwende Klarifikationen und Vorschläge statt Interpretationen von Tiefenmaterial. Meine Beobachtungen der wechselnden Verhaltensmuster des Patienten, die Ausdruck seiner Spaltungsmechanismen sind, werden dem Patienten als Beobachtungen mitgeteilt, nicht als Konfrontationen.

Damit die Behandlung analytisch ist, das heißt, den Patienten auf eine therapeutische Regression vorbereitet, muß sich, meiner Meinung nach, eine Spaltungsübertragung entwickeln (VOLKAN 1981b). So, wie wir jemandem mit einer narzißtischen Persönlichkeitsorganisation erlauben, volle narzißtische Übertragungen zu entwickeln, um sie dann in der therapeutischen Beziehung zwischen Analytiker und Analysand aufzulösen, so erlaube ich auch die Entwicklung einer Spaltungsübertragung bei einem Borderline-Patienten. Wenn sich eine Spaltungsübertragung ohne Störung entwickelt, kann sie schließlich analytisch durchgearbeitet werden. Konfrontationen werden bei der Behandlung dieser Patienten angewandt, nachdem sich ein ausreichend stabiles therapeutisches Arbeitsbündnis entwickelt hat. Dann können Konfrontationen etwa darüber, wie der Patient zu seinen Schwierigkeiten mit "bösen" Objekten selbst beiträgt, obwohl er sich nur als passiver Teilnehmer wahrnimmt, zu einer negativen Übertragung führen, die dann einer Exploration zugänglich ist. In der Anfangsphase können solche Konfrontationen dazu führen, daß sich der Patient aus der Behandlung zurückzieht.

Meine Haltung, so hoffe ich, beweist dem Patienten allmählich, daß ich dem analytischen Vorgehen verpflichtet bin. Mein Ziel ist es, ein therapeutisches Bündnis zu entwickeln und zu erhalten. Ein volles therapeutisches Arbeitsbündnis entwickelt sich bei diesen Patienten erst sehr viel später, aber ich suche nach Vorläufern davon. Die Anerkennung der Tatsache, sowohl vom Analytiker als auch vom Patienten, daß innere (zum Beispiel ein Traum) oder äußere Ereignisse (zum Beispiel das Sehen eines Polizisten auf dem Weg zur Therapiestunde) dazu führten, daß der Patient Angst erlebte, ist der Beginn eines therapeutischen Arbeitsbündnisses. Der Analytiker spürt, daß der Patient jetzt - aufgrund des sich aufbauenden therapeutischen Arbeitsbündnisses - deswegen zur Stunde kommt, weil er unbewußt, oder sogar bewußt, den Analytiker als Ziel für die Projektion seiner alternierenden "guten" und "schlechten" Selbst- und Objektvorstellungen benützen will. Bei Borderline-Patienten gibt es ungelöste Abhängigkeitsbedürfnisse. Deswegen zeigen sie, obwohl es ihnen unheimlich ist, eine Tendenz dazu, sich an den Analytiker zu klammern, wenn auch in einer gespaltenen Beziehung. Schon ganz am Anfang kann der Analytiker als Auffangbecken für die Projektionen des Patienten erlebt werden.

Während dieser ersten Stufe versuche ich, so viel wie möglich von der Lebensgeschichte zu erfahren. Dabei vermeide ich meistens direkte Fragen, was vom Patienten als zudringlich erlebt werden könnte. Die Lebensgeschichte ist für *mich* wichtig, um mir eine grobe Landkarte der Psyche des Patienten zu machen, damit ich ein Gefühl für das Gelände bekomme, das wir später gemeinsam erforschen werden. Ich verwende die Lebensgeschichte *nicht* für vorzeitige genetische Interpretationen.

Nach einigen Tagen oder Wochen beginnt der Patient, die Couch zu benützen. Ich nehme die erhöhte Angst des Patienten wahr, die sich zum Beispiel darin zeigt, daß er einen Fuß am Boden läßt. Ich mache Geräusche (BOYER 1967 spricht von der "geräuschvollen Phase"), falls ich glaube, daß der Patient die Stille nicht ertragen kann und Gefühle der Verlassenheit oder aggressive Phantasien erlebt, die am nicht sichtbaren Analytiker nicht überprüft werden können. Mit "Geräuschen" meine ich mein "Mhm", "Erzählen Sie weiter", "Ich höre Ihnen zu" etc. Ich hoffe, ich mache sie nicht in einer mechanischen Art, sondern als Zeichen dafür, daß ich bei meinem Patienten bin.

Sowohl exzessive Libido als auch Aggression (Pao 1965) binden den Patienten immer mehr an den Analytiker. Auf der anderen Seite etabliert sich der Analytiker als Zielscheibe für die Externalisationen und Projektionen des Patienten, während ein therapeutischer Raum zwischen den beiden Teilnehmern aufrechterhalten wird. Damit endet die erste Stufe. Sie kann insgesamt Wochen oder einige Monate dauern.

Stufe zwei: Die erste Spaltungsübertragung

Spaltungsübertragung beinhaltet vor allem die Spaltung der Vorstellung des Analytikers entlang affektiver Linien - wobei das Bild des Analytikers mit den archaischen Selbst- und Objektvorstellungen des Patienten kontaminiert ist - und die Interaktion zwischen diesen gespaltenen Objektvorstellungen vom Analytiker und den entsprechend gespaltenen Selbstvorstellungen des Patienten. Man bekommt gefühlsmäßig den Eindruck, als ob vier Personen im Raum seien, die eine "gute" Selbstvorstellung, eine "gute" Objektvorstellung, eine "böse" Selbstvorstellung und eine "böse" Objektvorstellung repräsentieren. Es ist nicht möglich, die Manifestationen der ersten Spaltungsübertragung *systematisch* zu interpretieren; sie bleiben chaotisch und wiederholen sich.

Die Spaltungsübertragung muß eintreten, da der Patient nicht in der Lage ist, eine andere Übertragung zu entwickeln. Sie muß ihren therapeutischen Verlauf nehmen. Patienten wie Hamilton, die eine Borderline-Persönlichkeitsorganisation höheren Niveaus haben, entwickeln eine Mischung aus Spaltungsübertragung und struktureller Übertragung, die Spaltungsübertragung überwiegt jedoch. Der Analytiker muß den klinischen Manifestationen der Spaltungsübertragung folgen und den Patienten mit Klarifikationen und Vorschlägen leiten. Klarifikationen dienen dazu, dem Patienten einen psychischen Prozeß zu beschreiben, zum Beispiel daß die anfängliche Reaktion auf einen Verlust Verleugnung oder Ärger sein kann. Zögert der Patient, sich auf diesen Prozeß einzulassen, drängt der Analytiker ihn mit Hilfe von Vorschlägen dazu, der Entwicklung seiner Reaktion ihren Lauf zu lassen. Dabei bleibt aber immer das vorrangige Ziel im Mittelpunkt, die Weiterentwicklung des therapeutischen Arbeitsbündnisses zu fördern. Unvermeidlicherweise werden auch Interpretationen gegeben, wobei die individuellen genetischen Gründe oder die unbewußten Phantasien des Patienten, die seine spezifische Reaktion auf Verlust prägen, hauptsächlich innerhalb der Übertragung exploriert werden. Der Analytiker weiß jedoch, daß der Patient eine Interpretation noch nicht in derselben Weise wie ein neurotischer Patient verwenden kann. Das Problem ist nicht seine Unfähigkeit, die Bedeutung der Interpretation zu verstehen und sie zu hören, sein Problem ist vielmehr der Mangel an integrativen Funktionen, die notwendig sind, um sich eine Interpretation zunutze zu machen. Verwendet der Analytiker in dieser Phase eine Interpretation, ist dies möglicherweise vor allem deswegen von Bedeutung, weil es dem Patienten zeigt, daß der Analytiker das derzeitige Leben des Patienten kennt und er die angstauslösenden Ereignisse im Leben des Patienten aufnehmen und absorbieren kann.

Eine Borderline-Patientin zum Beispiel, die vom 3. bis zum 12. Lebensjahr von ihrem Vater sexuell mißbraucht worden war, hatte zwei nicht integrierte Vorstellungen von ihrem Vater, die "gute" und die "böse". Als sie auf den herannahenden Urlaub des Analytikers dadurch reagierte, daß sie das "böse" Vaterbild reaktivierte, steckte sie eine geladene Pistole in ihren Mund und rief ihren Analytiker telefonisch an. Der Analytiker wußte, daß der Vater die Gewohnheit hatte, seinen Penis in den Mund des kleinen Mädchens zu stecken. Das kleine Mädchen hatte schreckliche Angst, wenn er ejakulierte. Sie hatte die Vorstellung, daß sie durch seinen Samen ersticken könnte. Der Analytiker sagte ihr, daß die Pistole den Penis des Vaters darstellte und daß sie in dieser Handlung die angsterregenden Erlebnisse ihrer Kindheit erinnerte. Der Übertragungsaspekt dieses Vorfalls war, daß sie keinen Puffer mehr zwischen sich und ihrem "bösen" Vater hatte, da sie die "gute" Mutter/den Analytiker wegen seines Urlaubs verlor. Durch die Aktivierung des "bösen" Vaters und ihrer korrespondierenden Selbstvorstellung in dem Vorfall mit der Pistole drückte die Patientin ihre Angst vor dem Verlust ihrer beschützenden Muttervorstellung aus. Im Wissen darüber, daß die Patientin durch ihre Handlung auf die Trennung von ihrem "guten" Objekt reagierte, versicherte der Analytiker der Patientin, daß seine kommenden Ferien nicht bedeuteten, daß er nicht mehr mit ihr weiterarbeiten würde.

In der beschriebenen Situation war die Bemerkung des Analytikers nützlich. Die Patientin drückte den Abzug nicht.

Ich habe absichtlich ein solch drastisches Beispiel gewählt, bei dem es um Leben und Tod ging. Wenn ich Vorlesungen zur Borderline-Persönlichkeitsorganisation halte, bringen Zuhörer häufig lebensbedrohende Situationen zur Diskussion, wie etwa Suiziddrohungen des Patienten, und fordern von mir, ihnen zu sagen, wie ich mit einer solchen Situation umgehen würde. Es gibt für mich keinen besten Weg, auf solche Forderungen zu reagieren, die meist deswegen gestellt werden, um die eigene Angst vor Übertragungs-Gegenübertragungskomplikationen gegenüber dem Sprecher zu umgehen. Meine Antwort lautet, daß der Therapeut sein Möglichstes tut, den Vorfall so bald wie möglich in die Routine der therapeutischen Arbeit hineinzubringen. Die Haltung, die ich in Stufe eins beschrieben habe und die ich von Beginn der Behandlung an einhalte, ist in vielen Fällen das hauptsächliche Gegenmittel gegen das Ausagieren. Grenzen setzen für nicht allzu drastische Aktionen innerhalb der Stunde wird zum Modell für Grenzen für drastischere Aktionen außerhalb der Stunden. Wenn zum Beispiel mein Patient anfängt, mich außerhalb der Stunden anzurufen, erkläre ich ihm, daß ich keine Technik für "Telefon-Therapie" habe und bitte ihn, mich zu entschuldigen, daß ich keine Telefon-Beziehung eingehe, die unser Hauptanliegen, systematisch und regelmäßig in meiner Praxis zu arbeiten, verwirren würde. Meine Borderline-Patienten belästigen mich nicht mehr durch Telefonanrufe.

Indem der Analytiker sich auf ausgewählte Ereignisse außerhalb der Analyse bezieht, läßt er den Patienten wissen, daß er sich im klaren ist über die durch Spaltung geprägten Beziehungen des Patienten, und daß er und sein Patient neugierig auf Wiederholungen dieser Art von Beziehungen sein werden, wenn sie mehr über deren Ursachen erfahren haben. Ein wichtiger Aspekt der Bemerkungen des Analytikers über Ereignisse außerhalb der Analyse ist seine Weigerung, Stellung zu beziehen für oder gegen irgend jemanden in einer Geschichte. Ein Mensch kann in der Geschichte eines Patienten für eine Zeitlang "gut" erscheinen und dann "böse" werden. Indem der Analytiker nicht für oder gegen jemanden Stellung bezieht und indem er dem Patienten keine Ratschläge erteilt, was er mit irgend jemandem tun solle, erreicht er, nicht in eine Situation "hineingezogen" zu werden, in der er zum Mitspieler in der nicht endenden Spaltungs-Bezogenheit des Patienten wird. Nicht Partei zu ergreifen erlaubt dem Analytiker schließlich, dem Patienten zu zeigen, daß sein Spalten durch intrapsychischen Druck ausgelöst wird.

Mit der Zeit beginnt der Patient, mit dem Analytiker seine Spaltungs-Bezogenheit sowohl in Situationen außerhalb der Analyse als auch in seiner Beziehung zum Analytiker zu beobachten. Der Analytiker verwirft nicht die Gründe, die der Patient dafür hat, seine Beziehungen so zu gestalten, daß sich in ihnen die Verwendung von Spaltung und ihr verwandter Abwehrmechanismen widerspiegelt.

In Stufe zwei konzentriere ich mich auf *Integration* statt auf eine "Aufhebung der Verdrängung". Daher gebe ich Interpretationen, die langsam Spaltung zugunsten Integration verändern, statt genetischer Interpretationen, die "unbewußtes" "bewußt" machen sollen.

1969 definierte GIOVACCHINI "*verbindende Interpretationen*" als therapeutisches Manöver, durch welches der Analytiker versucht, ein geistiges Produkt des Patienten - ein Traum, Bild, Phantasien oder wahrgenommene Leiden, wie körperliche Schmerzen - mit einem äußeren Ereignis zu verbinden, das es mit ausgelöst haben könnte. Dieses Miteinander-in-Verbindung-Bringen fördert den Kontakt mit der Realität. Verbindende Interpretationen werden sowohl bei psychotischen als auch bei Borderline-Patienten angewandt. Die Förderung des beobachtenden Ich und die Stimulierung der integrativen Funktionen führen nicht nur zu einer erhöhten Aufmerksamkeit bei der Prüfung der Realität, sondern auch zur Entwicklung psychologischen Denkens.

GIOVACCHINI bringt FREUDS (1900) Konzept oder Tagesreste in Erinnerung. Ein Tagesrest, das heißt ein extrapsychischer Reiz oder ein scheinbar irrelevantes Ereignis, wird mit Es-Inhalten verschmolzen und wirkt als Stimulus für den Inhalt. Durch eine Äußerung, die ein äußeres Ereignis mit dem unerklärlichen Verhalten des Patienten in Verbindung bringt, macht der Analytiker eine *verbindende Interpretation*.

Zum Beispiel sah ein Patient auf dem Weg zur Praxis des Analytikers einen Polizisten und bekam Bauchschmerzen. Der Analytiker kann dann formulieren, daß die schmerzhaften Empfindungen im Magen etwas mit dem Sehen eines Polizisten zu tun haben können.

Im folgenden Beispiel geht die verbindende Interpretation auf die Beziehung Analysand/Analytiker ein: Die Patientin bemerkt eine Topfpflanze in der Praxis des Analytikers, die nicht gedeiht. Sie spricht darüber, wie sehr die Pflanze Wasser, Nahrung und liebevolle Zuwendung braucht. Am nächsten Tag nennt die Patientin sich selbst krank und liebevoller Zuwendung bedürftig. Der Analytiker verbindet die Beobachtung der Patientin von der Pflanze mit ihrer Aktivierung eines nicht fürsorglichen Analytiker/Mutter-Bildes. Die Patientin ist besorgt darüber, wie der Analytiker auf sie reagieren könnte. Daher sollte diese verbindende Interpretation von einer Bemerkung gefolgt sein, die zeigt, daß der Analytiker die Angst der Patientin bemerkt hat.

Die verbindende Interpretation zielt auf die Stärkung der integrativen Funktionen und der Realitätsprüfung des Patienten, da sie unterscheidet zwischen dem, was außen ist, und dem, was von innen kommt und die äußere Realität kontaminiert.

Ich habe beobachtet, daß Patienten mit Borderline-Persönlichkeitsorganisation in der zweiten Stufe gelegentlich fast nicht verdrängtes ödipales Material und offen inzestuöse Phantasien vorbringen. Dies geschieht jedoch völlig unsystematisch und kann im therapeutischen Setting auch nicht systematisch bearbeitet werden. Patienten, die auf einem niederen Niveau der Ich-Organisation funktionieren und die gespaltene oder fragmentierte Selbst- und Objektbilder haben, verwenden ödipales Material als "nach oben gerichteten Widerstand". Ich schenke dieser Art von Material in diesem Stadium der Behandlung gewöhnlich wenig Aufmerksamkeit, außer daß ich es als eine Form des Widerstandes zur Kenntnis nehme, gewöhnlich als Widerstand gegen Objektbeziehungskonflikte.

Ich stimme mit Boyer (1967, 1977, 1983), den Ornsteins (1975) und Rosenfeld (1966) überein, daß zu frühe ödipale Interpretationen - sogar jede direkte Beachtung solcher Themen - die Entwicklung der präödipalen Übertragung verhindern. Dieses Stadium muß jedoch durchgearbeitet werden, bevor der Patient eine weitgehende klassische Übertragungsneurose erreichen kann.

Während der zweiten Stufe verwendet der Patient Verleugnung, Idealisierung, Entwertung und globale Kontrolle zur Unterstützung seiner Spaltungsübertragung. Ich mache den Patienten auf die klinischen Manifestationen dieser Mechanismen aufmerksam, und zwar nicht in einer konfrontativen Art, sondern als ein Thema, das seine und meine Aufmerksamkeit benötigt.

Die gespaltenen Selbstvorstellungen des Patienten, seine gespaltenen Objektvorstellungen von mir und seine gespaltenen Objektvorstellungen anderer Personen verbleiben in einem introjektiv-projektiven Stadium. Man sollte darauf achten, das introjektive Material *vor* dem projektiven Material zu interpretieren.

Gehen wir noch einmal das Beispiel durch, in dem der Patient einen Polizisten sah und Bauchschmerzen bekam. Als ich mit dem Patienten über diesen Vorfall sprach, habe ich ihm vorerst nichts über die Projektionen seiner eigenen aggressiven Aspekte auf den Polizisten gesagt. Durch Projektion versucht der Patient, sich, zumindest für den Augenblick, als kohärent zu erleben und sich mit dem wohlzufühlen, was er in sich behält. Ich möchte nicht als jemand erscheinen, der gegen die gewohnte Art des Patienten eingestellt ist, für sein Wohlbefinden zu sorgen. Ich warte ab, bis der Patient genügend Erfahrungen mit mir hat als jemandem, der ihn und seine "Methode" nicht ablehnt. Erst danach gehe ich mit ihm der Idee nach, daß er sich deswegen unbehaglich fühlt, wenn er Elemente der äußeren Welt empfängt (introjiziert), weil er unerwünschte Vorstellungseinheiten aus seinem Inneren in seine Projektionen auf die Außenwelt mit einbezieht.

Schließlich beginnen der Analytiker und der Patient gemeinsam, verschiedene Manifestationen der Spaltung, introjektiv-projektiver Bezogenheit und anderer primitiver Abwehrmechanismen des Patienten zu bemerken. Der Beginn des therapeutischen Arbeitsbündnisses kann in diesen gemeinsamen Beobachtungen gefunden werden. Der Analytiker hilft dann dem Patienten zu erkennen, welche Art von äußeren Ereignissen, zum Beispiel Trennungen vom Analytiker, und welche Kontaminationen von Objekten mit seinen Projektionen außerhalb der analytischen Sitzungen ihn ängstigen und ihn dadurch in *noch* verzweifeltere Spaltung, Verleugnung, Entwertung, Idealisierung, globale Kontrolle und introjektiv-projektive Bezogenheit treiben.

Wir müssen uns jetzt einem paradoxen, aber wichtigen Thema zuwenden. Obwohl die introjektiv-projektive Bezogenheit Teil einer der Abwehr dienenden Anpassung des Patienten an das Leben ist, beinhaltet sie auch die Möglichkeit der progressiven Entwicklung. Der Analytiker kann Versuche des Patienten, sich mit ihm zu identifizieren, erkennen. Da eine solche Identifikation auf dieser Stufe das mit einschließt, was der Patient zuvor auf den Analytiker projiziert hat, könnte dies zu einem Teufelskreis führen. Die Technik besteht darin, durch Klarifikationen, Interpretationen und, wie ich es nenne, *Minikonfrontationen* (VOLKAN 1987), dem Patienten dabei zu helfen, das Bild des Analytikers von Kontaminationen mit archaischen Vorstellungen zu befreien und außerdem den Patienten darin zu unterstützen, die unkontaminierten Aspekte des Analytikers für sich zu bewahren.

Wenn zum Beispiel der Patient das Interesse des Analytikers an ihm als "schlecht" und aggressiv erlebt, weil er seine eigenen "schlechten" Selbstvorstellungen und seine aggressiven Triebderivate auf den Analytiker projiziert, kann der Patient schließlich dazu kommen, sich mit aggressiven Haltungen zu identifizieren. Dies könnte sich klinisch beispielsweise dadurch manifestieren, daß er den Analytiker piesackt oder über ihn klatscht. Der Analytiker interpretiert dann den Vorgang und konfrontiert den Patienten taktvoll und in einer Weise, die Neugierde beim Patienten erweckt, mit seinem klatschsüchtigen Verhalten. Außerdem hilft der Analytiker dem Patienten zu verstehen, daß die "Neugierde" des Analytikers an ihm im Dienste des therapeutischen Prozesses und des therapeutischen Verständnisses steht und sie daher etwas anderes ist als aggressive Neugierde. Der Analytiker achtet aufmerksam darauf, welche Identifikationen für den Patienten förderlich sind und welche nicht.

Die meisten Patienten mit Borderline-Persönlichkeitsstruktur identifizieren sich vor unvermeidlichen Trennungen aus Gründen der Abwehr mit ihrem Analytiker. Gelegentlich kämpfen sie auch gegen diese Identifikationen an.

Ich lasse diese Identifikationen zu, wenn ich der Meinung bin, daß sie eine Bereicherung der Ich-Funktionen des Patienten sind. Zum Beispiel kann sich ein Patient während der Trennung vom Analytiker durch Identifikation mit ihm einem anderen Menschen gegenüber so benehmen, als ob er ein Therapeut sei. Ich greife jedoch ein, wenn ich einen Kampf gegen gesunde Identifikationen bemerke.

Erinnern wir uns zum Beispiel daran, wie Hamilton für ein Rendezvous mit einer türkischen Frau in einen anderen Staat geflogen ist, als sein türkischer Analytiker nicht erreichbar war. Unter anderem sagte ich ihm darauf, daß diese türkische Frau für mich stand und er, anstatt mich in sich zu behalten (Identifikation mit meiner Vorstellung), während unserer Trennung nach *mir* in der äußeren Welt gesucht hat.

Wenn genügend gesunde Identifikationen mit der Vorstellung des Analytikers stattgefunden haben, und der Patient ausreichend Erfahrungen im Vertrauen gegenüber dem Analytiker und dem analytischen Prozeß gesammelt hat, ist er für eine therapeutische Regression bereit. Das ist ein *natürliches* Phänomen. Wie WINNICOTT (1956) schreibt, wird "die natürliche Entwicklung der Übertragung" ohne das Eingreifen des Analytikers stattfinden. Auch Versuche des Analytikers, dem Patienten Denkhilfen zum Verständnis der Ereignisse in seinem Leben zu geben oder ihm bei der Bewältigung seiner Probleme im wirklichen Leben zu helfen, sind nicht erforderlich. Damit endet die zweite Stufe. Sie dauert etwa ein Jahr.

Stufe drei: Begrenzte psychotische Übertragung, die zu reaktivierten und auf die Übertragung bezogenen Übergangsphänomenen führt

Diese Stufe ist bei der Behandlung von Patienten mit Borderline-Persönlichkeitsstruktur niederen Organisationsniveaus ausgeprägter als bei Patienten wie Hamilton.

Auf dieser Stufe setzt bei den schon regredierten Patienten eine therapeutische Regression auf eine Ebene unterhalb der Borderline-Organisation ein. Das ist die Ebene der Symbiose, bei der Selbst- und Objektrepräsentanzen verschmolzen sind und die Realitätsprüfung noch stärker gestört ist. Bei Borderline-Patienten ist jedoch die Regression auf die symbiotische Ebenen selten so vollständig (oder nahezu vollständig), wie man dies bei Schizophrenen sehen würde. Sie ist fokussiert und auf die Übertragung begrenzt, kann jedoch die Außenwelt bis zu einem gewissen Maß mit einbeziehen.

Ich spüre die Regression zum Beispiel, wenn der Patient berichtet, daß er meine Couch (eine Ausdehnung von mir) als Swimmingpool empfindet, in dem er schwimmt. Der Patient sagt mir eventuell auch, daß er das Gefühl für seinen Rücken verliert; er weiß nicht mehr, wo er endet und wo die Couch beginnt. Das ist eine Beschreibung der Verschmelzung zwischen seiner Selbstvorstellung und der dazugehörenden Objektvorstellung, wobei die Couch für mich steht.

Wenn die Behandlung gut geht und der Analytiker erfahren

genug ist, keine Angst vor der Regression des Patienten zu haben, dann kann er ebenfalls "im Dienst des anderen" (OLINICK 1969, 1980) auf eine Ebene regredieren, auf der er den Patienten in einem symbiotischen Zustand trifft. Der Analytiker kann seine eigene Regression zum Beispiel als Schläfrigkeit oder als das Gefühl erleben, in einem Dämmerzustand zu sein. Der Analytiker beobachtet gleichzeitig den regredierten Zustand seines Patienten und seiner selbst sowie die zunehmende Verschmelzung zwischen ihm und seinem Patienten. Er bemerkt möglicherweise, wie er in einer überaus intensiven Weise die Traurigkeit oder den Ärger des Patienten erlebt, wenn dieser von einem Ereignis berichtet. Manchmal verbalisiert der Analytiker die Traurigkeit oder den Ärger des Patienten, ohne es zu wollen. Wenn das geschieht, sage ich dem Patienten, daß das Gefühl zu ihm gehört und daß ich dadurch, daß ich es selbst erlebe, eine Information aus erster Hand darüber habe, wie er sich gefühlt hat. Ich erkläre dies in einer nicht kritischen Art und so, daß die Idee damit ausgedrückt wird, daß nach einer Verschmelzung immer die Möglichkeit einer Re-Differenzierung besteht.

Ich mische mich in die "natürliche Entwicklung" der begrenzten Übertragungspsychose nicht drastisch ein. Nur wenn sich die Übertragungspsychose zu generalisieren scheint, wende ich gelegentlich, aber ungern, Techniken der Stufe zwei an, das heißt ich gebe vermehrt verbindende Interpretationen. Einige Male griff ich sogar auf die Technik von Stufe eins zurück und bat den Patienten, aufzusitzen. Ich erklärte ihm, was in seiner Behandlung stattfand, und schlug ihm vor, daß wir langsamer vorwärts gehen sollten. Zu beachten ist mein Ausdruck "*ungern*". Ich betone das, um den Eindruck zu vermeiden, daß der Analytiker jedesmal, wenn er ängstlich wird, den natürlichen Fluß des therapeutischen Prozesses stören sollte.

Generalisierung der begrenzten Übertragungspsychose und ihr Übergreifen auf das Leben außerhalb der Therapiesitzungen kann aufgrund eines unerwarteten Ereignisses stattfinden, das die Realitätsprüfung des Patienten belastet. Beispielsweise behandelte eine Patienten als Kind den Hund der Familie aggressiv, da er für sie unbewußt ihren oralen Sadismus repräsentierte. Während der Stufe III ihrer Behandlung wurde sie beim Besuch einer Farm von einem Hund gebissen. Da sie auf eine psychotische Stufe regrediert war, führte das "Übereinstimmen" des aktuellen Ereignisses und ihrer inneren Erwartung - einer Bestrafung durch einen Hund - dazu, daß ihre Realitätsprüfung noch verschwommener wurde. Ich ließ diese Patientin zu Beginn einer Stunde aufsitzen und erzählte ihr von meiner Beobachtung dieses "Übereinstimmens" und schlug ihr vor, daß wir wegen dieser Verwirrung langsamer voranschreiten sollten. Dieser Eingriff in den Verlauf war für sie ausreichend, um ohne weitere Komplikationen durch die dritte Stufe zu kommen.

Begrenzte psychotische Übertragung kann über Wochen kommen und gehen. Wird sie nicht gestört, so kann beobachtet werden, wie der Patient Übergangsobjekte und -phänomene entwikkelt.

Übergangsobjekte und -phänomene stellen eine Verbindung zwischen Mutter/Ich und der Außenwelt dar und dienen somit als eine neue Brücke für eine gesunde Entwicklung (GREENARCRE 1970).

Ich meine, daß die meisten Patienten mit Borderline-Persönlichkeitsorganisation magische unbelebte Objekte haben (VOLKAN 1975, 1987) oder aber Übergangsobjekte und -phänomene sowie Übergangsbezogenheit reaktivieren können. Was sich jedoch zu diesem Zeitpunkt ihrer Behandlung herausbildet, ist ein "neues" Übergangsobjekt oder -phänomen, eines, das mit der Übertragung (gegenüber dem Analytiker) verbunden ist und das Potential in sich trägt, eine neue Brücke zur Realität zu werden, die zu einer verbesserten Realitätsprüfung und zu struktureller Veränderung führt.

Auf der Stufe III ihrer Behandlung hatte Pattie - eine Patientin, über deren Therapie ich in minutiösen Details in einem früheren Buch über Borderline-Persönlichkeitsorganisation berichtete (VOLKAN 1987) - zuerst das Gefühl, auf der Couch ihre Körpergrenzen zu verlieren. Dann entwickelte sie die wahnhafte Überzeugung, daß sich in ihrem Schamhaar Ungeziefer festgesetzt habe. Die Ärzte, die sie konsultierte, konnten nichts finden. Ich wartete ab, um zu sehen, was sich entwickeln würde, ohne irgend eine "realistische" Erklärung oder medizinischen Rat diesbezüglich zu geben. Schließlich behauptete sie, meine Couch und mich angesteckt zu haben. Das Ungeziefer kam sozusagen während ihrer Therapiestunden zwischen uns beide. Da sie von dem Ungeziefer annahm, es könne sich unter die Haut bohren und Blut saugen, war sie, in einem übertragenem Sinn, in mir und ich in ihr; das Ungeziefer war der Ort, an dem sich die Repräsentanzen von uns beiden trafen - und getrennt waren. Ich interpretierte ihr, in für Laien verständlichen Worten, die Rolle des Ungeziefers als Übergangsphänomen, aber in meiner Regression kratzte ich mich, als ich das tat. Als auch sie sich kratzte, interpretierte ich das Kratzen als unseren Versuch, uns voneinander zu trennen, so als ob wir Grenzen auf unserer Haut errichteten. Ihre Ungeziefer-Illusion verschwand, und sie überwand die psychotische Übertragung auf dem Weg zur vierten Stufe.

Vergleichen wir nun Patties Ungeziefer-Halluzination (Borderline-Persönlichkeitsorganisation niederen Niveaus) auf Stufe drei mit Hamiltons (Borderline-Persönlichkeitsorganisation höheren Niveaus) klinischen Manifestationen derselben therapeutischen Phase. Patties vorübergehende "Psychose" bezog ihre Liebhaber (sie glaubte, sich während des Sexualverkehrs angesteckt zu haben), Ärzte und Freunde mit ein, mit denen sie über das Ungeziefer sprach. Patienten wie Hamilton dagegen können gewöhnlich das Verschwimmen der Selbst- und Objektgrenzen und/oder die fehlende Eindeutigkeit beim Einschätzen des Ursprungs eines psychischen Ereignisses auf die therapeutischen Sitzungen begrenzen.

Hamilton erlebte, in milder Form, den Verlust seiner Körpergrenzen und die Verschmelzung mit meiner Couch. Darauf folgte die Geruchshalluzination, mein Atem und mein Körper würden schlecht riechen. Dies ging über etwa eine Woche, ohne daß ich intervenierte. Ich wollte, daß er in seiner psychotischen Übertragung den Verlust der Realität erlebte im Hinblick darauf, wer das stinkende, defäzierende Kind sei. Gestank hatte viele Bedeutungen für ihn. Seine Erlebnisse im Badezimmer sind traumatisch für ihn gewesen. Er verlor Liebe, wenn er schmutzig war, und, wie ich später zeigen werde, wollte er aus Gründen der Abwehr schmutzig sein und "scheißen", das heißt, die bestrafenden Eltern auf Distanz halten, so wie ein Stinktier andere auf Distanz hält. Bei dieser Episode ist vor allem wichtig, daß die "scheißende", stinkende Selbstvorstellung nicht nur auf mich projiziert war, sondern dies auf eine Art geschehen war, in der seine projizierte Selbstvorstellung mit meiner Vorstellung verschmolzen war und als real empfunden wurde.

Projektionen und Verschmelzungszustände des Patienten müssen lang genug ausgehalten werden, so daß auch der Patient, wenn er sich mit der Vorstellung des Analytikers als "neuem Objekt" identifizierte, eine solche Toleranz gegenüber den projizierten Elementen entwickeln kann und er in Zukunft solche Projektionen nicht mehr nötig hat.

Bei einigen Patienten, besonders den Borderline-Patienten niederen Organisationsniveaus, können auf Stufe drei drastische Äußerungen eintreten. Bei Patienten wie Hamilton aber kommen und gehen die psychotischen Übertragungen in milder Form, bis die Stufe vier erreicht wird. Patienten wie er können außerdem komplexere Interpretationen hören und sie sogar verwenden, wenn auch nicht vollständig, um aus der Stufe drei herauszukommen. Auch scheint nicht jeder Borderline-Patient höheren Organisationsniveaus eine reaktivierte Übergangsbezogenheit zeigen zu müssen.

Stufe vier: Die zweite Spaltungsübertragung

Nachdem die regressive(n) Schleife(n) abgeschlossen ist (sind), weist der Borderline-Patient wieder eine stabile Spaltung auf. Die Spaltungsübertragung, die während der zweiten Stufe auftritt, ist chaotisch, und es ist unmöglich, sie systematisch zu untersuchen. Dagegen wird jetzt die Spaltungsübertragung, die sich nach der (den) regressiven Schleife(n) entwickelt, ein Teil des analytischen Durcharbeitens. Sie entspricht gewissermaßen der Übertragungsneurose neurotischer Patienten, und dauert etwa ein Jahr. Diese zweite Spaltungsübertragung wird zum Schwerpunkt der Arbeit und ermöglicht es, die entgegengesetzten Einheiten des Patienten zu verbinden. Während die erste Spaltungsübertragung (der Stufe zwei) eine Widerspiegelung der Spaltung zu Abwehrzwecken ist, entspricht die zweite Spaltungsübertragung (der Stufe vier) der entwicklungsbedingten Spaltung. Der Patient kann nun seine "guten" und "schlechten" Selbst- und Objektvorstellungen mit den sie begleitenden Affektzuständen gerade so verbinden, wie es üblicherweise ein Kind etwa im Alter von 36 Monaten tut.

Hat ein Patient mit Borderline-Persönlichkeitsstruktur die Stufe vier erreicht, hat sich inzwischen seine Fähigkeit zur Beobachtung verbessert. Während der Analysestunden kann er ein relativ reifes therapeutisches Arbeitsbündnis haben, verliert aber immer noch gelegentlich die Effekte dieses Arbeitsbündnisses, wenn er nicht bei seinem Analytiker ist. Während der Sitzungen werden sehr viele Kindheitserinnerungen wieder lebendig, die affektive Diskussionen der genetischen Determinanten dessen initiieren, was im Hier und Jetzt zwischen ihm und seinem Analytiker stattfindet. Verschiedene Bilder des Analytikers und korrespondierende gespaltene Selbstvorstellungen des Patienten aus früheren Jahren werden erinnert und überprüft. Jetzt werden sie mit ihren genetischen Determinanten verstanden. Schließlich drückt der Patient seine Frustration aus, wenn er weiterhin Spaltung benützt trotz seines Wunsches, zu "verbinden" und "verbunden" zu bleiben. Der Analytiker interpretiert, auf welche Art "schlechte" Bilder Vernichtungsangst beim Prozeß des Verbindens verursachen, und er unterstützt die Versuche seines Patienten, entgegengesetzte Vorstellungsinhalte zu integrieren.

KERNBERGS (1970) Feststellung, daß die narzißtische Übertragung von der Übertragungsneurose gefolgt wird, trifft meiner Ansicht nach auch auf Borderline-Patienten zu. An einem entscheidenden Punkt treffen sich "die tiefe Bewunderung und Liebe für die idealisierte Mutter" und "der Haß gegenüber der verzerrten, gefährlichen Mutter" in der Übertragung.

Nach KERNBERG wird der Patient zu diesem Zeitpunkt depressiv und entwickelt möglicherweise Suizidideen, "weil er den Analytiker und alle anderen in seinem Leben bedeutsamen Menschen schlecht behandelt hat. Er glaubt möglicherweise auch, genau die zerstört zu haben, die er hätte lieben können und die ihn vielleicht geliebt hätten" (KERNBERG 1970).

Meine eigenen Beobachtungen zeigen jedoch, daß der Patient an diesem entscheidenden Punkt keine Depression erlebt, falls die Behandlung die Stufen durchläuft, die ich beschrieben habe, und falls sich die regressive(n) Schleife(n) entfalten konnte(n). Nach meiner Meinung kommt es dann zur Depression, wenn der Patient entsprechend dem ersten oben erwähnten Behandlungsstil behandelt wird, bei dem die therapeutische Regression verhindert wird. Bei meiner Art der Behandlung erleben die Patienten an diesem entscheidenden Wendepunkt Angst, Wut und Traurigkeit, aber keine Depression. Insgesamt wird diese Phase von Patienten als eine willkommene Erleichterung gesehen, so wie wenn das lange herbeigesehnte Ereignis endlich stattfindet.

Bevor der Patient den Punkt erreicht hat, an dem er *verbinden* kann, ist er sich zwar geistig klar darüber, was Integration entgegengesetzter Vorstellungsinhalte bedeutet, aber er *erlebt* sie nicht. Eines Tages kam Hamilton zu seiner Stunde und schien sehr zufrieden mit sich selbst zu sein. Er erzählte: "Wir haben schon oft über meine Unfähigkeit zu integrieren gesprochen, darüber, daß ich in Schwarz/Weiß denke. Ich wußte, was Sie mir erzählten. Aber erst gestern abend, als ich mit Michelle in einem Restaurant war, *erlebte* ich den Moment, in dem ich entgegengesetzte Dinge zusammensetzte." Er erzählte weiter über ein Mafiaritual, das, zumindest im Film, in einem Restaurant stattfindet. "Ein Mafiachef lädt jemanden in ein Restaurant ein. Dort bekommt er erst ein gutes Abendessen und wird vom Mafiachef auf die Lippen geküßt. Dann wird er erschossen." Hamilton richtete seine Aufmerksamkeit auf den Zeitpunkt, an dem es zu einem plötzlichen Wechsel kam vom "geliebt" zu "ermordet" werden. Außerdem fügte er hinzu: "Der Mensch, der dich liebte und tötete, war *eine* Person und der Empfänger der Liebe und des Hasses war ebenfalls *eine* Person." Hamilton hatte *erlebt*, daß es so etwas wie "Ambivalenz" gab.

Bald *spielte* er auf der Couch mit derartigen Erlebnissen des entscheidenden Wendepunktes. Er empfand Traurigkeit darüber, Eltern gehabt zu haben, die zeitweise sadistisch waren, und versuchte, sie besser zu verstehen. Ohne depressiv zu werden, begann er, seine Selbst- und seine Objektvorstellungen zu verbinden. Im Kapitel *Das Verbinden gespaltener Selbst- und Objektvorstellungen* werde ich im Detail schildern, wie er wirkliches Verbinden erlebte und wie sich gleichzeitig - aufgrund seiner Identifikation mit den integrativen und den realitätsprüfenden Funktionen des Analytikers - seine innere Struktur änderte. Auf Stufe IV schließen Interpretationen dessen, wofür die "guten" und "schlechten" Vorstellungseinheiten stehen, das genetische Material mit ein, das in der Übertragung oder in den täglichen Aktivitäten des Patienten auftaucht. (Re-)Konstruktionen pathogener infantiler Phantasien werden möglich.

Pattie berichtete auf dieser Stufe zum Beispiel folgende Geschichte: In der Nacht vor der analytischen Sitzung fühlte sich ihr Freund wegen Magenschmerzen krank und wollte etwas Bestimmtes essen, was Milch enthielt. Sie gingen gemeinsam zum nächsten Lebensmittelgeschäft, um Milch zu kaufen. Dort empfand sich die Patientin als häßlich ("schlechte" Selbstvorstellung). Nachdem sie in die Wohnung ihres Freundes zurückgekehrt waren, ängstigte sie die Idee, mit ihm zu schlafen. Sie verließ ihn und ging in eine Bar, um einen Fremden "aufzugabeln". In der Vergangenheit hatte sie das oft getan. Diesmal jedoch, in Erinnerung an ihre analytische Arbeit mit mir, sagte sie sich, daß sie es nicht nötig hätte, ihre alte Penis/Brust-Sammelgewohnheit zu wiederholen. Sie verließ die Bar, um in ihre eigene Wohnung zurückzukehren. Während sie nach Hause fuhr, hatte sie die Phantasie, daß sie mein Kind, mein *einziges Baby* sei.

Zu diesem Zeitpunkt konnte Pattie die Interpretationen des geschilderten Ereignisses hören und verwenden. Wie wir früher besprochen hatten, war es für sie ein entscheidendes, ihr psychisches Leben organisierendes Ereignis gewesen, als ihre Mutter sich um ihre kleine, kranke Schwester kümmerte, als die Patientin zwei Jahre alt war. Der "Verlust" ihrer Mutter hatte sie oraler Wut und oralem Neid ausgeliefert. Als der Freund krank wurde und (mit Milch) gefüttert werden wollte, repräsentierte er für sie ihre jüngere Schwester, die ihr die Milch ihrer Mutter weggenommen hatte. Pattie hatte ihre kleine Schwester beneidet und den Wunsch gehabt, sie zu töten. Aus diesem Grund fühlte sie sich im Lebensmittelgeschäft häßlich und "schlecht" und konnte nicht mit ihrem Freund schlafen. Sie befürchtete, daß sie ihn (ihre kleine Schwester) umbringen könnte. In der Bar suchte sie nach einem "guten" Objekt, aber sie wußte, daß es "schlecht" werden würde. Im Wagen aktivierte sie eine "gute" Elternvorstellung von mir und wurde zu meinem guten Kind. Ihre Vorstellung jedoch, mein *einziges* Kind zu sein, repräsentierte ihre unbewußte Kindheitsphantasie, daß ihre jüngere, kranke Schwester nie geboren worden wäre.

Durch die Interpretation sowohl der genetischen als auch der Übertragungsaspekte der von ihr berichteten Erlebnisse kam Pattie zu einem Verständnis sowohl ihrer pathogenen Phantasien, ihre kleine Schwester loswerden zu wollen, als auch für ihr Festhalten an exzessiver Aggression und der Rolle ihrer Aggression bei ihrer Unfähigkeit, ihre "guten" und "schlechten" Vorstellungseinheiten zu integrieren.

SEARLES (1951) warnte uns schon vor langem vor einem Stillstand im Behandlungsprozeß, wenn der Patient immer mehr in eine introjektiv-projektive Bezogenheit verfällt. Es ist wahr, daß eine solche Bezogenheit sich in nutzlosen Wiederholungen erschöpft, falls der Patient nicht, durch heilende Identifikationen, einige Funktionen des Therapeuten in sich behält. Etwas Neues muß assimiliert werden, damit die introjektiv-projektive Bezogenheit im Dienst der Ich-Bildung steht und nicht einfach ein Abwehrmanöver des Patienten bleibt, um mit seiner Angst umzugehen. Der progressive Aspekt der Identifikation des Borderline-Patienten mit den Funktionen des Analytikers wurde von SEARLES (1986) in einer späteren Mitteilung dargelegt.

Ich glaube, daß die Identifikation des Borderline-Patienten mit einzelnen Funktionen des Analytikers schon früh beginnt. Anfangs lernt der Patient, sowohl durch wiederholte Anleitung des Analytikers als auch durch Identifikation mit ihm, neugierig zu sein, impulsives Ausagieren zu verzögern und den therapeutischen Prozeß zu beobachten. Aber wirklich effektive, heilende und dauernde Identifikationen mit den Funktionen des Analytikers finden erst auf der Stufe IV statt. Es kommt zu einem erneuten Anstieg der introjektiv-projektiven Bezogenheit im Dienste der ich-bildenden Identifikationen. Diese entsprechen "Ich-Identifikationen" (HENDRICK 1951), die man bei Kindern in der Entwicklung sieht, und nicht "Über-Ich-Identifikationen".

Identifikationen mit dem *neuen* Objekt (der nicht kontaminierten Repräsentanz des Analytikers), die dessen integrative Funktionen mit einschließt, helfen dem Patienten, verschiedene entgegengesetzte Vorstellungen zusammenzukitten; es ist wie Zementfüllung in den Spalten und Fissuren eines zerbrochenen Gesteins. Wenn auch die Gesamtvorstellung vom Analytiker immer noch mit archaischen "guten" oder "schlechten" Selbst- und Objektvorstellungen kontaminiert sein mag, so ist der Patient jetzt doch eher in der Lage, sie in Abstufungen von Grau zu sehen, statt in sich gegenseitig ausschließendem Weiß und Schwarz. Auf klinischer Ebene wird der Analytiker ein erneutes, gesteigertes Interesse des Patienten an ihm und an seinen Erweiterungen, zum Beispiel seinen Möbeln, seinen Bildern in der Praxis etc., beobachten. Er kann zum Beispiel sehen, wie der Patient anfängt, sich in einer weitgehend akzeptierenden Weise zu Bildern an der Wand zu äußern, die er vorher als etwas Abscheuliches wahrgenommen hatte. Metapsychologisch sagen wir, daß das Bild - als Erweiterung des Analytikers - in der Vergangenheit ein Reservoir der "schlechten" Vorstellungseinheiten des Patienten war. Es ist jetzt "grau" und steht somit für ein "neues Objekt", das neue oder wiedererrichtete Ich-Funktionen mit einschließt.

Für den Analytiker ist es notwendig, dem therapeutischen Prozeß der Identifikation des Patienten mit ihm und seinen Funktionen zu folgen. Zum Beispiel fragte mich eine Frau an dem Tag, an dem sie aus dem Haus ihrer Eltern in ihr eigenes Appartement eingezogen war, nach türkischen Rezepten. Dieser Wunsch zeigte ihr Verlangen danach, den "guten" Analytiker zu internalisieren. Statt ihr Rezepte zu geben, half ich ihr, sowohl ihre Angst über das Verlassen des elterlichen Hauses zu verstehen als auch ihre Angst vor der in Zukunft neuen Art des Bezuges zur Welt, die ihr aufgrund der neu errungenen inneren Struktur möglich geworden war.

Bald änderte sich ihr Interesse an mir als etwas, das introjiziert werden kann, von seiner anfangs primitiven und kannibalistischen Form (Essen) zu einer differenzierteren und "erwachseneren" Neigung. Sie identifizierte sich mit mir auf einem höheren Niveau und begann - von der Ernährung zur Kultur wechselnd - über mein Heimatland und sein Volk zu lesen. Dies führte dazu, daß sie über den Mittleren Osten sprach, gebannt Nachrichten aus aller Welt verfolgte und zunehmend von dem fasziniert wurde, was sie "Erwachsenen-Interessen" nannte (VOLKAN 1976).

Stufe fünf: Die Entwicklung der Übertragungsneurose

Wenn sich die Ich-Organisation von einem niederen Niveau zu einem besser integrierten Niveau entwickelt hat, verändert sich die Spaltungsübertragung in eine Übertragungsneurose. Ich stimme mit jenen Autoren überein, die meinen, daß die sich nach oben entwickelnde Übertragungsbeziehung des narzißtischen und des Borderline-Patienten möglich wird durch die Entwicklung zunehmend reiferer Objektbeziehungen mit dem Analytiker, der dabei sowohl als reale Person als auch als Übertragungsfigur erscheint.

In dieser Phase ist der Ödipuskomplex unfehlbar wirksam. Wenn er auch möglicherweise nicht so vollständig wie beim klassisch-neurotischen Fall erscheint, so erlebt der Patient die ödipale Problematik jetzt doch zum *ersten* Mal mit einer integrierten inneren Struktur. Daher ist das Erlebnis der ödipalen Probleme ziemlich unmittelbar; sie tauchen nicht nach und nach aus der Verdrängung auf. In einem gewissen Sinn sind diese ödipalen Elemente wie die, die Kinderanalytiker bei Kindern sehen, die zum ersten Mal durch den Ödipuskomplex gehen. Das Erscheinen des neuen Ödipuskomplexes innerhalb der integrierten psychischen Organisation des Patienten benötigt weniger Interpretation als vielmehr "Anleitung" bei seiner Entwicklung und Lösung. Unter "Anleitung" verstehen wir dabei die vom Analytiker dem Patienten gegebene Hilfe in folgenden Bereichen:

a) Unterscheidung zwischen der früheren Spaltungsbezogenheit des Patienten zur Vaterrepräsentanz und seiner gegenwärtigen Bezogenheit zu einer integrierten Vaterrepräsentanz.
b) Unterscheidung zwischen dem paranoiden Schrecken des Patienten vor einer "bösen" Objektvorstellung, die vom Patienten als nicht zu sich gehörend empfunden wird, und der realistischen Wahrnehmung der eigenen Schuldgefühle des Patienten, die aus seinem seit kurzem verbundenen und zu ihm gehörenden Über-Ich stammen. Über-Ich-Identifikationen und eine Konsolidierung der Über-Ich-Struktur finden auf dieser Stufe statt. Das Erlebnis von Über-Ich-Schuld ist für den Patienten neu. Sie wird nun vom Patienten als zu ihm gehörend empfunden. Er kann jetzt auch Reue und Scham empfinden, wenn er seiner Idealvorstellung nicht gerecht wird. Der Analytiker hilft dem Patienten dabei, sein Über-Ich gutartig zu gestalten.

Im Verlauf der Entwicklung und Lösung des Ödipuskomplexes zeigt der Patient eine zunehmende Fähigkeit zur Verdrängung. Einige Elemente der Manifestationen der Spaltungsübertragung, die nicht integriert sind, werden jetzt verdrängt. Das affektive Repertoire des Patienten hat sich vergrößert.

Auch diese Stufe dauert etwa ein Jahr.

Stufe sechs: Die dritte Spaltungsübertragung und die Beendigung der Psychoanalyse

Stufe sechs ist die Beendigungsphase, die länger dauert als bei typischen neurotischen Patienten. Gewöhnlich setze ich mindestens sechs Monate dafür an (VOLKAN 1976). Bei Borderline-Patienten konnte ich beobachten, daß auch nach der Entwicklung der Übertragungsneurose die ursprüngliche Situation, bei der die Spaltung im Vordergrund stand und die so turbulent verlief, der Aufmerksamkeit bedarf. Ich stellte auch fest, daß die Spaltung in der Beendigungsphase wie für einen letzten Rückblick wiederkehrt und eine dritte Manifestation der Spaltungsübertragung einleitet.

Auf der sechsten Stufe wende ich folgende Technik an, wenn Manifestationen der Spaltungsübertragung offen - und manchmal sogar verstärkt - wieder auftauchen: Weder beeile ich mich, sie zu interpretieren, noch bringe ich genetisches Material zur Sprache, das in kurz vorher stattgefundenen Interaktionen innerhalb oder außerhalb der Analyse zum Ausdruck kommt. Vielmehr übe ich ihnen gegenüber eine Haltung der *gutartigen Vernachlässigung* aus. Der Patient wird dann unweigerlich selbst das Auftreten primitiver Spaltung interpretieren, genetische Bezüge herstellen, und - was noch wichtiger ist - eingestehen, daß er sich an sie klammert, um sich an den Analytiker zu klammern. Ich helfe dem Patienten gewissermaßen, sich der Verwendung seines beobachtenden Ich zu stellen, und ich lasse ihn seine eigenen integrativen und interpretierenden Funktionen ausüben, mit nur geringer Hilfe von mir. "Revue-Träume" (GLOVER 1955) treten gewöhnlich zu diesem Zeitpunkt auf als Hinweis für den Patienten, daß er entgegengesetzte Vorstellungen integrieren kann (VOLKAN 1976).

Nähert sich das Datum der Beendigung, haben viele Patienten den Wunsch, dem Analytiker ein Geschenk zu machen. Nach so vielen Jahren der Arbeit mit dem Patienten mag dieser Versuch wie der Ausdruck einer natürlichen Anerkennung von seiten des Patienten erscheinen. Tatsächlich beinhaltet die Absicht zu schenken auch einen solchen sublimierten Gedanken. Dennoch analysiere ich die Bedeutung, statt das Geschenk anzunehmen.

Gewöhnlich ist der Wunsch des Patienten, dem Analytiker in der Abschlußphase etwas zu schenken, auf seinen heimlichen Wunsch zurückzuführen, seine globale Kontrolle über die äußeren Objekte und Repräsentanzen nicht vollständig aufzugeben, selbst wenn dieses Verlangen jetzt dem Patienten verborgen sein mag. Das Geschenk ist gewöhnlich insgeheim ein "verbindendes Objekt" (VOLKAN 1981a). Verbindende Objekte werden von dem Trauernden erschaffen, der eine komplizierte Reaktion auf den Verlust eines wichtigen Menschen, zum Beispiel durch Tod, entwickelt. Er macht ein unbelebtes Objekt magisch und projiziert die Objektvorstellung des Verstorbenen und seine dazugehörende Selbstvorstellung auf das Objekt. Indem der Trauernde dieses unbelebte Objekt kontrolliert, gewinnt er Macht darüber, den Verstorbenen entweder gehen zu lassen oder ihn wieder zurückzuholen. Die Trennung wird kontrolliert.

Trotz der analytischen Arbeit kann der Borderline-Patient einen letzten Versuch unternehmen, auf magische Weise mit der Trennung vom Analytiker am Ende der Analyse umzugehen. Der Patient muß lernen, sein Leben ohne eine "magische" Verbindung zum Analytiker zu leben. Daher ist es von extremer Wichtigkeit, beim Thema Geschenk taktvoll zu sein.

In der Abschlußphase der Art von Behandlung, die wir hier beschreiben, gibt es zwei Ebenen der Trauer für den Patienten, der eine Borderline-Persönlichkeitsorganisation hatte, als er in Behandlung kam.

a) Der Patient verliert seine der Abwehr dienende Identifikation mit dem Analytiker. Erinnern Sie sich an den Patienten, der sich wie ein Therapeut verhielt, wenn sein Analytiker Urlaub nahm. Später in der Analyse baute der Patient diese Identifikation weiter aus und sprach über seinen Wunsch, Medizin zu studieren und Psychoanalytiker zu werden. Während der Abschlußphase wurde ihm klar, daß er nicht wirklich Medizin studieren wollte, daß dieser Wunsch hauptsächlich aus einer der Abwehr dienenden Identifikation mit dem Analytiker stammte, um sich nicht von ihm trennen zu müssen. Solche Identifikationen mit Abwehrfunktion aufzugeben führt zur Trauer, da sie dem Patienten gute Dienste geleistet haben; es ist so, als ob sie so etwas wie Mitreisende gewesen wären und es Zeit geworden sei, sich von ihnen zu trennen.

b) Die echte Trauerarbeit, die nicht zu Schuld und Depression, sondern zu Traurigkeit und Befreiung führt, bezieht sich auf den Analytiker als "neues" Objekt. Diese Art der Trauer ermöglicht eine noch effektivere und bereicherndere Identifikation mit dem Analytiker und seinen Funktionen. In der Abschlußphase spielt die Identifikation noch einmal eine heilende Rolle, bereichert das Ich noch mehr und macht das Über-Ich noch gutartiger.

Der Analytiker sollte seinen eigenen Schmerz über das Abschiednehmen dem Patienten gegenüber nicht verbergen. Er muß es jedoch nicht auf dramatische Weise zum Ausdruck bringen. Die "natürliche Entwicklung" des analytischen Prozesses läßt den Patienten die Trauer des Analytikers bemerken. Daraufhin identifiziert sich der Patient mit einem Analytiker, der trauern und den wichtigen Anderen gehen lassen kann. Was für den Patienten zu tun bleibt, ist seine echte Zuneigung zu und Dankbarkeit gegenüber seinem Analytiker auszudrücken, und auch seine Traurigkeit über das Ende ihrer gemeinsamen Arbeit - einer Arbeit, die gewöhnlich über sechs Jahre ging und äußerst intensiv und emotional belastend, aber lohnend war.

Analyse von Borderline-Patienten höheren Organisationsniveaus

Ein Verständnis für den therapeutischen Prozeß, der bei der Behandlung von Patienten mit Borderline-Persönlichkeitsorganisation mit niederer Organisationsebene in sechs Stufen verläuft, ist auch bei der psychoanalytischen Arbeit mit Patienten wie Hamilton sehr hilfreich, das heißt bei Borderline-Patienten höheren Organisationsniveaus. Im Grunde erscheinen dieselben therapeutischen Entwicklungen und dieselben therapeutischen Manöver, wenn diese besser organisierten Patienten gesund werden. Die kurze Darstellung des gesamten Behandlungsverlaufs von Hamilton zeigt jedoch, daß die sechs Stufen bei ihnen nicht so klar sichtbar werden wie bei Patienten mit einer Borderline-Persönlichkeitsorganisation niederen Organisationsniveaus.

Bei Hamilton konnte aufgrund folgender Faktoren eine Borderline-Persönlichkeitsorganisation höheren Niveaus diagnostiziert werden:

Er verwendete Spaltung und ihr verwandte Abwehrmechanismen in einer stabilen Art. Gleichzeitig setzte er auch Verdrängung ein und machte von den die Verdrängung unterstützenden Abwehrmechanismen Gebrauch. Er hatte eine relativ konstante Anpassung an die äußere Welt, entsprechend den Forderungen seiner Objektbeziehungskonflikte, auch wenn diese Anpassung eigenartig war. Und er zeigte keine Tendenz zu regressiven Episoden, das heißt, zur Verschmelzung seiner Selbst- und Objektrepräsentanzen.

Vergleich der sechs Stufen bei Borderline-Patienten höheren und niederen Organisationsniveaus

Hamilton kam, wie es schien, wegen einer Krise, die aus der Trennung von seiner zweiten Ehefrau rührte, in die Analyse. Ich hatte jedoch nie das Gefühl, daß ich für ihn erst eine Realitätsbasis hätte schaffen müssen, auf die er sich hätte stützen können. Er begann seine Analyse auf der Couch, sobald meine diagnostischen Interviews abgeschlossen waren und er meine Feststellung akzeptierte hatte, daß die "Ehekrise" nur die Spitze eines Eisbergs war und er psychoanalytischer Arbeit bedurfte, damit er sich mit sich selbst und seinen zwischenmenschlichen Beziehungen wohler fühlen konnte.

Praktisch fielen bei ihm Stufe eins und zwei zusammen; zu Beginn bereits entwickelte er eine Spaltungsübertragung (VOLKAN 1981b). Er wirkte differenziert, verwendete Verdrängung und andere, die Verdrängung unterstützende Abwehrmechanismen und ließ Strukturkonflikte erkennen. Verdrängung und verwandte Abwehrmechanismen waren bei ihm jedoch wenig stabil. Tatsächlich dominierten Objektbeziehungskonflikte und beeinflußten sein Leben ständig. Seine Unfähigkeit, Interpretationen zu nutzen, entsprach den Problemen, die bei Borderline-Patienten niederen Organisationsniveaus auf Stufe zwei auftauchen.

Hamilton war von Beginn seiner Behandlung an in der Lage, seine Verhaltensmuster im Hier und Jetzt mit ihren genetischen Determinanten zu verknüpfen, ohne daß ihm effektiv Verdrängung möglich gewesen wäre. Diese Fähigkeit war für ihn jedoch therapeutisch nicht hilfreich, da dieser Verknüpfung eine echte affektive Kontinuität und eine Kontinuität des inneren Erlebens fehlte. Dementsprechend war das, was für ihn während ungefähr des ersten Jahres seiner Analyse technisch notwendig war, nicht sehr verschieden von dem, was ein Borderline-Patient niederen Organisationsniveaus während desselben Zeitabschnittes benötigte. Ich setzte verbindende Interpretationen ein und mußte, wie ich später zeigen werde, unsere Arbeit sogar auf drastische Weise schützen, als ich bemerkte, daß er mich in einer Art spaltete, die für seine Analyse zerstörerisch gewesen wäre.

Ein metapsychologisches Verständnis des Unterschiedes zwischen *Übertragungsneurose* und *Spaltungsübertragung* wird noch deutlicher zeigen, weshalb Hamiltons Wissen über einen Zusammenhang zwischen seinem gegenwärtigen Verhaltensmuster und den Ereignissen in seiner Kindheit meine Behandlungsstrategie, die ich auch bei jedem anderen Borderline-Patienten anwenden würde, nicht änderte.

Das übliche Verständnis von Übertragung ist die Verschiebung des Verhaltens, der Gefühle und Gedanken, die ursprünglich auf bedeutende Personen der Kindheit dieses Menschen gerichtet waren, auf andere Personen der Gegenwart. Übertragungsneurose ist die konzentrierte Übertragungsverschiebung auf den Analytiker. Dieser Begriff trifft nicht auf die Situation zu, die zwischen einem Borderline-Patienten und dem Analytiker besteht, wenn der Patient viele abgespaltene, stark verzerrte Selbst- und Objektvorstellungen während seiner Behandlung aktiviert (VOLKAN 1981b). ANNA FREUD (1965) stellte fest, daß ein Analytiker, der versucht, einen psychotischen Patienten - und, wie ich meine, auch einen Borderline-Patienten - zu behandeln, viel mit einem Kinderanalytiker gemein hat. Nicht alle Beziehungen, die das Kind in der Analyse auf den Therapeuten überträgt, sind so, daß es den Analytiker mit Libido oder Aggression oder mit Abwehr dagegen besetzt. Das Kind benützt den Analytiker in der Therapie auch dazu, "den einen oder anderen inneren Teil der Persönlichkeitsstruktur des Patienten zu repräsentieren".

Obwohl ANNA FREUD nicht Bezug nimmt auf Objektbeziehungskonflikte, wie wir sie in diesem Buch beschreiben, ist ihre Ansicht über die verschiedenen Arten von Übertragung in diesem Zusammenhang wichtig. Ihre Feststellung über "den einen oder anderen Teil der Persönlichkeitsstruktur des Patienten" erhöht unser Verständnis dessen, was auf oder in den Analytiker projiziert wird, wenn es verstanden wird als die unintegrierten Selbst- und Objektvorstellungen des Patienten.

Der neurotische Patient aktiviert in der üblichen Übertragungsneurose ebenfalls Aspekte seiner Selbstvorstellungen aus der Kindheit und Aspekte seiner Objektvorstellungen, das heißt Objektvorstellungen seiner Eltern aus der Kindheit. Jedoch sind diese aktivierten Aspekte der Selbstvorstellungen aus der Kindheit, wie KERNBERG (1976) schreibt, in der Vorstellung des neurotischen Patienten gekoppelt an oder integriert in die allgemeine Selbstvorstellung des Patienten aus der Kindheit. Diese Koppelung und Integration ist ein intrapsychisches Phänomen, das weit über eine verstandesmäßige Anerkennung hinausgeht. Ebenso sind die aktivierten Aspekte der Objektvorstellungen aus der Kindheit integriert in die Gesamtvorstellungen der wichtigen Personen, wie sie im Säuglingsalter und in der Kindheit erlebt wurden. Wenn jemand *Objektbeziehungskonflikte* hat, kann er die aktivierten Aspekte der Selbst- und Objektvorstellungen nicht wirklich mit dem Rest der korrespondierenden Selbst- und Objektvorstellungen integrieren.

Je niedriger organisiert die Persönlichkeit des Patienten ist, desto fragmentierter sind die "guten" und "bösen" Vorstellungseinheiten. Ein Borderline-Patient mit Persönlichkeitsorganisation höheren Niveaus tendiert eher dazu, die "guten" Selbstvorstellungen und die "bösen" Selbstvorstellungen zwar getrennt, aber weniger fragmentiert anzuordnen. Dennoch kann er nicht, wie ein neurotischer Patient, intrapsychisch eine aktivierte "gute" oder "böse" Vorstellung seiner selbst oder seiner Eltern koppeln an und integrieren mit der Gesamtvorstellung von sich oder seinen Eltern aus der Kindheit. Da der Patient nicht in der Lage war, seine integrativen Funktionen vollständig zu entwickeln und/oder sie anzuwenden, wird seine Erfahrung im Hier und Jetzt mit einer "guten" Vorstellungseinheit nur an seine "guten" Vorstellungseinheiten aus der Kindheit, nicht jedoch an eine "vollständige", integrierte Vorstellungseinheit gekoppelt werden. Dasselbe gilt, mit umgekehrten Vorzeichen, für seine Erfahrungen mit "bösen" Vorstellungseinheiten.

Hamilton war ein Borderline-Patient höheren Organisationsniveaus, er zeigte viele Elemente klassischer Übertragungsverschiebungen, auf die ich achten mußte. Seine dominierende Art der Beziehung mit mir und anderen basierte jedoch auf der Aktivierung seiner "guten" und "bösen" Vorstellungsinhalte innerhalb und außerhalb der Behandlung. Die Übertragung bestand daher während des gesamten ersten Jahres vor allem aus der Projektion und der Introjektion seiner Selbst- und Objektvorstellungen. Ich habe ihm natürlich zugestimmt, wenn er seinen Wunsch, seine zweite Ehefrau "auszupeitschen" (zu bestrafen) mit seinem Wunsch in Verbindung brachte, seine Großmutter Dolly oder seine Mutter zu bestrafen, die ihn ursprünglich ausgepeitscht hatten. Er wollte seiner Frau antun, was ihm in der Kindheit angetan worden war. Da er gespaltene Selbst- und Objektvorstellungen hatte, konnte er das Bild seiner "bösen" Ehefrau mit dem Bild seiner "bösen" Großmutter/Mutter in Verbindung bringen, während alle "guten" Bilder intrapsychisch abgespalten waren oder ihre Existenz verleugnet wurde. Dazu kam noch seine Unfähigkeit, die Erkenntnis über einen Zusammenhang zwischen der Vorstellung von seiner "bösen" Frau und der von seiner "bösen" Großmutter/Mutter intrapsychisch lang genug aufrechtzuerhalten. Die Vorstellungen seiner "bösen" oder auch "guten" Frau trieben wie Holzstücke eines zerbrochenen Bootes auf stürmischer See. Er hielt sich an ihnen fest, als ob sie keinen Zusammenhang mit anderen, in der Nähe schwimmenden, dazugehörenden Stücken hätten. Verstandesmäßig wußte er jedoch, daß alle Holzstücke zusammengehört haben mußten. Intrapsychisch war der Teil, an dem er sich jeweils gerade festhielt, das einzige Stück, zu dem er in Beziehung stand; und die anderen, in der Nähe treibenden Stücke hatten für ihn zu diesem Zeitpunkt keine psychische Bedeutung. Am nächsten Tag schien er sich während seiner Stunde an einem anderen Stück festzuhalten, das von ihm wieder als unabhängig von den anderen treibenden Teilen erlebt wurde.

Die Teile des Bootes mußten erst zusammengesetzt werden. Das war schwierig und erforderte viel Arbeit. Der Analytiker mußte beruhigend wirken und den Sturm in Grenzen halten, bevor der Patient damit beginnen konnte, das Boot zu (re)konstruieren und die Segel zu setzen. Das Segel, als integriertes Ich und Über-Ich, würde ihn dann leiten bei der Fahrt über die See und beim Erreichen von festem Grund.

Kehren wir zurück zu den aufeinander folgenden Schritten bei der Behandlung von Borderline-Patienten. Mit der Zeit wurde Hamiltons Spaltungsübertragung weniger drängend und weniger heftig. Er schloß sich mir immer mehr an bei der Beobachtung der Manifestationen seiner gespaltenen Beziehung zu mir und erlebte zunehmend therapeutische Regression.

Hamiltons Stufe drei war nicht so dramatisch wie die, die ich bei der Analyse von Borderline-Patienten niederen Organisationsniveaus beobachtet habe (VOLKAN 1987). Wenn er auch nie eine dramatische regressive Schleife durchlief, hatte er doch viele regressive Kleinerlebnisse, die von einem Tag bis zu zwei Wochen andauern konnten. Während dieser Zeit erlebte er auf die Übertragung begrenzte, psychotische Episoden. Ich erwähnte schon seine olfaktorischen Halluzinationen während einer dieser Episoden.

Seine regressiven Erlebnisse geleiteten ihn zur Stufe IV, auf der er zu seiner ursprünglichen, *entwicklungsbedingten* Spaltung zurückkehrte. Die Arbeit mit dieser entwicklungsbedingten Spaltung erlaubte ihm, einen soliden Kern von integrierten Selbst- und Objektvorstellungen zu entwickeln. Er lernte, Ambivalenz zu erleben. Es war für ihn wie ein neues Spielzeug, mit dem er auf folgende Weise spielte:

Nachdem er Michelle kennengelernt hatte, gab er es weitgehend auf, weiter nach einer idealen Frau zu suchen und sich ständig mit verschiedenen Frauen zu verabreden. Michelle war Französin, geschieden und lebte in den Vereinigten Staaten. Sie beherrschte fünf Sprachen und wurde anfangs von ihm stark idealisiert. Er konnte jedoch auch ihre Fehler sehen. Eine ihrer Cousinen zum Beispiel war Patientin in einer Nervenklinik, und ihre Nervenkrankheit hatte auch Auswirkungen auf Michelle. Als Hamilton und sie ein Liebespaar wurden und über neun Monate blieben, war sie Anfang vierzig. Damit hatte mein Patient noch ein anderes seiner früheren Tabus gebrochen: mit einer Frau befreundet zu sein, die nicht in den Dreißigern war.

Seine besessenen Gedanken an seine zweite Ehefrau verschwanden, da er nun ununterbrochen mit Michelle beschäftigt war. Während seiner Sitzungen mit mir sprach er ständig über sie. Im ersten Jahr seiner Analyse hatte er gewöhnlich seine Analysestunden mit Äußerungen begonnen wie: "Ich dachte an meine Ex-Frau, diese Hexe ...". Am nächsten Tag: "Ich dachte an meine Ex-Frau, diesen Engel ...". Jetzt eröffnete er seine Sitzungen, indem er sagte: "Ich dachte an Michelle ...".

Mir war klar, daß Michelle ein "Opferlamm" war. Einer meiner früheren Patienten (VOLKAN 1984) hatte sowohl während der Zeit, als er Probleme der Separation-Individuation bearbeitete, als auch während der Zeit, als er ödipale Probleme durcharbeitete, mit verschiedenen Frauen sexuelle Beziehungen, die er als "Opferlämmer" bezeichnete. Er wußte, daß er mit diesen Frauen seine neu erworbene intrapsychische Organisation in der interpersonalen Arena testete und daß es möglicherweise mit keiner von ihnen zu einer dauerhaften Beziehung kommen würde, wenn er sich intrapsychisch weiterentwickelte. Er fühlte Reue darüber, sie zu benützen, aber er meinte, daß diese Frauen erwachsen seien und freiwillig eine Beziehung mit ihm eingingen.

Während Hamilton Michelle als "Opferlamm" benützte, konnte er unter dem Schutz seiner Behandlung Ambivalenz erleben. Gleichzeitig half ich ihm beim "Erlernen" von Ambivalenz. Meine Technik sah so aus: Ich benützte nicht Michelles Namen, wenn ich mich auf die Ereignisse, in denen sie eine Rolle spielte, bezog. Natürlich gab es Gelegenheiten, bei denen ich ihren Namen verwendete, aber prinzipiell ließ ich mich in die äußeren Ereignisse nicht so verwickeln, als ob ich ihnen mehr Gewicht beigemessen hätte als den inneren Vorstellungen von ihnen. Bei meinen Beobachtungen bezog ich mich auf die intrapsychischen Erlebnisse meines Patienten mit dem "Opferlamm". Der Patient gab mir einen interpersonalen Text, und ich übersetzte ihn in einen intrapsychischen. Ich klarifizierte und/oder interpretierte zum Beispiel seine Projektionen auf Michelle, sein Verschmelzen von ihr mit anderen Objektvorstellungen und seine Intoleranz dagegen, "graue" Bereiche zu sehen.

Nachdem er mit seinem neuen Spielzeug - Ambivalenz gegenüber Michelle - genug gespielt hatte, beendeten sie ihr Liebesverhältnis, blieben jedoch Freunde (ohne sexuelle Beziehungen). Er fand andere Frauen nach ihr. Zu der Zeit, als er sich von Michelle trennte, konnte er innerhalb der Übertragung seine gespaltenen Selbst- und Objektvorstellungen klarer verbinden und erreichte die Stufe V, die Übertragungsneurose. Wie erwartet, tauchten jedoch Aspekte von Objektbeziehungskonflikten auch während dieser Stufe immer wieder einmal auf und benötigten unsere Aufmerksamkeit.

Seine Stufe V war komplizierter als die, die ich bei Borderline-Patienten niederen Organisationsniveaus beobachtet habe. Da Hamilton von Beginn seiner Behandlung an einige strukturelle Konflikte aufwies, mußten diese untersucht und von den neugeformten strukturellen Konflikten unterschieden werden, die durch seine neu geformte Ich- und Über-Ich-Struktur entstanden. Außerdem mußte seine Über-Ich-Schuld von ihm als etwas verstanden werden, das anders war als sein früherer (paranoider) Schrecken vor "bösen" Objektvorstellungen.

Seine Versuche, ödipale Dreiecksbeziehungen einzugehen, waren anfangs höchst primitiv. Eines Tages berichtete er einen Traum, in dem er drei aneinander gedrängte Häuser sah. Er nannte den Traum seinen "Drei-Giebel-Traum". Zu dieser Zeit hatte er sich mit einem Paar angefreundet und ging öfters mit ihnen zum Mittagessen aus. Aufgrund von Erzählungen vermutete er, daß dieses Paar ungewöhnliche sexuelle Praktiken ausübte. Als er seinen "Drei-Giebel-Traum" berichtete, nahm ich unwillkürlich an, daß er mit diesem Paar in eine sexuelle Dreieraktivität verwickelt gewesen sei: Es stellte sich heraus, daß der Traum in der Tat seine Art war, mich wissen zu lassen, daß dies geschehen war. Er war ins Bett des Paares eingeladen worden. Beide Männer, der Ehemann und Hamilton hatten abwechselnd Geschlechtsverkehr mit der Frau. Mein Patient war besonders daran interessiert gewesen, den erigierten Penis des anderen Mannes zu sehen und ihn beim Sexualverkehr zu beobachten.

So primitiv und fast nicht symbolisiert dieses Ereignis auch war, öffnete es doch den Weg zu einem "neuen" Umgang mit ödipalen Themen. Er entwickelte eine klassische Kastrationsangst als Reaktion auf sein neu entwickeltes, nun zu ihm gehörendes Über-Ich, statt seiner bisherigen Furcht, durch die Hände einer "bösen" Objektvorstellung, die nicht zu ihm gehörte, getötet zu werden. Es war etwas ganz anderes, Scham, Schuld und Minderung des Selbstwertgefühles zu erleben, wenn er sich später in seiner Analyse an sein "Drei-Giebel-Verhältnis" erinnerte, als zu fürchten, von seinem Schwiegervater erschossen zu werden, wie er es früher in seiner Analyse beschrieben hatte. Das Schwiegervaterbild war kein internalisiertes Über-Ich gewesen.

Als er zur letzten Stufe seiner Behandlung kam, erweiterte Hamilton, wie jeder andere gut analysierte Patient, sein emotionales Repertoire, erlebte echte Liebe, Reue und Trauer. Nicht nur entwickelte und hielt er ein kohärentes Selbstgefühl und kohärente Objektrepräsentanzen aufrecht und fühlte sich mit sich selbst wesentlich wohler, sondern er zeigte auch erheblich bessere interpersonelle Beziehungen. Er wurde ein Bürger mit Interessen am Gemeinwesen und ein Vorbild für seine Kinder und Enkelkinder.

Spaltung und verwandte Abwehrmechanismen in der Übertragung

Als Hamilton seine Analyse mit mir begann, spürte ich etwas in ihm, was mich veranlaßte, ihn zu mögen. Zuerst wußte ich nicht, was dieses Etwas war. Ich brauchte jedoch nur kurze Zeit, um zu merken, daß es sein Lächeln war, bevor er sich auf die Couch legte, was so gewinnend war. Trotz seines biologischen Alters sah ich auf seinem Gesicht das Lächeln eines Kindes, das um Hilfe flehte. Er hatte diesen mächtigen "Appell der Hilflosigkeit", den einige depressive Menschen ausstrahlen und der beim Analytiker Reaktionen hervorruft (OLINICK 1980; HEATH 1991). Er hatte Retter-Phantasien in mir ausgelöst. Natürlich teilte ich ihm meine anfängliche Reaktion auf ihn nicht mit. Außerdem war ich mir sicher darüber, daß ich meine Retter-Phantasien in der Therapie handhaben konnte.

Obwohl er mir darüber berichtete, unter depressiven Episoden zu leiden, schien er an der Oberfläche nicht depressiv zu sein. Er sah nicht traurig oder zurückgezogen aus, und seine Haltung war aufrecht. Ich nahm zur Kenntnis, daß er, falls er außerhalb der analytischen Stunden depressiv war, dieses Gefühl nicht lange genug beibehielt, um es in die Stunden bringen zu können. Was ich allerdings schon sehr früh in unserer gemeinsamen Arbeit spürte, war seine Kindheitsdepression.

Das Entkoppeln der analytischen Sitzungen

Hamilton kam pünktlich und zuverlässig zu seinen therapeutischen Sitzungen. An diese Verpflichtung hielt er sich während seiner gesamten Analyse. Es gab einige Gelegenheiten, bei denen er seine Sitzungen "vergaß"; dafür gab es aber psychische Gründe, die analysiert wurden. Im allgemeinen war er von Anfang an ein guter Patient, der den analytischen Grundregeln folgte. Er legte sich ohne Proteste auf meine Couch, nachdem ich ihm aufgrund der Interviews mitgeteilt hatte, daß ich keine "Schnellkur" für seine Probleme hätte. Er begann, das, was er für freie Assoziationen hielt, auszusprechen. Was ihm jedoch anfänglich in den Sinn kam, waren verschiedene, entgegengesetzte Wahrnehmungen von seiner zweiten Ehefrau. Die Stunden erschöpften sich in der Aufzählung von Ereignissen, die mit ihr zu tun hatten. Ihre "guten" und "schlechten" Bilder wurden in einer gespaltenen Art vorgebracht. Was er freie Assoziationen nannte, war zwanghaftes Grübeln und pseudofreie Assoziationen. Ich griff nicht ein und ließ der Entwicklung des Geschehens seinen Lauf.

Eines der ersten Dinge, die mir auffielen, war, daß es für ihn keine Verbindung zwischen den einzelnen Stunden gab. Er verhielt sich so, als ob jede Sitzung für sich allein stünde und es in unserer Arbeit keine Kontinuität gäbe. Dieses Muster war sehr drastisch, es ging weit über die Isolierungstendenz eines Zwangsneurotikers hinaus. Die freien Assoziationen einiger Zwangsneurotiker sind wie der Stuhlgang eines Kaninchens: kleine Kügelchen, die eines nach dem anderen kommen, getrennt von einander. Ein Neurotiker weiß jedoch, daß der ganze Haufen von Kotkügelchen zu ihm gehört, und er hat, mit oder ohne Hilfe des Analytikers, ein bewußtes Gefühl dafür, daß alle Kügelchen zusammengehören. Er kann möglicherweise sogar frustriert sein über seine Schwierigkeiten, sie miteinander in Verbindung zu bringen.

Die Art, wie Hamilton "frei assoziierte", und die Art, wie er alle seine Sitzungen getrennt voneinander hielt, ähnelten sich. Wenn ich gelegentlich versuchte, eine Sitzung mit einer früheren in Verbindung zu bringen, schien er, anders als ein klassischer Zwangsneurotiker, tatsächlich verwirrt zu sein. Geistig wußte er, daß alle seine Sitzungen existierten, aber er konnte vollständig die emotionale Bedeutung oder den größten Teil des Inhalts der vorhergehenden Stunden leugnen. Durch diese Verleugnung wurde die Spaltung seiner Erfahrungen mit mir unterstützt, die er von einer Stunde zur nächsten eintreten ließ.

In einer seiner Sitzungen erzählte er mir zum Beispiel von einem Ereignis oder er führte eine neue Person ein. Am nächsten Tag oder in der nächsten Woche sprach er dann über dasselbe Ereignis oder über dieselbe Person so, als ob ich vorher noch nie von ihnen gehört hätte. Das irritierte mich. Ich wollte ihm sagen: "Warum berichten Sie mir etwas so, als ob Sie mir nicht dasselbe gestern schon erzählt hätten? Warum beschreiben Sie im Detail, wer Herr Miller ist, als ob ich nie von ihm gehört hätte? Glauben Sie, ich sei dumm?" Natürlich sagte ich nichts davon zu ihm; ich bin gut genug ausgebildet und mit solchen Reaktionen hinreichend vertraut, um sie zu kontrollieren. Sie steigern nur meine Neugierde auf ihre Ursache. Ich fühlte mich wohler, als ich verstand, daß für meinen Patienten die analytischen Sitzungen keine emotionale Kontinuität hatten, da die Selbstvorstellung, die er von Tag zu Tag von sich hatte, keine Kontinuität hatte. Außerdem war ich für ihn, in einer gewissen Weise, nicht dieselbe Person, die ich gestern oder vor einer Woche gewesen war. Deshalb mußte er mir über eine Person oder ein Ereignis immer wieder berichten, da er, in seinem Erleben, jeden Tag zu verschiedenen Analytikern ging. Ich spürte auch, daß ich für ihn keine vollständige Person war. Er sprach jede Stunde zu einem anderen "Teil-Analytiker".

Ich ließ dieses Muster für viele Monate andauern, damit ich es tolerieren und in meiner empathischen Identifikation mit meinem Patienten nachempfinden konnte. Nur so konnte ich seine psychische Funktionsweise vollständig untersuchen und verstehen. Im Stillen verglich ich das, was er mit mir tat, mit dem, was ich über seine Beziehungen mit anderen, insbesondere mit Frauen, erfahren hatte. Indem ich die Entwicklung seiner Spaltungsbeziehung mit mir nicht störte, konnte ich das besser verstehen, was ich zuvor über die Auswirkungen seiner Kindheit auf ihn, auf seine psychischen Funktionsweisen, auf seine Anpassung an das Leben nur verstandesmäßig formuliert hatte.

Schließlich beschrieb ich ihm meine Beobachtungen darüber, wie er seine Stunden nicht miteinander in Verbindung bringen konnte. Ich tat dies nicht als Konfrontation. Wenn ich davon überzeugt bin, daß ein Borderline-Patient nicht in der Lage ist, seine integrativen Funktionen zu benützen, oder daß es ihm an diesen Funktionen mangelt, was gibt es dann zu konfrontieren? Weshalb sollte ich den Eindruck erwecken, gegen ein Verhaltensmuster anzugehen, das der Patient wiederholen muß, da er gar nicht anders kann? Statt dessen möchte ich die Aufmerksamkeit des Patienten darauf lenken, wie ich eine mögliche Schwierigkeit oder einen Mangel beobachtet habe, und ihn dazu einladen, mit mir gemeinsam solche Gelegenheiten zu beobachten.

Hamilton zeigte auf verschiedene Arten seinen Einsatz von Spaltung und verwandter Abwehrmechanismen. Einige Borderline-Patienten, die eine Persönlichkeitsorganisation niederen Niveaus haben, treten ganz offen so mit dem Analytiker in Beziehung, als ob er aus zwei Personen bestünde: einem "guten" und einem "bösen" Analytiker. Dagegen waren einige Spaltungsäußerungen Hamiltons subtil. So brauchte ich etwa einige Zeit, um zu merken, wie er die Beziehung zu mir in *jeder* einzelnen Stunde in zwei Kategorien aufteilte. Eine Kategorie war sein "formeller" Umgang mit mir, dabei war er mein perfekter Analysand, der scheinbar meinem "Befehl", frei zu assoziieren, folgte. Die andere Kategorie war der "informelle" Teil der Stunde, dabei hatte er eine "spielerische" Beziehung mit mir. Ich kam zu dem Schluß, daß er in jeder Sitzung voneinander getrennte Erlebnisse mit den von ihm auf mich projizierten inneren Vorstellungen hatte: die der "formellen" Großmutter/Mutter und die der "informellen" spielerischen Abigail/Mutter. Um diese Aufteilung jeder Sitzung in zwei verschiedenen Beziehungen zu illustrieren, muß ich sein Schuh-Ritual beschreiben.

Das Schuh-Ritual

Als ich Hamilton das erste Mal aufforderte, sich auf meine Couch zu legen, setzte er sich auf sie, band seine Schuhe auf und zog sie aus, bevor er sich hinlegte. Dies wiederholte er seitdem zu Beginn jeder Stunde und machte es zum Ritual.

Da ich nicht wußte, welche Bedeutung es für ihn hatte, die Schuhe auszuziehen, bevor er sich auf die Couch legte, machte ich keine Bemerkung, die sein Ritual gestört hätte. Innerhalb der ersten beiden Jahre wurden einige Bedeutungen seines Schuh-Rituals verstanden und interpretiert. Erst danach behielt er seine Schuhe während der Stunden für den Rest seiner Analyse an. Im folgenden werde ich zuerst die wichtigsten Bedeutungen dieses Schuh-Rituals erläutern, um dann zu zeigen, wie er es dazu verwendete, die Sitzungen und seine Erlebnisse mit mir zu spalten.

Zuallererst bedeutete sein Schuh-Ritual, daß er meine Couch zu meinem Schoß machte. Er "kletterte" ohne Schuhe auf sie, wie er in den Postkasten geklettert war, auf dem die Lehrerin saß, oder wie in sein Kinderbett, das im elterlichen Schlafzimmer stand. Sein Schuh-Ritual drückte seinen Wunsch aus, mein einziges Kind zu sein. Er konnte dadurch die "gute" Mutter für sich allein haben, er mußte keine Geschwisterrivalität mehr erleben, und er befreite sich von seiner Kindheitsdepression.

Diese Bedeutung konnte durch einen Traum verstanden werden, in dem ein massives Stück poliertes Holz auftauchte. Es sah aus wie eine Tischplatte, aber es stand auf einer seiner Längskanten. Im Traum versuchte der Patient, ohne seine Schuhe, darauf zu klettern.

Das polierte Stück Holz repräsentierte das Fußende des elterlichen Bettes, das aus massivem Holz bestanden hatte. Wenn der kleine Hamilton krank war, durfte er im Schlafzimmer seiner Eltern schlafen. Ein niedriges Kinderbett wurde dann an das Fußende des elterlichen Bettes gestellt. Alles, was der kleine Hamilton sehen konnte, wenn er im Kinderbett lag, war das massive Fußende des elterlichen Bettes, das aussah wie eine polierte Tischplatte, die auf der Kante stand.

Wenn er Fieber oder Husten hatte, brachte seine Mutter ihm Orangensaft und kümmerte sich um ihn. Das war eine der wenigen Erinnerungen an eine warme, fürsorgliche Mutter. Wenn er sich an diese Momente erinnerte, fühlte er sich überall warm und angenehm auf meiner Couch.

Ich muß hier erwähnen, daß der Traum mit der polierten Tischplatte wiederkehrte, als die Analyse voranging und er begann, sich mit ödipalen Themen auseinanderzusetzen. Zu dieser Zeit hatte die Tischplatte ein Loch, aus dem eine Pfeife herausstand. Seine Assoziation dazu war der Penis seines Vaters.

Die zweite Bedeutung seines Schuh-Ausziehens bezog sich auf seine Erinnerung daran, mit seinem Bruder im selben Bett zu schlafen. Einerseits war der große Bruder sein Beschützer. Auf der anderen Seite aber fühlte sich der kleine Hamilton ihm unterlegen, da sein Bruder einen größeren Penis hatte. Sein Schuhe-Ausziehen war eine Art homosexueller Unterwerfung mir gegenüber. Diese Bedeutung wurde von uns im zweiten Jahr der Analyse verstanden.

Eine dritte Bedeutung seines Schuh-Rituals, die eng mit seiner Spaltung der Übertragung verbunden war, hatte damit zu tun, Sauereien (inky messes) zu machen oder nicht zu machen. Er nahm seine Schuhe ab, um meine Couch nicht schmutzig zu machen. Ich muß hier einfügen, daß ich am Ende der Couch eine

Matte habe für die Schuhe meiner Patienten. Offensichtlich hatte er die Matte bemerkt. Trotzdem zog er seine Schuhe aus.

Wenn der kleine Hamilton mit Abigail und anderen Farmarbeitern spielte, trat er oft in Hühnerkot. Der Anblick von frischem Hühnerkot war für ihn als Erwachsener extrem widerwärtig. Das war für ihn der Inbegriff von "Sauereien" (inky messes). Wenn er seine Schuhe in meiner Praxis auszog, unterwarf er sich der "bösen" Großmutter/Mutter, um geliebt und akzeptiert zu werden. Er war dann ein netter, reinlicher Junge, der meinen Anweisungen folgte, und nette und saubere "freie Assoziationen produzierte", während derer er nie "schmutzige" Worte wie "Scheiße" benutzte. Seine Träume, die aus seinem tiefsten Inneren kamen, standen vor allem für seine fäkalen Produktionen. Gleich wenn er von einem Traum erzählt hatte, beschrieb er schnell, welche Art von Traum es war: "Das war kein unheimlicher Traum"; "Dieser Traum gab mir ein gutes Gefühl"; oder "Ich hoffe, das ist die Art von Traum, die Sie mögen". Es gab keine wirklichen spontanen freien Assoziationen, sondern immer eine "Beschreibung" des Traumes. Er kam mir dabei immer so vor, als ob er zu seiner Großmutter oder Mutter sagen würde: "Schau, ich habe einen festen, geformten und weichen Stuhlgang gemacht. Du kannst mich liebhaben!", oder "Dieser Stuhlgang ist unheimlich, bitte entschuldige mich dieses Mal, da er nicht so ist, wie du ihn bestellt hast".

Wenn ich das Ende der Stunde ankündigte, richtete er sich auf der Couch auf, zog seine Schuhe an, band sie zu, stand auf und verließ meine Praxis. Während dieser Tätigkeiten verwandelte er sich nach und nach. Der "formelle" Teil der Stunde endete und der "informelle" und spielerische Teil begann. Dann lächelte er wie ein Kind, fragte, wie ich mit meinem Auto zufrieden sei, ob ich zu diesem oder jenem Restaurant gehen würde, ob ich einen bestimmten Film schon gesehen hätte. Er war dann mein "kleiner Liebling" oder mein "kleiner König". Er wollte mit mir "spielen", und ich konnte sein Zögern bemerken, mich zu verlassen, selbst wenn ich schweigend auf meinem Sessel sitzen blieb, bis er gegangen war. Während jeder Sitzung wurden so seine Erfahrungen mit "mehrfacher Bemutterung" wieder lebendig. Im "formellen" Teil war er mit seinen weißen Eltern zusammen und erlebte die damit verbundenen Gefühle, die diese Beziehung in ihm weckte. Während des "informellen" Teils war er mit Abigail zusammen und erlebte jene Gefühle, die *diese* Beziehung in ihm wachrief.

Im siebten Monat seiner Analyse mußte ich an einem Mittwochvormittag an einer Konferenz teilnehmen. In der Montagsstunde davor fragte ich Hamilton, ob es möglich sei, daß er, statt am Mittwochvormittag am Mittwochnachmittag zu mir kommen könnte. Er antwortete sehr höflich, daß er mir gern gefällig wäre, daß er aber an diesem Nachmittag leider schon einen Termin bei seinem anderen Therapeuten hätte.

Erstaunlicherweise war ich nicht überrascht zu erfahren, daß er einen anderen Therapeuten hatte. Wie er zwei Mütter oder mehrere Freundinnen hatte, mußte er zwei Therapeuten haben. Er hatte mich von dem anderen sieben Monate lang nichts wissen lassen, und es ist gut möglich, daß ich eventuell noch für einige Zeit nichts über ihn erfahren hätte.

Zu dieser Zeit hatten wir schon viel von seinem Verhaltensmuster der Spaltung außerhalb der analytischen Sitzungen erkannt. Unter Hinweis auf dieses Verhaltensmuster sagte ich ihm, daß das, was er mit mir tue, ähnlich dem sei, was er mit seinen Frauen tue. Aber ich könne meine Aufgabe als sein Analytiker nicht erfüllen, wenn ich nur sein halber Analytiker sei. Ich stünde ihm natürlich bei, diese Verhaltensmuster gemeinsam zu beobachten, aber es ginge nicht, daß ich tatsächlich aufgeteilt würde. Einer von uns beiden mußte ein "vollständiger Mensch" sein, wenn wir daran arbeiten sollten, ihn zu analysieren. Dementsprechend sagte ich ihm, daß er die Wahl zwischen zwei Möglichkeiten hatte:

- Den anderen Analytiker fallen zu lassen und nur noch mein Analysand zu sein.
- Meinen ersten Vorschlag nicht zu akzeptieren; in diesem Falle würde ich nicht sein Analytiker bleiben. Ich sagte ihm, daß er die Entscheidung bis zu unserer nächsten Sitzung treffen müsse.

Irgendwie spürte ich, daß er bei mir bleiben würde. Er ging und verabschiedete sich von seinem anderen Therapeuten, und wir setzten unsere gemeinsame Arbeit fort.

Etliche Jahre später präsentierte ich diesen Vorfall vor einer wissenschaftlichen Versammlung. Einige Kollegen sagten mir, daß sie so etwas niemals tun würden. Sie würden als "halber Therapeut" weiter arbeiten und versuchen, die Spaltung des Patienten zu analysieren. Ich stimme mit ihrer Ansicht nicht überein.

Wie ich dargelegt habe besteht mein Ansatz darin, die Entwicklung der Spaltungsübertragung zu erlauben, so daß sie für die analytische Arbeit reif werden kann. Ich beabsichtige jedoch nicht, als "Teil-Objekt" zu arbeiten. Es ist *eine* Sache für einen Borderline-Patienten, mich als gespaltene Objektvorstellung zu erleben und wahrzunehmen; eine *andere* Sache ist es, ihn mich in *konkreter* Weise zu einem "Teil-Objekt" machen zu lassen. Wenn der Analytiker in der Realität ein "Teil-Objekt" ist, so ist seine Aufgabe, das analytische Setting zu bewahren, verloren. Ich beschützte Hamiltons analytisches Setting. Es ist gut möglich, daß er auch dann seinen anderen Therapeuten aufgegeben hätte und bei mir geblieben wäre, wenn ich ihm mehr als einen Tag Bedenkzeit gegeben hätte, und wenn er und ich mehr Zeit gehabt hätten, die Bedeutung seiner Handlungsweise zu diskutieren. Die Bedeutung der Spaltung von mir bedurfte jedoch keiner Analyse, um die Verdrängung ihrer Bedeutung aufzuheben. Er "wußte", weshalb er mich spaltete, so wie er "wußte", weshalb er seine Frauen spaltete. Sein Problem war, daß er wegen seiner mangelhaften integrativen Funktion und wegen der Verwendung von Spaltung als Abwehr und Anpassung keine andere Wahl hatte, als die Art der Beziehung mit mir zu haben, die er mit mir hatte. Ich verstand das. Mein Problem war, daß ich *meine* Aufgabe nicht als "halber" Analytiker erfüllen konnte und ich mich erst um mein Problem kümmern mußte, um meine Arbeit als sein Analytiker erfüllen zu können.

Jedenfalls funktionierte das, was ich mit Hamilton tat, und er hat weiter die Stunden symbolisch gespalten.

"Guter Junge"

Nachdem Hamilton sein Schuh-Ritual aufgegeben hatte, entwickelte er ein anderes, durch das er mich wieder symbolisch spaltete. Am Ende jeder Stunde, wenn er das Zimmer verließ, sagte er nun zu mir: "Gute Stunde" oder "sehr gut". Wieder einmal verspürte ich Ärger in mir und nützte dieses Gefühl als Anhaltspunkt für mich selbst, um mit ihm dieses neue Ritual zu erkunden. Ich sagte ihm nicht, daß ich irritiert war. In einem Traum sah er sich, wie er einen Hund masturbierte und danach zu ihm sagte "guter Junge". In Wirklichkeit hatte er als ca. 13- oder 14-jähriger des öfteren seinen Hund masturbiert. Wenn er am Ende der Stunde zu mir "gute Stunde" oder "sehr gut" sagte, war das so, als ob er mich masturbierte, mich entwertete und mich zu einem Hund machte, einem "guten Jungen"! Es sollte hier erwähnt werden, daß im Süden der Vereinigten Staaten auch Schwarze, Jugendliche wie auch Erwachsene, "Junge" ("Boy") von den Weißen genannt werden.

In der Stunde empfand er mich wie den Orangensaft, den seine Mutter ihm gab, wenn er als Kind krank war. Am Ende der Stunde war ich wie eine schon ausgequetschte Orange, dazu bestimmt, weggeschmissen zu werden, oder wie der Hund, der keinen Samen mehr hatte. Einmal sagte er direkt, als er das Zimmer verließ: "Ich habe den Orangensaft rausgequetscht. Jetzt ist nichts mehr in Ihnen!"

Leider konnte er lange Zeit, wenn er erst einmal das Zimmer verlassen hatte, den Orangensaft, den er von mir nahm (Introjektion), nicht in sich behalten. Er kam immer wieder zu seinem "fürsorglichen" Analytiker, um aufzutanken und ihn so zu einem leeren, "schlechten" Objekt am Ende der Stunde zu machen.

Das Verbinden gespaltener Selbst- und Objektvorstellungen

Dieses Kapitel konzentriert sich auf Hamiltons Identifikation mit den Funktionen des Analytikers bei seinem Versuch, die Fähigkeit zur Integration seiner libidinös und aggressiv besetzten Selbst- und Objektvorstellungen zu entwickeln (Stufe IV). Wir sprachen von einem "entscheidenden Wendepunkt" (KLEIN 1946; KERNBERG 1970), an dem ein Borderline-Patient in seiner Analyse beginnt, "gute" und "schlechte" Vorstellungsinhalte zusammenzusetzen, um integrierte Vorstellungseinheiten zu bilden. Dieser Punkt ist erreicht, wenn der Patient sowohl die übermäßige Aggression gegen seine "bösen" Selbst- und Objektvorstellungen als auch die übermäßige Idealisierung seiner "guten" Selbst- und Objektvorstellungen bändigen kann.

Ich habe schon davon berichtet, wie Hamilton auf emotionaler Ebene gewahr wurde, was die Integration entgegengesetzter Vorstellungsinhalte bedeutet, als er von dem Mafioso sprach, der erst bewirtet und gleich danach umgebracht wurde. Mein Patient drückte dabei seine innere Wahrnehmung des Zusammenkommens und Einanderberührens entgegengesetzter Vorstellungsinhalte aus. Das Verbinden beider Seiten zu einem Stück vollzieht sich langsam, meist ohne die bewußte Wahrnehmung des Patienten. Eines Tages realisiert der Patient dann, daß eine Verbindung stattgefunden hat und er mit sich und der Welt in Beziehung treten kann von seinem "grauen" Kern aus, der durch das Zusammensetzen von schwarzen und weißen Einheiten gebildet wurde. Selbst für einen Patienten wie Hamilton, der sowohl neurotische als auch Borderline-Merkmale hatte, war dieses neue Verbinden in seinem Inneren ein großes dramatisches Ereignis.

Der Analytiker sollte nicht allein aufgrund des oberflächlichen klinischen Bildes annehmen, daß diese Verbindung stattgefunden hat. Er muß vielmehr nach Anhaltspunkten für intrapsychische, die Integration repräsentierende Äußerungen suchen, um sicherzugehen, daß ein echter struktureller Wandel in der psychischen Organisation des Patienten stattgefunden hat. Wie

Hamilton diesen Punkt erreicht hat, wird anhand seiner Träume illustriert werden.

Die zwei Abwesenheiten des Analytikers

Dreieinhalb Jahre nach Beginn von Hamiltons Analyse ging ich für zehn Tage auf eine Überseereise. Als ich danach zurückkam und meine Arbeit mit ihm wieder aufnahm, mußte ich ihn nach etwas mehr als zwei Wochen nochmals wegen einer Reise verlassen, diesmal für drei Wochen. Ich teilte ihm die Gründe für meine Abwesenheit nicht mit, hatte ihm jedoch zuvor gesagt, daß ich zu zwei verschiedenen Gelegenheiten nicht zu seiner Verfügung stehen würde. Meine beiden Abwesenheiten waren, so kurz nacheinander, für uns beide ungewöhnlich.

Ich werde die Sitzungen zwischen unseren zwei Trennungen detailliert darstellen. Erwartungsgemäß wird der Leser in meiner Darstellung Hamiltons Reaktion auf die Trennungen erkennen können. Zum Beispiel ist im ersten Traum sein Wunsch klar, sich mit mir zu identifizieren. Solch ein Wunsch reflektiert zu allererst seinen Versuch, mit der Trennung umzugehen. Falls wir dieselbe Person wären (miteinander identifiziert), gäbe es keine Trennung zwischen uns.

Bevor ich ihn für meine erste Überseereise verließ, hatte er die Phantasie, daß ich deswegen zweimal Urlaub machen würde, um mit mehreren Frauen Affären zu haben. Wie ich ihm sagte, projizierte er in mich sein Frauen-suchendes Selbstbild. Dadurch verleugnete er die Trennung zwischen uns, da ich ihn in mir trüge, wohin auch immer ich ginge. Es gäbe dann eine in mich hinein projizierte Identifikation. Ich interpretierte ihm die Bedeutung seiner Phantasie.

Zusammenfassung von zwei Wochen

Montag: Bei der Rückkehr von meiner ersten Reise hieß mich Hamilton in unserer ersten Stunde willkommen und erzählte mir, daß er keine Ahnung hatte, wo ich gewesen war. Er glaubte jedoch, daß ich auf einer Fachtagung gewesen war. Das war eine realistische Einschätzung seinerseits. Er war froh, mich wiederzusehen. Dann berichtete er, daß er sich während der ersten zehn Tage meiner Abwesenheit relativ zufrieden gefühlt habe. Er sei in keinen Unfug verwickelt gewesen und habe, wie er im Spaß sagte, nicht einmal Anzeigen aufgegeben. Damit machte er eine Anspielung auf seine Suche nach einer Frau durch Veröffentlichung einer Bekanntschaftsanzeige in einer Zeitschrift als Reaktion auf eine Trennung von mir im ersten Jahr seiner Analyse.

Obwohl er psychisch "gesund" erschien, wunderte ich mich, daß er seinen Trenchcoat anließ, während er auf meiner Couch lag. Es war ein kühler Frühlingstag, und er war in seinem Mantel in das Zimmer gekommen. Gewöhnlich legte er seinen Mantel ab, bevor er sich auf die Couch legte.

Er sah in seinem Trenchcoat auf meiner Couch wie eine bestimmte amerikanische Cortoonfigur aus: Ein Spion, der immer mit Trenchcoat gezeichnet wurde. Mein erster Gedanke war, daß er mich ausspionieren wollte, um herauszufinden, was ich während meiner Abwesenheit getan hätte. Als ich ihn aber länger beobachtete, wuchs in mir die Überzeugung, daß er den Trenchcoat dazu benutzte, seinen Körper zu schützen. Da er den Kragen aufgestellt ließ, schützte er besonders seinen Hals. In der Vergangenheit hatte er gelegentlich an mich als den "schrecklichen Türken" gedacht, der seinen Feinden mit seinem Smitar (türkisches Schwert) den Kopf abhackt. Schließlich kam ich innerlich zu der Überzeugung, daß er, trotz seiner Freude, mich zu sehen, und trotz seiner Erzählungen, wie gut es ihm während meiner Abwesenheit gegangen war, vor mir oder etwas anderem Angst hatte. Ich beschloß, abzuwarten, um zu sehen, was sich entwickeln würde.

Dienstag: Keine Sitzung.

Mittwoch: Er legte sich ohne seinen Trenchcoat auf die Couch. An diesem Tag erzählte er mir von einem Ereignis, das während meiner Abwesenheit stattgefunden hatte. Ich habe dieses Ereignis oben schon erwähnt, werde es aber jetzt detaillierter berichten.

Er hörte, daß die Tochter seines Cousins sich von ihrem Mann getrennt hatte. Diese Frau war Ende 30 und lebte in einer entfernten Stadt. Zu dieser Zeit war die Beziehung mit Michelle beendet. Er traf sich noch mit anderen Frauen, aber seine fieberhafte Suche nach der idealen Frau war praktisch vorbei. Ich hatte für einige Zeit nichts von impulsiven Rendezvous gehört.

Während meiner Abwesenheit jedoch verspürte Hamilton den Impuls, die Tochter seines Cousins anzurufen, um ein Rendezvous auszumachen. Als er das Telefon schon in der Hand hatte, hörte er meine Stimme so, als ob sie als Teil eines nicht assimilierten Über-Ich zu ihm spräche: "Sie sollten das nicht tun!" Ich hatte ihm niemals solche Anordnungen gegeben. Er projizierte also auf die von mir in ihm existierende Objektvorstellung eine verbietende Funktion.

Er rief sie nicht an, obwohl er schon über die Auskunft ihre Telefonnummer herausgefunden hatte. Er empfand es als Erfolg, daß er sich selbst davon hatte abhalten können, und war mit sich zufrieden.

Er sagte, daß er mir trotz seines Erfolgs bei der Kontrolle seiner Impulse in der Stunde direkt nach meiner Rückkehr von diesem Vorfall nichts hatte erzählen wollen. Ich sagte ihm, daß mir am Montag aufgefallen war, daß er seinen Trenchcoat angelassen hatte, als er auf meiner Couch lag, und daß ich seinen Versuch gespürt hatte, sich vor einem "schrecklichen Türken" zu schützen. Er habe mich zu diesem Zeitpunkt also nicht nur als verbietende Instanz gesehen, sondern auch als eine Instanz, die ihn dafür bestrafen könnte, daß er noch Derivate seiner alten inzestuösen Impulse verspürte. Hamilton stimmte mir zu und meinte, mit einem Verständnis seiner inneren Vorgänge, daß die Wiederkehr seiner inzestuösen Impulse beziehungsweise seines Impulses, eine neue Frau zu finden, eine Reaktion auf unsere Trennung war.

Nach einer Pause berichtete er, daß er, im Gegensatz zu seinem Erfolg bei der Kontrolle seines Impulses gegenüber der Tochter seines Cousins, zwischen der Montag- und Mittwochstunde etwas Dummes getan, nämlich einem Impuls nachgegeben habe.

Am Dienstag war ein Bekannter in sein Büro gekommen und hatte darüber gesprochen, sein Geschäft verkaufen zu wollen. Hamilton dachte, dieses Geschäft sei, sagen wir, 110 000 Dollar wert. *Impulsiv* kaufte er für es 100 000 Dollar, ohne vorher geprüft zu haben, ob es wirklich ein guter Kauf war. In seiner Phantasie würde er 10 000 Dollar verdienen, wenn er dieses Geschäft weiterverkaufen würde. Am Nachmittag ging er dorthin, um seine Neuerwerbung zu begutachten. Dabei kam er zu dem Schluß, daß der Wiederverkaufswert dieses Geschäftes nur 90 000 Dollar wäre und er somit durch seinen impulsiven Kauf 10 000 Dollar verloren hatte.

Er war verärgert darüber, daß er dem einen Impuls hatte widerstehen können und dem anderen nicht. Er sah Ähnlichkeiten zwischen diesem Geschäft und dem Eis in seiner Deckerinnerung. Er mußte es unbedingt sofort haben, ohne darüber nachzudenken, ob es gut oder schlecht für ihn war.

Er wünschte sich, endlich nicht mehr so widersprüchlich auf Ereignisse zu reagieren, die seine Impulsivität stimulierten. Er wollte in der Lage sein, alles, was ihn in Versuchung führen könnte, impulsiv zu reagieren, erst in einer integrierten Weise zu überprüfen, um die Realität einzuschätzen, um dann dementsprechend darauf reagieren zu können.

Am Ende der Stunde erinnerte er sich daran, wie ich ihm vor nicht allzu langer Zeit von meiner Beobachtung seiner Schwierigkeiten erzählt hatte, durch Vermischen von Weiß und Schwarz *Grau* zu machen und eine *Grenze* um seine Impulse zu setzen.

Donnerstag: Anspielungen zu *Grau* und *Grenze* erschienen in seinem Traum von Mittwoch nacht. Seine Donnerstagsitzung begann er mit dem Bericht dieses Traumes.

> Er träumte von der Farm, auf der er aufgewachsen war. Ein Teil der Farm wurde von Bulldozern gerodet. Auf diesem Stück Land sollten neue Pflanzen und Bäume wachsen und Tiere leben. Die Natur sollte sich hier ungestört entwickeln können. Arbeiter stellten Messingschilder auf, um die Grenzen dieses Gebietes zu markieren. Auf den Schildern stand UVA (The University of Virginia). Der Boden dieses Gebietes war grau (in Wirklichkeit ist der Boden dort, wo die Farm war, rot).

Sobald Hamilton die Erzählung dieses Traumes beendet hatte, berichtete er einen weiteren Traum, den er auch in der vorigen Nacht gehabt hatte.

> Im zweiten Traum ergreift ein schwarzer Teenager, der als Morris, Abigails Bruder, identifiziert war, Hamiltons Hand und befiehlt ihm, sich niederzuknien. Der Teenager war stark. (In Wirklichkeit war Hamilton als Collegestudent in einem Ringerteam gewesen. Einmal hatte er einen Ringkampf mit einem Gegner, der starke Hände hatte. Der Traum erinnerte ihn speziell an diesen Ringer mit seinen starken Händen, und an genau diesen Ringkampf.) Im Traum ging Hamilton in die Knie und sein Gegner, Morris, verlangte von ihm, Fellatio bei ihm auszuüben. Hamilton empfand dies als homosexuellen Anschlag und überlegte sich ver-

schiedene Ringkampfgriffe, um sich zu entziehen. Aber er konnte den schwarzen Teenager nicht überwältigen.

Der Tagesrest des ersten Traumes - außer daß er in der Mittwochstunde von "Grau-Machen" und "Grenzen um seine Impulse setzen" gesprochen hatte - konnte in einem Gedanken gefunden werden, der ihm unmittelbar vor dem Einschlafen gekommen war: Er hatte ein neues Haus gekauft und war ungefähr ein Jahr zuvor dort eingezogen. Der Vorbesitzer hatte die meisten Wände in diesem Haus lila und die Schlafzimmerwände rosarot gestrichen. Hamilton mochte diese Farben nicht, aber machte sich nicht die Mühe, sie zu ändern, bis ich für zehn Tage verreist war. Während dieser Zeit bestellte er einige Maler, die alle Wände blaßgelb strichen. Als er Mittwoch nacht zu Bett ging, bemerkte er, daß die neue Farbe der Schlafzimmerwände, die die rosarote Farbe überdeckte, nicht gelb, sondern *grau* aussah. Er erinnerte sich dann an unser Gespräch, in dem ich *Graumachen* mit der Fähigkeit zur psychischen Integration gleichgesetzt hatte. Er erinnerte sich auch an einen Traum, den er mir vor einem Jahr erzählt hatte. In diesem Traum war er im College und ein Mitglied der *Ringer*mannschaft. Er trug jedoch rosa Shorts, die ihn weibisch aussehen ließen. Bevor er einschlief, dachte er, daß Graumachen nicht nur einen Versuch zur Integration bedeuten würde, sondern auch den Versuch, männlich zu werden (die Änderung der rosaroten in graue Farbe).

In seinem ersten Traum repräsentierten die Buchstaben UVA mich, ich bin Professor an der Universität von Virginia und führte seine Analyse in einem Gebäude der Universität durch. Die Schilder waren aus Messing. Seine Assoziationen führten zu einem früheren Traum, den er sechs Monate zuvor berichtet hatte. Damals setzte er sich mit Themen der phallischen Phase auseinander. Diese überlagerten zu jenem Zeitpunkt dic oralen und analen Elemente der Suche nach der perfekten Frau und der Notwendigkeit, mehrere Frauen zur Verfügung zu haben. In diesem Traum hatte er einen römischen Fahnenträger aus Messing gesehen. Er war in zwei Teile zerbrochen. Dieser Fahnenträger repräsentierte vor allem sein idealisiertes, narzißtisches Selbst, da Messing (amerikanisch: brass) für "The Big Brass", "hohes Tier", vor allem beim Militär (Rangabzeichen und Orden sind aus Messing gemacht), das heißt für eine wichtige und mächtige Person stand. Der obere Teil dieses Fahnenträgers hatte viele schlangenförmige Vorwölbungen. Der zerbrochene Fahnenträger symbolisierte seine Furcht vor Kastration, seine Furcht, nicht so groß zu sein wie sein Bruder oder sein Vater. Die vielen Schlangen waren seine Kompensation. Falls er mehrere Penisse hätte (und entsprechend mehrere Frauen), könnte er sich gegen die Kastrationsangst zur Wehr setzen.

Im jetzigen Traum war ich "The Big Brass", "das hohe Tier". Die Kindheitsomnipotenz war in das Vater / Analytiker-Bild hineinprojiziert. Der Traum zeigt, wie er mich zum Ort seiner Kindheit mitnimmt (Identifikation mit einem starken ödipalen Vater), wo ich einen Teil seines psychischen Raumes urbar mache und dafür sorge, daß dieser Raum sich zu einem integrierten (grauen) Ort für neues Leben (Ich und Über-Ich) entwickeln kann.

Hamilton fügte, mit Einsicht in die inneren Vorgänge, hinzu, daß seine Analyse (Identifikation mit meinen Funktionen) ihn befähigt hatte, "Nein" zu sagen zu seinem Impuls gegenüber der Tochter seines Cousins.

Dann gab er noch mehr Details zu seinem ersten Traum. Er stellte fest, daß die graue Farbe des Erdbodens *keine* beruhigende Farbe war. Es erinnerte ihn an das Grau von Naziuniformen.

An diesem Punkt sagte ich zu ihm, daß sein Wunsch, mich in sich hineinzunehmen, damit ich ihm "beibringe", wie Grau gemacht und Grenzen gesetzt werden können, von ihm möglicherweise aufgrund seiner Kindheitserlebnisse mit seinem Vater mit einiger Angst wahrgenommen wird. Ich erinnerte ihn daran, wie er sich mit seinem Vater hatte identifizieren wollen, sein Vater ihn aber psychisch "verkorkste", als er ihn, um ihn zu schlagen, zwischen die Beine klemmte und ihn erniedrigte. Ich sagte weiter, daß er mein In-ihn-Hineinkommen (sein Aufstellen von UVA-Schildern um sein neu sich entwickelndes psychisches Gebiet und Morris' Samen, der in ihn hineinkam) eventuell als etwas wahrnehme, was den Interaktionen mit dem Vater während der Kindheit ähnelte. Er wünschte sich, die starken Männer in sich aufzunehmen, um ihre Stärke zu übernehmen, gleichzeitig fürchtete er die Unterwerfung unter sie (homosexuelle Position). Ich fuhr fort, daß ich davon überzeugt sei, daß - in seiner kindlichen Vorstellung - sein Vater ihn symbolisch und brutal vergewaltigt hatte. Seinen Vater hatte er dabei sehr aggressiv erlebt, und während er ihm hilflos ausgeliefert war, entwickelte Hamilton seinerseits Wut und Aggression gegen ihn. Ich erklärte ihm, daß seine Aggression gegenüber seinem Vater, und jetzt mir gegenüber, mich wirklich "schwarz" und unheimlich machte. Obwohl er mich stark und hilfreich wünschte, damit ich ihm als Modell zur Identifikation dienen könnte, vermochte er mich nicht als beruhigendes Grau zu sehen, sondern als Nazigrau. Ich bedeutete ihm, daß dementsprechend sein sich entwickelndes graues Gebiet noch nicht beruhigend war. Wir mußten die Aggression, die sich in der Interaktion zwischen uns abbildete, noch besser verstehen lernen. Ich spürte, daß Hamilton mich hören und verstehen konnte.

In den letzten Monaten hatte er sich für Hitler interessiert und hatte einige Bücher über ihn gelesen, um seine Ängste vor einer brutalen Vatervorstellung zu meistern. Ich gab eine Widerstandsinterpretation, daß er solange, wie er mich Hitler oder seinem "bösen" Vater ähneln ließ, Schwierigkeiten haben würde, mich effektiv in sich aufzunehmen und das Verständnis für seine inneren Vorgänge, das unsere gemeinsame Arbeit ihm lieferte, in sich zu behalten.

Freitag: Hamilton assoziierte weiter zu seinen Träumen. In seinem Haus gab es ein rosafarbenes Toilettenbecken, das einen Sprung hatte. Statt die Toilette zu erneuern, rief er am Tag, bevor er die zwei Träume hatte, einen *Zahnarzt* an, da er sich vorstellte, daß ein Zahnarzt, der gesprungene Zähne repariert, vielleicht auch wüßte, wie eine gesprungene Toilette repariert werden kann. Als er das tat, war ihm die symbolische Bedeutung des Zahnarztes oder die Bedeutung von Toiletten in seiner Kindheit nicht bewußt.

Zuerst meinte der Zahnarzt, es sei eine sehr merkwürdige Idee, ihn zu bitten, eine gesprungene Toilette zu reparieren. Im Laufe des Tages erschien er jedoch mit einem Spezialklebstoff, um den Sprung zu reparieren. Hamilton war von der Freundlichkeit des Zahnarztes überwältigt.

Wir sprachen darüber, wie er aus einem angsteinflößenden, bohrenden, kastrierenden, bedrohlichem Vaterbild ein fürsorgliches und freundliches Vaterbild gemacht hatte. Wenn die Vorstellung seines Vaters/Analytikers integrierter würde und weniger mit Aggression beladen wäre, so würde auch sein Grau beruhigender werden.

Ein Patient wie Hamilton, der unfähig ist, präödipale Objektvorstellungen zu integrieren, kann auch die Vatervorstellung nicht integrieren, wenn er die ödipale Ebene erreicht. Erst in der Analyse können seine Vorstellungen vom Vater und die dazugehörenden Über-Ich-Identifikationen dadurch integriert werden, daß der Patient sich mit den integrativen Ich-Funktionen des Analytikers identifiziert.

Zweiter Montag: Hamilton eröffnet die Stunde mit einem neuen Traum, in dem er das Farmhaus seiner Kindheit gesehen hatte, das, wie in Wirklichkeit auch, drei Stockwerke hatte. Der Dachboden sah jedoch viel größer aus, als er in Wirklichkeit gewesen war.

Mein Patient wußte, daß auch dieser Traum von seinen Versuchen handelte, seine innere psychische Struktur zu ändern. In der Realität wurden die Briefe früherer Generationen auf dem Dachboden aufbewahrt. Er erinnerte sich, daß seine Mutter ihn, als er noch ein Kind war, immer, wenn sie etwas aufheben wollte, gebeten hatte, diese oder jene mit Familienandenken gefüllte Schachtel auf den Dachboden zu bringen. Der Dachboden bedeutete einen Aufbewahrungsort von Familiengeschichten, den "guten" und den "schlechten".

Seine beiden Eltern kamen aus bekannten, vornehmen Familien, aber die Familie hatte auch "schlechte" Geheimnisse (das Auspeitschen zum Beispiel, die Forderung nach perfektem Stuhlgang, das Erhalten und Verabreichen von Einläufen). Hamilton erinnerte sich daran, wie er einmal eine seiner jüngeren Schwestern mit auf den Dachboden genommen und sie dort ausgezogen hatte. Die Familiengeheimnisse schlossen also auch Inzest mit ein.

In diesem Traum war er darüber besorgt, daß die Decke des Dachbodens schwach sein könnte. Ihre Konstruktion war nicht stabil, während er sich sicher war, daß das Haus insgesamt solide gebaut war. Ich dachte mir, daß der Dachboden, metapsychologisch gesehen, sein Über-Ich darstellte, das nicht nur vergrößert, sondern auch gefestigt und gutartig gemacht werden mußte.

Zweiter Dienstag: Keine Sitzung.

Zweiter Mittwoch: Am vorhergehenden Wochenende hatte Hamilton auf einer Einladung eine Deutsche getroffen. Er fragte sie, ob sie irgend etwas über Dr. Schreber und die Schrebergärten wüßte. Er war enttäuscht, als er erfuhr, daß diese Frau niemals etwas von Dr. Schreber oder dessen Sohn gehört hatte. Ich wußte ebenso wie er, daß er nach Informationen aus der äußeren Welt suchte, um seine innere Welt besser kennenzulernen und verstehen zu können.

Das Zusammentreffen mit der Deutschen brachte ihn auf die

Idee, daß ich während meiner bevorstehenden dreiwöchigen Abwesenheit nach Deutschland oder in die Türkei reisen könnte. Er entschied sich dafür, daß ich in die Türkei gehen würde. Würde ich danach noch derselbe sein, wenn ich aus der Türkei zurückkommen würde?

Er begann, von meinen "zwei Seiten" zu sprechen. Einerseits war ich anständig und immer freundlich zu ihm. Andererseits hatte er aber auch ein Bild von mir als barbarischem Türken mit einem Türkensäbel. Während der ersten Jahre seiner Analyse hatte er gelegentlich eine seiner Hände hinter seinen Nacken gelegt, um zu verhindern, daß ich ihm den Kopf abschlagen könnte. Dabei träumte er gelegentlich davon, daß wiederum er meinen Körper wie Shish-kebab (türkisches Nationalgericht) auf offenem Feuer grillen könnte.

Ich sagte ihm, daß er möglicherweise Angst davor habe, ich könnte, falls ich während der drei Wochen in die Türkei führe, die Aggression übernommen haben und als ein Barbar zurückkommen, der ihn bis aufs Blut auspeitschen würde. Er lachte nervös, konnte aber sagen: "Ich versuche, auch Sie zu integrieren!" Er erinnerte sich daran, daß einer seiner Söhne ihm einmal von einem riesigen *offenen Markt* in der Türkei erzählt und hinzugefügt habe: "Dort gibt es alle möglichen Sachen. Es würde dir dort gefallen, Vater."

Zweiter Donnerstag: Er eröffnete die Sitzung, indem er mir von seinem Gefühl erzählte, jetzt besser festhalten zu können, was er in der Analyse gelernt hatte. Tags zuvor hatte er einen seiner Söhne zu Hause besucht und einen schönen Abend mit seinen Enkelkindern verbracht. Sie schienen gesund und sehr glücklich zu sein. Ihm kam der Gedanke, daß er seine Kinder besser aufgezogen habe, als es seine Eltern mit ihm getan hatten. Er habe sie nie geschlagen. Ihrerseits hätten seine Söhne seine Enkelkinder doch noch besser aufgezogen. Er war stolz auf seine Enkelkinder. Dann berichtete er den folgenden Traum:

> Ich fuhr im Auto zu einem Platz, einem großen Feld. Eine Frau begleitete mich. Um dorthin zu kommen, mußten wir durch einen *offenen Markt* fahren. Dieser Markt gehörte zu einem Dorf, das von schwarzen Leuten bewohnt wurde. Sie verkauften viele verschiedene Dinge, einschließlich Bananen.
>
> Ich sah Harold Nelson. Er saß in einem Westernsattel auf

einem Pferd. Sein Fuß hatte sich im Sattel verfangen. Ich sagte zu ihm: 'Sie wissen nicht, wie man ein Pferd reitet. Steigen Sie ab und lassen Sie mich aufsitzen.'
Die Szene änderte sich: Ich war in dem Gebiet, zu dem ich aufgebrochen war. Ich wußte, daß es ein Ort nahe meiner Heimatstadt war, der "Hirschgabelung" genannt wurde. Auf diesem Gelände stand ein Haus, das mir armselig erschien.

Harold Nelson war der Bekannte, der neun Tage zuvor Hamiltons Büro aufgesucht hatte und von dem mein Patient ein Geschäft für 100 000 Dollar gekauft hatte, nur um später festzustellen, daß er durch seine impulsive Handlung 10 000 Dollar verloren hatte.

Ein anderer Tagesrest des Traumes: Hamilton besuchte einen Ball, der zugunsten der Schönen Künste veranstaltet worden war. Als er das Gebäude betrat, fiel ihm am Eingang eine schwarze Frau auf, die die Einladungen einsammelte. Diese Frau war mit einem weißen Geschäftsmann verheiratet; Hamilton hatte sie früher schon einmal auf einer anderen Einladung getroffen.

Hamilton forderte diese Frau zum Tanz auf. Während sie tanzten, kam ihm der Gedanke, was wohl die anderen weißen Leute darüber denken würden, daß er mit einer schwarzen Frau tanzte. Er wurde ängstlich und suchte nach dem Grund dafür. Er erinnerte sich daran, daß er nach dem Tod seiner Frau mit seinem Vater und seiner älteren Schwester gemeinsam für eine Woche nach Jamaica geflogen war, wo sie zu dritt ein Haus gemietet hatten. Er besuchte dort einen offenen Markt, auf dem schwarze Leute Bananen verkauften. Eine schwarze Frau kochte für sie. In einer Nacht tanzte er mit der Köchin.

Noch während er realisierte, daß seine Angst durch die Verschiebung von Abigails Bild auf seine Tanzpartnerin verursacht wurde, fiel ihm ein, daß seine Eltern, als er klein war, seine Zuneigung zu Abigail nicht kannten oder schätzten, als sie sie entließen. Ich kam ihm in den Sinn. Er wußte, daß ich seine Zuneigung und Liebe zu Abigail verstand. Da er meine Zustimmung zu seiner Zuneigung und Liebe für Abigail internalisiert hatte, fühlte er sich frei, mit der schwarzen Frau zu tanzen. Seine Angst *verschwand*.

Hamilton gab weitere Assoziationen zu diesem Traum und erzählte mir, daß die Frau, die ihn zu dem Ort begleitete, *ich* war, eine *neue* Mutter repräsentierend. Sein Sohn hatte über einen offenen Markt in der Türkei erzählt, über den sich im Traum der Markt in Jamaica gelagert hatte. Das Bild des von Schwarzen betriebenen offenen Marktes im Traum beinhaltete die Bilder der neuen Mutter, des türkischen Analytikers und der "guten" Abigail. Bananen standen für Brüste. Als Kind nannte er die Brüste seiner Mutter "Nanas". Indem er eine neue Art von Nahrung vom freigiebigen Analytiker, der "guten" Abigail, der "guten" Mutter bekam, konnte Hamilton zu seinen Impulsen "Nein" sagen, die durch seinen Bekannten, Harold Nelson (impulsiver Kauf), und die Reise zur "Hirschgabelung" repräsentiert wurden. Hamilton beschrieb diesen Ort, wo sich ein Weg teilt und eine Gabel bildete. Der amerikanische Dichter Robert Frost kam ihm in den Sinn. Eines seiner bekanntesten Gedichte handelt von einer Weggabelung. Wenn man an eine Weggabelung kommt, muß man wählen. Man kann sich dafür entscheiden, auf wohlbekannten Wegen zu reisen, seine Rituale wiederholend. Aber das Gedicht von Robert Frost, auf das sich mein Patient bezog, macht Mut, den weniger befahrenen Weg zu wählen. Hamilton sagte, er sei in seinem Traum dabei, den neuen Weg zu wählen, der ihn zu dem Ort brachte, wo das Haus stand. Es repräsentierte seinen neuen psychischen Kern, einen integrierten Kern, auch wenn er noch kärglich und noch nicht voll entwickelt war.

An diesem Punkt seiner freien Assoziationen erinnerte sich Hamilton daran, daß es noch etwas in dem Traum gegeben habe. *Hinter* dem kärglichen Haus "saß noch ein Haus". Die Person in diesem zweiten Haus hatte die Aufgabe, über das kärgliche Haus zu wachen, so daß niemand etwas von dem, was darin war, stehlen konnte.

Ich erinnerte ihn daran, daß ich bei der Analyse hinter ihm saß.

Die Depression der Mutter wird rekonstruiert

Unsere letzte Sitzung, bevor ich ihn für drei Wochen verließ, war eine der wichtigsten Sitzungen seiner gesamten Analyse. In dieser Stunde verstanden wir, weshalb Hamiltons Mutter während seiner Kindheit depressiv wurde. Ihre Depression hatte eine Schlüsselrolle dabei gespielt, daß er auf der Borderline-Ebene stehengeblieben war.

Zweiter Freitag: Hamilton eröffnete die Stunde mit einem Traum:

> Ich hatte einen sonderbaren Traum. Er bestand aus zwei Worten: *Zahlen* und *Bewahren*. Dann sah ich Zahlen von eins bis sechs. Aber eine der Zahlen fehlte. Es war die Nummer drei. Die drei war ausgelassen. Die drei fehlte.

Der Tagesrest dieses Traumes konnte gefunden werden: An dem Abend, als er diesen Traum hatte, war er zu einer Dinner-Party eingeladen, die von einer seiner Freundinnen gegeben wurde. Er kannte diese Frau seit vielen Jahren, und gelegentlich hatten sie auch sexuelle Beziehungen. Nachdem er und Michelle sich getrennt hatten, traf Hamilton sich oft mit dieser Frau, die Margaret hieß. Er versuchte weder, sie zu idealisieren, noch, sie zu entwerten. Außerdem war es für ihn nicht mehr unbedingt notwendig, nachts nicht allein zu sein oder jede Nacht mit einer anderen Frau zu verbringen. Gelegentlich ging er auch mit anderen Frauen aus. Insgesamt aber fühlte er sich mit Margaret wohl.

An diesem Abend war in Margarets Haus außer ihm und Margaret ein Paar und ein einzelner Mann. Fünf Personen saßen um den Eßtisch, an dem es *sechs* Stühle gab. Hamilton und der andere einzelne Mann saßen an den kurzen Seiten des rechteckigen Tisches, das Paar saß an einer der beiden langen Seiten und Margaret auf der anderen langen Seite, wo ein Stuhl leer blieb. Es hatte den Anschein, als ob eine Person am Tisch fehlte.

Die Drei fehlt stand auch für den Analytiker, der für drei Wochen fehlen würde. Hamilton spürte jedoch, daß der fehlende Analytiker für etwas Wichtigeres stand. Er bemerkte plötzlich, daß ihm bis jetzt, 3 1/2 Jahre nach Beginn seiner Analyse, nie eingefallen war, mir über ein fehlendes Geschwister zu erzählen.

Ich erfuhr jetzt, zum ersten Mal, daß seine Eltern *sechs* Kinder gehabt hatten. Das älteste Kind, ein Mädchen, starb während des ersten Lebensjahres an Lungenentzündung. Nur fünf Geschwister überlebten. Während und nach unseren diagnostischen Interviews sprach Hamilton immer davon, einer von fünf Geschwistern gewesen zu sein.

Er war das dritte der überlebenden Kinder. Er erinnerte sich nun lebhaft daran, wie ihn das Bild seiner toten Schwester umgeben hatte, als er ein Kind gewesen war. Über ihren Tod wurde als "die Tragödie" gesprochen. In seiner Kindheit hörte er viele Anspielungen auf "die Tragödie".

Zuerst konnte er sich nicht an den Namen der toten Schwester erinnern. Als ihm endlich ihr Name eingefallen war, kamen weitere Erinnerungen an die Depression der Mutter und ihren Rückzug in ihr Schlafzimmer.

Er verstand, daß das Wort Bewahren sich auf die Erinnerung an das tote Kind in der Vorstellung seiner Mutter bezog. Er war sich sicher, daß seine Mutter nach der Geburt ihrer zwei letzten Töchter an einer Wochenbett-Depression gelitten hatte, und daß diese Depression von der schuldbeladenen, nicht abgeschlossenen komplizierten Trauer über den Tod ihres ersten Kindes kam. Die Mutter des kleinen Hamilton war mit Sicherheit depressiv, als sie auf die neue Farm umzogen und er Abigail verloren hatte. Etwa zur selben Zeit, als er Abigail verlor, starb seine Großmutter mütterlicherseits. Es ist höchstwahrscheinlich, daß der Verlust der eigenen Mutter in Hamiltons Mutter nochmals die Erinnerungen an den Verlust ihres ersten Kindes wachrief. Seine depressive Mutter konnte dem kleinen Hamilton nicht bei *seiner* Depression helfen.

Während des ersten Jahres seiner Analyse hatte Hamilton die Geschichte einer trauernden Farmerfamilie aus der Nachbarschaft erzählt. Ihre Tochter war im Teenageralter gestorben, als mein Patient noch ein Kind war. Die Eltern hatten ihr Kind nach dessen Tod photographiert und das Bild im Wohnzimmer aufgehängt. Der kleine Hamilton war von dem Bild des toten Mädchens fasziniert und schaute es intensiv an, wenn er diese Nachbarn besuchte. Er wußte, daß das Photo nach dem Tod aufgenommen worden war, auf dem Bild sah das Mädchen jedoch so aus, als ob es noch lebte.

Etwa sechs Monate nach dem Tod des jungen Mädchens vermißten ihre Eltern es so sehr, daß sie ihr Grab öffneten, um sie noch einmal zu sehen und sich von ihr zu verabschieden. Was sie erblickten, entsetzte sie, und sie begruben den Leichnam schnell wieder. Auch diese Geschichte faszinierte den kleinen Hamilton, und er berichtete sie mir bei verschiedenen Gelegenheiten.

Jetzt realisierte Hamilton, daß er seine eigene Geschichte und die Geschichte seiner Familie in der Geschichte über die Nachbarn versteckt hatte. Wenn er auch kein Ersatzkind war, so hatte doch das aufbewahrte Bild eines toten Geschwisters eine Rolle dabei gespielt, daß er sich aus Abwehrzwecken ein idealisiertes Bild seiner Mutter/Abigail erschaffen hatte, das vom Bild seiner depressiven Mutter getrennt gehalten wurde. Er verstand nun, daß sein Bedürfnis, sich das Bild der idealen Frau zu erhalten und ständig danach zu suchen, ein Abwehrmanöver zur Verleugnung seiner Erfahrungen mit seiner depressiven Mutter war. Dieses Verständnis erlaubte ihm, die Vorstellungen seiner Mutter und von Frauen im allgemeinen noch weiter zu integrieren. Aufgrund dieser Integration konnte er die Realität besser überprüfen. Er realisierte jetzt, daß er *nicht* das besondere Kind war, das auf dem Bild der Madonna (Mutter) mit dem Kind zu sehen war, das im elterlichen Schlafzimmer gehangen hatte. Es war ein Bild seiner Mutter mit einem anderen Kind, höchstwahrscheinlich der Schwester, die gestorben war.

Analität in der Übertragung

Wir haben schon beschrieben, wie Hamilton die Analität bei seinem Versuch einsetzte, globale Kontrolle über seine internalisierten Objektbeziehungen auszuüben. Daneben verwendete er die Analität sowohl bei der Bewältigung der Aufgabe, bestimmte libidinöse und aggressive Wünsche auszudrücken, als auch bei der Abwehr dieser Wünsche. Wir haben seine Analität als eine Arena beschrieben, in der wir das Zusammenspiel von Objektbeziehungskonflikten und strukturellen Konflikten untersuchen können. Dieses Kapitel wird davon handeln, wie Hamiltons Analität in unseren Sitzungen, in der Übertragung und in seinen Träumen erschien.

Einschlafen

Während der ersten beiden Jahre seiner Analyse schlief Hamilton sehr oft auf meiner Couch ein. Gelegentlich schnarchte er und schien tief zu schlafen. Dieses eigenartige Phänomen wurde seltener, als seine Analyse Fortschritte machte. Nachdem die damit zusammenhängenden unbewußten Phantasien analysiert worden waren, hörte es langsam auf. Es gab jedoch selbst im letzten Jahr seiner Analyse Gelegenheiten, bei denen er sagte: "O, jetzt fühle ich mich schläfrig!", oder bei denen er tatsächlich für einige Sekunden "einschlief". In dieser Phase seiner Behandlung analysierte er dann die Gründe für das Wiederauftauchen seiner alten Reaktion.

Anfangs griff ich nicht ein, wenn er auf meiner Couch einschlief. Manchmal schlief er fünf Minuten, manchmal auch eine halbe Stunde. Währenddessen hörte ich auf meine eigenen inneren Stimmen und untersuchte meine eigenen emotionalen Reaktionen, um die Bedeutung seines Einschlafens zu verstehen. Es gab verschiedene Arten von Schlaf. Bei der ersten Art hatte ich das Gefühl, daß er mein Baby war, möglicherweise mein einziges Baby; er fühlte sich wohl genug, um in meinen Armen einzuschlafen. Diese Art von Schlaf war jedoch eher selten. Bei der zweiten Art, die am häufigsten vorkam, floh er vor Ängsten, die aus Konflikten stammten, die aus jeder der psychosexuellen Phasen kommen konnten. Er spielte Opossum (dies ist ein in den USA häufig vorkommendes Tier, das sich bei Gefahr totstellt) und löschte sich selbst, mich, die äußere Welt und den Konflikt aus, um der Angst zu entgehen.

Eine dritte Art des Schlafens, die eng mit der zweiten Art zusammenhing, war mit einer unbewußten Phantasie verbunden, die aus seinem analen Sadismus stammte.

Als er das erste Mal einschlief, war ich in der Übertragung der "Postkasten", der Bauch seiner Mutter. Er nahm mich, in einer abgespaltenen Art, als die "gute" Mutter wahr. Als er aufwachte, beschrieb er farbenprächtige Ballons, die auf ihn zukamen und in seinen Mund hineinflogen. Die farbigen Ballons standen für "gute" Brüste. Er beschrieb ein typisches *Isokower-Phänomen* (ISOKOWER 1938).

Meistens wurde ich jedoch, wenn er einschlief, als "schlechte" Objektvorstellung erlebt. Durch das Einschlafen kontrollierte er seine Beziehungen mit den "schlechten" Objektvorstellungen. Jedesmal, wenn er sich symbolisch oder direkt an Ereignisse seiner Kindheit erinnerte, bei denen er sich hilflos gefühlt hatte, schlief er wieder ein. Zum Beispiel sprach er eines Tages über seinen Anwalt, der ihm offenbar eine sehr hohe Summe für die Abwicklung des Scheidungsverfahrens in Rechnung gestellt hatte. Er wollte seinem Anwalt sagen, daß dieser, nach Hamiltons Meinung, aufgrund seines Arbeitsaufwandes keinen Anspruch auf so viel Geld hätte.

> *Hamilton:* Ich will meinem Anwalt nicht zu viel Geld geben. Aber ich kann seine Gefühle nicht verletzen. Er könnte mich ablehnen. Ich weiß, es ist irrational, aber er könnte mir schaden, falls ich ihm das Geld nicht gebe.
>
> *Analytiker:* (*Ich dachte an Hamiltons Kindheit, in der er "perfekten" Kot produzieren mußte, um Anerkennung zu bekommen*): Sie sprechen so, als ob Sie dazu verdammt seien, das Geld zu produzieren, um seinen (des Anwaltes) Schutz zu bekommen.
>
> *Hamilton:* Ja, ja, um mich davor zu schützen, ausgepeitscht zu werden. (Hier verfiel Hamilton in einen tiefen Schlaf).

Als seine Analyse voranging, griff ich ein, wenn er längere Zeit schlief. Nachdem ich einige Zeit gewartet hatte, sprach ich laut zu ihm und bat ihn, aufzuwachen. Ich schlug ihm vor, herauszubekommen zu wollen, was ihn hatte einschlafen lassen. Manchmal war das eine schwierige Aufgabe. Er berichtete zum Beispiel, daß er sich wie in einer schwarzen Wolke fühlte und nicht in der Lage sei, ganz wach zu sein.

Er begann nun, nachdem er auf meiner Couch aufwachte, mir von den Bildern zu erzählen, die er unmittelbar vor dem Einschlafen sah, und von seinen Träumen während seines Schlafes.

Dadurch verstand ich seine unbewußte Phantasie, die mit seinem analen Sadismus im Zusammenhang stand. Ich will jedoch zunächst eines dieser Bilder beschreiben, bevor ich von der unbewußten Phantasie berichte. Die Geschichte illustriert, wie das Einschlafen ein Fluchtversuch vor einer Gefahr war, vor einem Vergeltungsschlag. Wichtig zu beachten ist hier, daß das Bild und die Geschichte, die dazu gehört, mit der Kastrationsangst zusammenhängt. Hamiltons Methode, mit dieser Angst umzugehen, war jedoch ein primitiver Mechanismus der massiven Verleugnung. Indem er einschlief, floh er in eine Nicht-Beziehung mit der "bösen" Objektvorstellung. Nur das Bild, an das er sich nach dem Schlaf erinnerte, gab einen Hinweis auf die von ihm erwartete Gefahr.

Die Sitzung fand zwei Jahre und einen Monat nach Beginn seiner Analyse statt, nachdem eine Stunde wegen Thanksgiving Day ausgefallen war. Thanksgiving Day wird auch "Turkey Day" (Truthahntag) genannt, da man traditionell zur Feier dieses Tages Truthahn ißt. Im Englischen werden die beiden Worte Truthahn (Turkey) und Türkei (Turkey), das Land, aus dem der Analytiker stammt, gleich geschrieben und ausgesprochen.

Hamilton eröffnete die Sitzung mit einer Bemerkung über das kalte Wetter. Als er auf der Couch Platz nahm (*mit* seinen Schuhen), legte er sich den kleinen Teppich, den ich am Ende meiner Couch für die Schuhe der Patienten habe, über seine Beine. Da es draußen kalt war, wollte er sich warm halten.

Nachdem er berichtet hatte, daß Michelle ein festliches Abendessen mit Truthahn für ihn und einige Mitglieder seiner Familie gegeben hatte, spielte er weiter mit dem kleinen Teppich herum. Ich hatte das Gefühl, als ob er nach einem reichlichen Abendessen ins Bett gegangen wäre und versuchte, sich zuzudecken. Ich erinnerte mich daran, daß er mit seinem Bruder im selben Bett geschlafen hatte, bis er 14 Jahre alt war. Ich behielt meine Gedanken für mich und beobachtete ihn nur und hörte zu.

Ihm kam plötzlich ein "verrückter Gedanke": Daß ich auf meinem "Sofa" eine Frau namens Mary "gevögelt" hätte. Statt "Couch" benützte er das Wort "Sofa". Ich dachte bei mir, daß er die unbewußte Sexualität zwischen ihm und seinem Bruder auf mich und Mary projizierte. Er hatte Mary am Tag zuvor getroffen. Er hatte plötzlich, als er mit ihr sprach, gemerkt, daß sie mich möglicherweise kennen könnte. Er hatte die Phantasie, daß Mary meine Analysandin sei.

Dann wechselte er das Thema und sprach von jemandem, der sich mit einer Geschlechtskrankheit angesteckt hatte. Er fragte sich, ob dieser Mann wohl homosexuell sei.

Ich sagte ihm, daß ich den Eindruck hätte, als ob er nach einem großen Truthahnessen ins Bett ginge, und daß sein mich (Turkey) In-sich-Hineinnehmen in seiner Vorstellung mit Homosexualität verbunden sein könnte. Ich wies ihn auch darauf hin, daß es sein Bruder gewesen war, der ihn bei kaltem Wetter mit einer Decke zugedeckt hatte. Schließlich ermunterte ich ihn, sich damit zu befassen, ob seine Bemerkungen über Sexualität auf meinem "Sofa" eventuell einen Zusammenhang haben könnten mit inakzeptablen, unbewußten Gedanken über das Schlafen mit seinem Bruder.

An diesem Punkt schlief er ein, ohne auf meine Bemerkungen geantwortet zu haben. Nach einer Weile weckte ich ihn auf. Er erzählte mir, daß er ein Bild gehabt hatte, bevor er eingeschlafen war. Das Bild bestand aus einem Korb mit Truthahneiern.

Jetzt, da er wach war, konnte er dazu Assoziationen geben. Seine Großmutter hatte Truthähne aufgezogen. Kleine Truthähne schlüpften aus den Eiern aus. Wenn die Vögel ausgewachsen waren, wurden ihnen die Kehlen aufgeschlitzt. Dann wurden die Truthähne am Hals an einem Seil aufgehängt, bevor sie zur nächsten Stadt zum Verkauf versandt wurden.

In Hamiltons Vorstellung wurde die Großmutter zur Kastriererin. Sie würde ihm den Kopf abschneiden, wenn er unakzeptable, homosexuelle Gedanken hätte. Aber da Truthahn (Turkey) auch mich repräsentierte, war sein Wunsch offensichtlich, mir das anzutun, was ihm angetan worden war.

Er berichtete, daß er das Bild von den aufgehängten Truthähnen sehr deutlich vor sich gesehen hatte. Überall war Blut. Er fürchtete sich. Die langen Hälse der Truthähne sahen aus wie Penisse (an diesem Punkt steckte er seine Hand unter den Gürtel und in die Hose, um zu sehen, ob sein Penis noch intakt war).

Er verstand nun eine andere Bedeutung seines ersten Traumes in der Analyse, in dem ein schwarzer Mann am Hals aufgehängt war. Das Bild dieses ersten Traumes stand auch für die am Hals aufgehängten Truthähne.

Das Beispiel eines Bildes, das er unmittelbar vor dem Einschlafen auf meiner Couch sah, lieferte Informationen und Einsichten, die uns halfen, in der nächsten Stunde weiter daran zu arbeiten, was es für ihn bedeutet hatte, gemeinsam mit seinem älteren Bruder in einem Bett zu schlafen.

Oft berichtete er jedoch, wenn er bei mir eingeschlafen war, von vielen Bildern oder auch von vielen Träumen. Langsam begann ich zu spüren und darauf zu reagieren, wofür diese Bilder standen. Sie waren fragmentiert. Er konnte keine nützlichen Informationen zu ihnen geben. Sie waren wie "Teil-Objekte", die durch die Luft flogen, nachdem sie durch eine Dynamitladung gesprengt worden waren. Ich kam zu der Überzeugung, daß sie einen gewaltigen Stuhlgang darstellten, durch den ich über und über mit kleinen Kotstücken bedeckt wurde - wodurch ich oder irgend etwas Gefährliches auf Distanz gehalten werden sollte - oder durch den ich auch im Kot ersticken und umkommen sollte. Ich sah dann immer das Bild vor mir, wie er vor der Badezimmertür wartete, bis er an der Reihe war, hineinzugehen, um seine Erniedrigung und Strafe zu erhalten. Ich fühlte seine Hilflosigkeit. Er konnte nichts anderes gegen seinen sadistischen Vater tun als sich vorzustellen, ihn mit seinem analen Sadismus in die Luft zu sprengen.

Die folgenden Stunden illustrieren, wie er die Bedeutung seiner vielen Bilder und Träume erkennt. Das Wichtige war dabei nicht die Bedeutung jedes einzelnen Teils, sondern die Funktion, die alle Teile von Bildern und Träumen zusammengenommen hatten und die wie mächtiger Durchfall aus ihm herauskamen. Mit der Zeit verstand ich, daß er, wenn sein Vater ihn schlug, die unbewußte Phantasie hatte, seinen Vater dadurch loszuwerden, daß er ihn mit seinem Kot vernichtete.

Im vierten Jahr seiner Analyse begann Hamilton, Assoziationen zu seinen fragmentierten Bildern und Träumen zu geben. Er war fasziniert von den deutschen Unterseebooten im zweiten Weltkrieg. Er erzählte mir, daß für die Marine der Vereinigten Staaten die feindlichen Unterseeboote ein blinder Fleck gewesen waren. Die Marine hatte nicht erwartet, daß die Unterseeboote großen Schaden und Zerstörung anrichten könnten. Dabei töteten sie 8000 amerikanische Matrosen. Die Matrosen waren "sitzende Tauben" gewesen. (Im Amerikanischen gibt es den Ausdruck "sitzende Enten", der so viel bedeutet wie: Enten, die am Boden sitzen und aufgrund ihrer Hilflosigkeit in dieser Situation leicht geschossen werden können. Der Ausdruck "sitzende Tauben" hat dieselbe Bedeutung, ist jedoch weniger gebräuchlich.)

Er hätte auch einen anderen Ausdruck wählen können, um die Situation der Matrosen zu beschreiben. Ich fragte mich, weshalb er wohl genau diesen Ausdruck verwendet hatte. Deswegen erkundigte ich mich, ob der Ausdruck "sitzende Tauben" irgendeine Erinnerung in ihm wachrief. Er beschrieb den Hof der Farm, auf der er aufgewachsen war. Es gab dort viele Tauben, und der kleine Hamilton versuchte oft, sie zu fangen.

Plötzlich erinnerte er sich an das, was die Tauben fallen ließen, und an den Gestank. "Ich war die sitzende Taube auf dem Topf beim Versuch, Stuhlgang zu haben. Ich war die sitzende Taube im Badezimmer, wenn mein Vater mich schlug".

Er schlief ein, aber wachte nach einer Minute von selbst auf. Während dieser Zeit sah er Bilder von vielen Dingen, die sich in Unterseeboote verwandelten. Es wurde ihm klar, daß Bilder von Unterseebooten für Kotstücke standen, die im Wasser schwimmen. Sie waren mächtig. Sie stellten seine rasende Wut dar und seine Abwehr gegen seine Hilflosigkeit.

Erinnerung an die Folterkammer

Während des dritten Jahres seiner Analyse berichtete Hamilton einen Traum von einem Haus, das nichts als Badezimmer hatte. Er sah sich selbst als drei- oder vierjährigen Jungen, der kurze Hosen trug und von einem Zimmer zum anderen ging, aber den Toiletten nicht entkommen konnte, die in jedem Zimmer eingebaut waren.

Er hatte diesen Traum zu einer Zeit, als er zu verstehen begann, daß seine geschäftlichen Unternehmungen manchmal von seiner Analität beeinflußt wurden. Erst würde er "Sauereien" ("inky messes") anrichten, um dann einen großen Teil seiner Zeit damit zu verbringen, alles wieder in Ordnung zu bringen. Etwa zur selben Zeit zog er in sein neues Haus ein. Auf der Treppe, die zu seinem Badezimmer und Schlafzimmer führte, verlegte er einen Teppich in den Farben rot, weiß und blau. Diese Farben bedeuteten, daß er ein braver, durch und durch amerikanischer Junge sein wollte. "Versehentlich" machte er einen Fleck auf den Teppich und verbrachte viel Zeit damit, ihn zu entfernen. Es gab einen "guten Jungen" und einen "bösen Jungen", die die Treppe zum Badezimmer hinaufgingen. Durch seinen Konflikt zwischen den beiden frustriert, hatte er die Phantasie, meinen Kopf in einen Gasofen stecken zu wollen. Ich war wie ein Truthahn, ein großer Vogel, der in einem Ofen gebraten werden sollte.

Er regte sich auf, wenn er sah, wie schlecht Michelles Tochter ihre Mutter behandelte. Er realisierte, daß ich für seine Eltern stand, die er wegen der Einläufe und der Prügel, die sie ihm gegeben hatten, schlecht behandeln wollte. Er fühlte sich schläfrig. Ich ermutigte ihn, wach zu bleiben. Daraufhin ergab sich folgender Dialog:

> *Hamilton:* Ich stehe vor der Badezimmertür. Sie ist nicht gestrichen. Sie ist aus Kiefernholz. Gebeizte Kiefer. Ich warte (Pause).
> *Analytiker:* Weshalb warten Sie?
> *Hamilton:* Weil mein Vater meinen Bruder prügelt. Mein Bruder schreit. Folterkammer ... Es wird weh tun ... Ich will nicht, daß man mir weh tut. Es gibt keinen Ausweg. Wohin könnte ich denn gehen? Ich würde zurückgebracht werden.
> *Analytiker:* Wer würde Sie zurückbringen?
> *Hamilton:* Meine Mutter. Wir leben auf einer Farm. Es gibt keinen Ort, wohin ich gehen könnte ... Es ist unabwendbar. Ich kann nicht sehen, wie mein Vater meinen Bruder schlägt. Die Tür ist geschlossen. Aber ich kann es mir vorstellen. Mein Vater befiehlt ihm, die Hosen runterzuziehen. Mein Vater sagt: "Tanze!" O, ich fürchte mich so vor dem Ärger meines Vaters.
> Mein Vater und meine Mutter werden sehr zornig, wenn sie uns schlagen. "Das geschieht nur zu deinem Besten. Es tut mir mehr weh als dir", sagen sie. Ich glaube ihnen nicht. Ich will etwas zu ihnen sagen.
> *Analytiker:* Sie sind hier sicher. Versuchen Sie auszusprechen, was Sie ihnen sagen wollten.
> *Hamilton:* (zu seinen Eltern): "Ich will euch bestrafen!" "Ich will euch weh tun!"
> Mein Bruder geht als erster ins Badezimmer ... Mein Bruder schluchzt, weint ... Meine Mutter veranlaßt meinen Vater

dazu, uns auszupeitschen. Ich weiß nicht, was wir getan haben.

Analytiker: (Ich merkte, daß er sich noch nicht selbst in das Badezimmer versetzt hatte. Er wartete immer noch. Ich beschloß, ihm vorzuschlagen, sich an noch mehr zu erinnern): Sie warten immer noch an der Tür. Was passiert, nachdem Ihr Bruder herauskommt?

Hamilton: (Imitiert die Stimme seines Vaters); "Hamilton! Komm rein. Du hast dich schlecht benommen." - (Lange Pause) - "Du hast deine Kleider nicht aufgeräumt. Ich will dich nicht bestrafen. Du mußt tun, was ich dir sage. Du mußt deiner Mutter gehorchen. Wenn ich dich bestrafe, dann wirst du später einmal kein schlechter Junge werden! Tut es dir leid?" -

(Jetzt spricht Hamilton mit seiner eigenen Stimme): "Es tut mir leid. Ich werde es nie wieder tun. Bitte, peitsche mich nicht" ... Ich flehe um Gnade ... Ich fühle mich so hilflos ... Ich fühle mich am Boden zerstört. (Pause) Es ist so erniedrigend.

Während der nächsten Stunde hatte Hamilton die Phantasie, seiner Schwester die Unterhosen auszuziehen und ihre Vulva zu berühren. Es war jene Schwester, auf deren Beine er als Jugendlicher ejakuliert hatte. Ich sagte ihm, wie er seine Erniedrigung und seine hilflose Wut sexualisiert hatte. Was er seiner Schwester angetan hatte, stand für das, was sein Vater ihm angetan hatte.

In der nächsten Stunde beschrieb er eine Veränderung in sich. Er berichtete, daß er Gefühle wieder spürte, die er seit vielen Jahren nicht mehr hatte erleben können. Bis dahin hatte er in der Analyse vor allem Ärger empfunden. An diesem wunderbaren Frühlingsmorgen fühlte er andere, "normale" Gefühle, nachdem er in einem Garten Blumen gesehen hatte.

Für Patienten wie Hamilton, die schwer traumatisiert worden sind, ist die Erinnerung an Ereignisse und das Erleben der damaligen Gefühle äußerst nützlich. Die Bedeutung dieser Ereignisse und die Abwehr, die errichtet wurde, um damit fertigzuwerden, müssen jedoch auch in der Übertragungsgeschichte erscheinen, damit ein wirkliches Durcharbeiten möglich ist.

Vergessen des Honorarsatzes

Hamiltons anale Handlungen und die Erwartung, dafür belohnt oder bestraft zu werden, wurden mehrmals zwischen uns beiden inszeniert, als er sich nicht an die Höhe meines Honorars für die einzelnen Stunden erinnern konnte. Bei einer dieser Gelegenheiten bat er mich, ihm die genaue Summe zu nennen. Ich sagte ihm, daß das zu einfach wäre und daß er die Antwort selbst herausfinden könnte. Am nächsten Tag hatte er "vergessen" nachzusehen, wie hoch die Rechnung war. Das ging über Wochen so weiter. Auf der Couch stellte er sich für jede Stunde ein angemessenes Honorar vor. Manchmal stellte er sich das Honorar weit unter dem wirklichen vor. Zu anderen Zeiten kam er auf eine Summe, die bei weitem das überstieg, was von ihm als Bezahlung erwartet wurde. Ich interpretierte, daß er seinen Kot zurückhielt oder daß er mir Sondergeschenke machte. Diese Diskussion ermöglichte es ihm, sich darüber klar zu werden, wie er seine zwischenmenschlichen Beziehungen und die ihnen zugrundeliegenden intrapsychischen Beziehungen durch psychische Mechanismen kontrollierte, die auf seiner analen Retention oder analen "Großzügigkeit" basierten. Danach erinnerte er sich wieder an die Höhe meines Honorars.

Drei oder vier Monate später kehrte dieselbe Art des Vergessens meines Honorarsatzes und seine Vorstellung zurück, mir entweder nicht genug Geld oder sehr viel Geld zu geben. Dieses Phänomen wiederholte sich noch oft, bis er wirklich die Gleichsetzung von Geld und Kot erkannt hatte. Er verstand, warum er vorgetäuschte Liebe durch Geschenke erkaufte und warum er die Vorstellung hegte, jemanden durch Retention oder durch eine anale Explosion zu verletzen oder auszupeitschen.

Das Badezimmer schrumpft

Am Ende des vierten Jahres der Analyse löste Hamilton seine Konflikte, die sich auf das Badezimmer bezogen. Er tat das, indem er die Größe eines Badezimmers "schrumpfen" ließ.

Von einem Patienten, der sowohl einen Wunsch als auch die Abwehr gegen ihn durch Handlung erinnert, sagen wir, daß er agiert. Ein Patient kann jedoch andere Arten von Handlungen ausführen, die den Erwerb neuer Funktionen und die Bewältigung seiner Konflikte widerspiegeln. Solche Handlungen sollten nicht als Agieren bezeichnet werden, wenn der Patient die symbolische Bedeutung dessen, was er tut, beobachten kann. Hamiltons Arbeit am Badezimmer diente der Darstellung seiner Bemühungen, die mit dem Badezimmer verbundenen Konflikte zu bewältigen.

Er kaufte eine weitere Textilfabrik. Er gab den Auftrag, dort ein Büro für ihn einzurichten, das er während seiner Anwesenheit in dieser Fabrik benützen konnte. Als er dieses Büro zum ersten Mal betrat, erlebte er einen Schock: Das daran angrenzende Badezimmer war größer als das Büro selbst:

Er verbrachte viele Stunden damit, sich zu überlegen, wie er das Badezimmer schrumpfen lassen (engl.: to shrink) könnte (im Englischen bedeutet das Wort "shrink" unter anderem auch Psychoanalytiker und Psychoanalyse). Er fand Gefallen daran, auf meiner Couch verschiedene Pläne zu entwickeln. "Ich arbeite an meiner Freiheit vom Badezimmer", sagte er.

Zu dieser Zeit hatte er Schwierigkeiten mit den Banken. Er benötigte ihre Unterstützung, um die finanziellen Probleme zu regeln, die sich aus dem Kauf dieser Fabrik ergeben hatten. Zuerst hatte er den Eindruck, daß die Bankiers ihn "auspeitschen" würden, wie es sein Vater getan hatte. Als er jedoch einige Arbeiter die Größe und die Ausstattung des Badezimmers verändern ließ, um es weniger bedrückend erscheinen zu lassen, wurde ihm klar, daß er als Erwachsener nicht mehr voller Angst vor der Badezimmertür warten mußte. "Jetzt kann ich die Tür öffnen und meinem Vater entgegen treten. Ich bin erwachsen, und er kann mir nicht mehr weh tun." Mit dieser Einsicht vereinbarte er einen Termin für eine Besprechung mit den Bankiers. Das Treffen war erfolgreich.

Am nächsten Tag brachte er folgenden Traum:

> Ich war in meiner Heimatstadt. Ich sah das Bild eines rundlichen jungen Mannes, der blondes Haar hatte. Ja, das war ich. Er sah aus, als ob er betrunken sei. Er stand auf; er fiel hin. Er stand wieder auf und fiel wieder hin. Das alles störte aber seine gute Stimmung nicht. Er wußte, daß er dabei war, zu sterben.

Hamilton sagte mir, daß der junge Mann, der betrunken zu sein schien, sein altes, verrücktes Selbst war und daß der "verrückte" Teil seines Selbst dabei war, abzusterben. Er sagte mir, daß er an diesem Morgen sein Ritual gebrochen und nicht in der

Kneipe gefrühstückt hatte. Er beabsichtigte auch, zu einer Hochzeit in einem anderen Staat zu fahren: "Ich bin frei. Ich habe keinen Gedanken mehr daran, daß ich eine Frau mitnehmen müßte."

Am nächsten Tag berichtete er, daß er in einen Teppichladen gegangen war und für sein neues Büro einen *türkischen* Teppich in Pastelltönen (einen gezähmten Türken) gekauft hatte. In meiner Praxis lag Hamilton auf einem türkischen Teppich, der meine Couch bedeckt. Die Bedeutung davon, einen türkischen Teppich für sein Büro zu kaufen, war offensichtlich. Er verkleinerte sein Badezimmer, tötete sein "verrücktes" Selbst und nahm mich mit, um ihm bei einem neuen Beginn zu helfen. Dies war das erste Mal, daß ihm der Gedanke kam, daß seine Analyse einmal beendet sein könnte. Damit dachte er zum ersten Mal daran, daß er dann darüber trauern müßte, mich zu verlieren. Ich hatte den Eindruck, daß wir sehr weit gekommen waren.

Besserung

Im Teil I haben wir uns mit Hamiltons Kindheitserlebnissen beschäftigt und seinen inneren Bildern davon, um zu verstehen, warum er in Objektbeziehungskonflikten stehengeblieben war. In den letzten beiden Kapiteln beschrieben wir, wie er seine Spaltungsbezogenheit auflöste und seine Angst vor dem Badezimmer bewältigte. Badezimmer standen für das Verlieren oder Kaufen von Liebe, für globale Kontrolle der "guten" und "bösen" Objektvorstellungen und für Reaktionen auf Einläufe, Auspeitschen und Sadismus. In der Darstellung ausgewählter Sitzungen wurde deutlich, wie seine Spaltung und die Analität durchgearbeitet wurden.

In diesem Kapitel wenden wir uns einigen weiteren Bereichen aus seiner Geschichte und der Lösung von Konflikten aus diesen Bereichen zu. Die alltägliche psychoanalytische Arbeit ist ein sich immer stärker verfeinernder Prozeß, der Arbeit mit Sandpapier vergleichbar. Um der klaren Illustration willen werden wir jedoch auch in diesem Kapitel nur von einigen ausgewählten Sitzungen berichten.

Die verlorene Brust wird gefunden

Die Montagssitzung, die hier zu schildern ist, fand am Ende des vierten Jahres seiner Analyse statt. Er berichtete einen Traum, nachdem er am Sonntag zuvor auf einer Hochzeit in einer von Schwarzen besuchten Kirche gewesen war.

> Ich ging in eine Kirche für Schwarze. Ich schaute nach oben und sah auf der Empore einen Chor singen. Ein Schwarzer (ein älterer, mütterlicher Mann mit hervorstehenden Augen, der in Wirklichkeit in einer von Hamiltons Fabriken arbeitete) war der Dirigent des Chores. Er sang voller Inbrunst und brach dabei in Schweiß aus. Er zog sein Hemd aus. Seine *kugelrunde* Brust war zu sehen.

Am Tag zuvor hatte Hamilton seinen Sohn besucht und mit einem seiner Enkelsöhne gespielt, der sich im Spiel so verhielt, als sei er eine Gliederpuppe auf der Brust des Großvaters. Hamilton machte es Spaß, mit seinem Enkel zu spielen. Dieses kleine Kind zog während des Spielens auch sein Hemd hoch, zeigte seinen Bauch und lächelte ihn an. Hamilton erinnerte sich auch an seinen kleinen, *dicken* anschmiegsamen Hund aus seiner Kindheit: Der Name des Hundes war "Roly Poly" (kugelrund).

Aufgrund einer Interpretation eines früheren Traums wußte Hamilton, daß die Empore in seinem jetzigen Traum für die Brust stand. Der Sänger stand für die Brustwarze: leidenschaftliche Lieder strömten aus seinem Mund. Mein Analysand war unter der Empore und nahm die Milch in sich auf. Kugelrundes Fleisch, Schweiß und Gefühle der Freude waren mit seinem Erleben des Stillens verbunden gewesen.

Er sagte: "Ich kann mich fast daran erinnern, wie ich an der Brust gestillt wurde. Ich kann mich daran erinnern, aus der Flasche zu trinken. Sie hatte einen Gummisauger. Es ist komisch, ich kann mich tatsächlich fast daran erinnern, an der Brust meiner Mutter zu saugen."

Ich sagte ihm, daß es für ihn vermutlich eine Zeit gegeben hatte, als er geliebt und mit Freude von seiner Mutter gestillt worden war, bevor sie in eine Depression verfiel. "Sie erinnern sich an das, was Sie wirklich verloren haben."

Hamilton blinzelte und schien traurig zu sein. Er erzählte, daß er an dem Abend, als er diesen Traum hatte, nicht ausgegangen war, keine Frau angerufen hatte und nicht ängstlich gewesen war, sondern Freude daran gehabt hatte, im Bett ein Buch zu lesen. Er konnte tatsächlich ein Buch in sich aufnehmen, statt die Brust einer Frau zu benötigen. Er hatte sein ganzes Leben, seit er die "gute" Mutter/Abigail verloren hatte, nach der idealen Frau gesucht. In seinem Traum hatte er die reichlich spendende Brust gefunden. Deswegen war er nicht mehr gezwungen, sich immer wieder in einem Ritual diese Brust zu schaffen.

Am nächsten Tag kam er im Jogginganzug. Er sagte, er habe keine Zeit mehr gehabt, seinen Geschäftsanzug anzuziehen, bevor er zur Morgensitzung kam. Ich spürte, daß er ein "Baby" in zwangloser Kleidung war, als er auf meiner Couch lag.

Als er davon sprach, daß er sich sicher darüber war, der Liebling seiner Mutter gewesen zu sein, bevor sie depressiv wurde, bewegte er sich. Dies führte dazu, daß sein Jogginganzug über seinen Bauch nach oben rutschte und er mir einen kugelrunden Bauch zeigte.

Ich sagte, daß nicht klar wäre, wer wen stillte, gab ich ihm die Brust, oder gab er sie mir. Das mache auch keinen Unterschied, wir hatten jedenfalls die Brust, die verloren gewesen war, zwischen uns erstehen lassen. Er lachte voller Freude.

Während des letzten Teils der Sitzung erinnerte er sich an das Bild seiner Mutter, wie sie die Bibel las. Das war die depressive Mutter, die in Gedanken mit seiner toten Schwester beschäftigt war. "Erst fütterte sie mich, dann verließ sie mich", sagte er.

Aufgeben von Abigail

Zweieinhalb Monate, nachdem er die "verlorene" Brust wiedergefunden hatte, berichtete Hamilton einen Traum:

> Ich war im Schwarzenviertel der Stadt, das gerade restauriert wurde. Das Viertel änderte seine Farbe. Ich kaufte ein Haus. Aber eine schwarze Frau lebte dort. Sie war in einem merkwürdigen, trichterförmigen Raum.

Sobald er den Traum berichtet hatte, sprach er von einem Gefühl, das der Traum in ihm ausgelöst hatte. Dieses Gefühl war mit der Idee verbunden, die Analyse zu beenden. Ich sagte nichts, aber dachte mir, daß der Traum etwas mit Trennung zu tun hatte.

Er sagte, mit dem Ausdruck "die Farbe ändern" meine er, daß der Ort in seinem Traum sich von einem früher rein schwarzen Wohngebiet in ein weißes Geschäftsgebiet verwandelte. Die Form des Zimmers erinnerte ihn an den trichterförmigen Lautsprecher eines alten Grammophons. In seiner Kindheit hatten sie ein solches Grammophon, und es gefiel ihm, wenn er es ankurbeln und Caruso singen hören konnte.

Plötzlich begann Hamilton zu singen. Er hatte das noch niemals zuvor auf meiner Couch getan. Statt eines der klassischen Lieder von Caruso anzustimmen, fing er an, Negerlieder im Dialekt der Schwarzen zu singen.

Es wird nicht mehr regnen	It ain't going to rain anymore
Wie zum Teufel	How in the heck
Soll ich mir den Hals waschen	I'll wash my neck
Es wird nicht mehr regnen	It ain't going to rain anymore

Er schien sehr regrediert zu sein. Ich schwieg weiterhin. Er begann, die Schwarzen als "Nigger" zu bezeichnen, wie es in seiner Kindheit üblich gewesen war. Er berichtete, daß die Frau in dem trichterförmigen Zimmer graue Haare und eine Brille gehabt hatte. Da ich graue Haare habe und eine Brille trage, dachte ich, daß ich in der Übertragung in dem Bild dieser Frau verdichtet war. Plötzlich erinnerte sich Hamilton daran, wer diese Frau war: Es war die Wäschefrau, die während seiner Kindheit für seine Familie gearbeitet hatte. Sie wurde Tante (aunt) genannt. Nein, nur eine richtige, weiße Tante wurde "Aunt" gerufen. Eine schwarze alte Frau wurde "ain't" genannt.

Das englische Wort "ain't" (it is not) aus dem Lied wurde im Dialekt der Schwarzen auch für eine schwarze Frau verwendet.

Ich sagte: "Ain't anymore, keine schwarze Frau mehr." Daraufhin rief er aus: "Abigail ist gegangen!" Er realisierte, daß die schwarze Frau in dem Traum in Wirklichkeit Abigails Tante gewesen war. Hamilton fing wieder an zu singen:

Es wird nicht mehr regnen	It ain't going to rain anymore
Wie zum Teufel	How in the heck
Soll ich mir den Hals waschen	I'll wash my neck
Es wird nicht mehr regnen	It ain't going to rain anymore
Abigail ist nicht mehr da.	Abigail ain't anymore

Er erzählte mir, daß er die Hütte vor sich sah, in der die Frau aus dem Traum mit ihrem Ehemann und Abigail lebte. Er roch förmlich den Waschtrog. Er sah die Küche vor sich. "Ich sehe es ganz deutlich", sagte er.

Aussöhnung mit der Schwester

Mit seinen Fortschritten in der Analyse verbesserte sich Hamiltons Beziehung zu seinen Kindern, besonders zu seinen Söhnen. Er wurde ein stolzer Vater. So freuten sich auch seine Kinder, wenn er sie besuchte. Seit er nicht mehr jede Nacht eine andere Frau brauchte und seine Gedanken nicht mehr verzweifelt um "gute" und "schlechte" Frauen kreisten, konnte er seine Kinder öfter zu Hause besuchen. Als seine Kinder ein integriertes Vaterbild in ihm wahrnahmen, intensivierten sie ihre Beziehung zu ihm, so als ob sie sich selbst nochmals eine Chance geben wollten, ihn als einen guten Vater zu erleben. Von Hamilton hörte ich sogar über erneute Bemühungen eines seiner Söhne, sich mit ihm zu identifizieren, zum Beispiel indem er, unbewußt, Merkmale seiner Gestik übernahm. Ganz besonders liebte Hamilton seine Enkelkinder.

Die Beziehung zu seinen Geschwistern verbesserte sich jedoch nicht ebenso wie zu seinen Kindern; die Geschwister waren trotz seiner Bemühungen nicht an größerer Nähe interessiert. Zwar sprachen sie wieder alle miteinander, aber sie lebten ihr Leben mit ihren Familien, getrennt voneinander.

Ein Vorfall ermöglichte es Hamilton immerhin, inneren Frieden mit seiner jüngeren Schwester zu finden, mit der es zu inzestuösen Handlungen gekommen war. Im vierten Jahr seiner Analyse war er sich über die Psychodynamik seiner Kindheit klar, und er wußte, welche Rolle die Aggression bei seiner Annäherung an seine Schwester gespielt hatte.

Bei einem der seltenen Familientreffen bat Hamilton schon früh am Abend, ihn für seinen vorzeitigen Aufbruch zu entschuldigen. Die jüngere Schwester, mit der er eine sexuelle Beziehung gehabt hatte und die jetzt eine Frau Ende fünfzig war, fragte ihn: "Wohin gehst Du denn jetzt?" Er wußte, was sie meinte. Sie deutete damit an, daß er das Familientreffen wohl deswegen so früh verließ, um auf Frauenjagd zu gehen. Er erwiderte spontan: "Ich gehe nach Hause und werde beten." Er sagte das sehr gefühlvoll. Erst nachdem er die Familienrunde verlassen hatte, wurde ihm bewußt, daß er um Vergebung gebeten hatte. Er und seine Schwester hatten darüber nie offen miteinander gesprochen, was zwischen ihnen in ihrer Jugendzeit vorgefallen war. Als Erwachsener hatte er sich in ihrer Gesellschaft immer verlegen gefühlt. Er hatte auch das Gefühl gehabt, daß sie bis zu diesem Tag ihm gegenüber immer verärgert gewesen war.

In seiner Antwort auf die Frage seiner Schwester, als er sich anschickte, das Familientreffen zu verlassen, war die Feststellung mit enthalten, daß er nicht mehr Frauen hinterherjagte, einschließlich seiner Schwester, und daß er um Vergebung beten würde.

Am nächsten Tag war er sehr erfreut über einen Anruf seiner Schwester. Sie sprachen zwar am Telefon immer noch nicht über ihr gemeinsames Geheimnis, aber sie unterhielt sich in einem freundlichen Ton mit ihm. Sie teilte ihm mit, daß sie ihm ein wichtiges Paket schicken wollte.

Einige Jahre zuvor, nach dem Tod ihrer Mutter, hatte die

Schwester unter den Sachen der Mutter ein Paket gefunden. Es enthielt Hamiltons Schulzeugnisse von der Grundschule bis zum Gymnasium, Zeitungsausschnitte und Briefe von Verwandten, die sich auf ihn bezogen. Es war offensichtlich, daß seine Mutter ihm zwar ihre Liebe nicht offen zeigen konnte, aber dafür, im Geheimen, Andenken an ihn sammelte und aufbewahrte.

Hamiltons Schwester schickte ihm das Paket. Er verstand, daß sie es ihm für viele Jahre aus Ärger über ihn vorenthalten hatte. Sie hatte ihn nicht wissen lassen wollen, daß er der Mutter viel bedeutet hatte. Nach seiner "Abbitte" vergab ihm seine Schwester und überließ ihm das Paket, dessen Inhalt ihn sehr bewegte.

Hamilton fühlte sich erleichtert, da er das Gefühl hatte, daß die inzestuöse Verwicklung mit seiner Schwester gelöst war. Er und seine Schwester entwickelten zwar keine enge Beziehung, aber ihr Umgang miteinander blieb freundlich.

Ödipale Probleme

Wir haben schon beschrieben, wie Hamilton zu Beginn seiner Analyse ziemlich offen ödipales Material vorbrachte. Damals hatte er konkret die Vergeltung des anderen Mannes gefürchtet, dessen Aggression unverhüllt und nicht symbolisch wahrgenommen wurde. Nachdem er seine Selbst- und Objektvorstellungen verbunden hatte und er zunehmend die Verdrängung als Abwehrmechanismus einsetzte, wurde die Erwähnung ödipaler Themen symbolischer. Seine früheren Abwehroperationen, wie zum Beispiel die Suche nach einer idealen Frau, beeinflußten jedoch auch dann noch die Art, in der er versuchte, den Ödipuskomplex zu lösen. Er beschrieb zum Beispiel detailliert, wie er zehn Jahre zuvor mit einer ziemlich übergewichtigen Frau Geschlechtsverkehr gehabt hatte. Während ihrer kurzlebigen Beziehung ermunterte er die Frau dazu, abzunehmen, und schickte sie zu einem Weight-Watcher's-Programm. Diese Frau ging regelmäßig zu den Treffen, verlor beträchtlich an Gewicht und heiratete einen anderen Mann.

Gegen Ende des vierten Jahres der Analyse hatte Hamilton einen Traum, in dem diese Frau mit ihrem Mann in einem Club erschien. Er selbst war auch dort und versuchte, diesem Mann einen Witz zu erzählen.

Während er seine Assoziationen zu dem Traum offenlegte,

sagte er, daß der "Witz", den er dem Mann hatte erzählen wollen, so ging: Hamiltons Vater handelte gern mit Pferden. Einmal putzte er ein Pferd heraus und verkaufte es einem Freund, ohne ihm zu sagen, daß das Pferd in Wirklichkeit alt war. Hamiltons Vater gab gerne "Garantie-Urkunden", wenn er etwas verkaufte. Später fand der Käufer heraus, was passiert war. Aber er war gutmütig und konnte gemeinsam mit Hamiltons Vater über diesen Vorfall lachen.

Ich interpretierte, daß Hamilton eine übergewichtige Frau in eine besser aussehende Frau verwandelt hatte, um sie dann einem anderen Mann "zu verkaufen". Es war Hamilton, der eine "schlechte" Frau zu einer "guten" Frau machen konnte. Nachdem er die Frau in dem Traum "repariert" hatte, gab er sie einem anderen Mann. Wollte er etwas dafür?

Bei einem Theaterbesuch sah Hamilton mich einmal neben einer übergewichtigen Frau sitzen. Er hielt sie für meine Ehefrau und warf mir vor, keine ebenso schlanke Frau zu haben, wie Abigail es gewesen war. Er wollte meine übergewichtige Frau in eine ideale Frau umwandeln und sie mir dann wieder zurückgeben - in dem geheimen Wissen, daß nur er eine Frau "reparieren" könnte.

Ja, er wollte etwas dafür, sagte er. Er wollte die Liebe seines Vaters. Ich sagte ihm, daß er möglicherweise bereit sei, die ideale Frau aufzugeben, daß er aber noch nicht bereit sei, die Vorstellung aufzugeben, nur er könne eine Frau ideal machen, das heißt, seine depressive Mutter retten.

Bald nach diesem Gespräch zwischen uns hörte ich von ihm immer wieder über eine jüngst intensivierte Beziehung zu einem Ehepaar, das älter war als er. Dieser Mann liebte seine Ehefrau immer noch, und auch sie liebte ihren Mann. Er war "beständig". Hamilton äußerte sein Bedauern darüber, daß er nicht auch dasselbe in einer Beziehung zu einer Frau erreichen konnte, was dieser ältere Mann erreicht hatte. Er wurde älter und er wußte, daß er seine Chance dazu verpaßt hatte. Er wurde traurig. Er sagte mir, daß ich wie sein Freund sei, "beständig". Seine eigene Geschichte und die Dinge, die er getan hatte, entsetzten ihn. Ich sagte ihm, daß er mutig genug gewesen sei, durch die Psychoanalyse zu gehen und, wenn er auch seine Vergangenheit nicht ändern könne, er doch die Möglichkeit habe, über seine "verlorenen" Jahre abgeklärter zu denken und daß er auf seiner alten psychischen Struktur eine neue aufbauen könne.

Er unternahm weiterhin viel gemeinsam mit diesem Paar. Er sprach über seine neue Fähigkeit, zwischen "Lieben" und "Sexualisieren" zu unterscheiden. Ihm war klar, daß er Sexualisierung als Gegenmittel gegen seine Kindheitsdepression und Kindheitsaggression benutzt hatte.

Zu Beginn des fünften Jahres seiner Analyse brachte er den folgenden Traum:

> Ich rannte mit Charlotte. Ich schämte mich, daß sie die Frau eines anderen war. Ich sprang hoch, wie um die Schwerkraft herauszufordern und landete auf einer großen Maschine, die einen langen Stiel mit einem Eimer vorne dran hatte. Dieser Stiel und der Eimer bewegten sich auf und ab.

Am Abend zuvor war er auf einer Dinner-Party gewesen und hatte neben Charlotte, einer hübschen Frau, gesessen. Sie war die Frau des Präsidenten einer Firma (einer Vaterfigur). In der Vergangenheit hätte der Patient den Drang verspürt, mit Charlotte zu flirten. Obwohl er sie attraktiv fand, flirtete er nicht mit ihr und machte auch nicht den Versuch, ihre Interaktion zu sexualisieren. Statt dessen sprachen sie ernsthaft über einen bestimmten Richter am Obersten Gerichtshof.

Mit meiner Hilfe verstand Hamilton, daß der Richter vom Obersten Gerichtshof für sein weiterentwickeltes Über-Ich stand, das ihn Scham empfinden ließ wegen dem Empfinden in seinen Genitalen (Maschine) gegenüber dieser Frau. Zu dieser Zeit befürchtete er immer noch, daß seine alter Manier wiederkehren könnte, erzählte mir aber noch von zwei anderen Gelegenheiten, bei denen er sich wohlgefühlt hatte, die Beziehung mit Frauen, die an einen Mann gebunden waren, nicht zu sexualisieren.

Die Fähigkeit, Traurigkeit und Reue zu empfinden

Zu Beginn des fünften Analysejahres erlebte Hamilton einen vorübergehenden finanziellen Engpaß wegen einer ungünstigen Entwicklung an der Börse. Ihm kam der Gedanke, daß er sein Haus und sein Geld verlieren und er dann ganz allein und arm dastehen könnte. Er fühlte sich deprimiert. Dabei erkannte er, daß ihm die gegenwärtigen finanziellen Schwierigkeiten seine Kindheitsdepression in Erinnerung brachten und sie nochmals durchleben ließen. Ich sagte ihm, daß er jetzt auf den eigentlichen Feind gestoßen war, die Kindheitsdepression. Wenn ich ihm auch nicht wünschte, sich unwohl zu fühlen, so wollte ich ihm doch dazu gratulieren, daß er jetzt dazu in der Lage war, sich diesem beängstigenden Affekt direkt zu stellen. Als er seine Analyse begonnen hatte, fühlte er sich immer wieder einmal deprimiert. Nun war er zu demselben Gefühl zurückgekehrt, jedoch mit einem entscheidenden Unterschied: Er wußte nun über seine Ursache und Bedeutung bescheid, und er war in der Lage, auf eine neue Art damit umzugehen. Ich bemerkte, daß er auf meiner Couch nicht schläfrig wurde und auch außerhalb der Analyse nicht mehr verzweifelt eine "gute" Frau suchte. Mein Patient zeigte, daß er mich hörte und mir zustimmte. Er erinnerte sich an eine Begebenheit: Als er Anfang 30 war, lebte er mit seiner ersten Frau und seinen Kindern in einem schönen Haus. Eine recht sonderbare, anmaßende 80jährige Frau wollte das Haus kaufen. Seine Frau jedoch wollte das Haus nicht hergeben. Sie hielt die ganze Sache für verrückt. Trotzdem verkaufte er der alten Frau das Haus und wurde ihr "Freund". Gegen den Wunsch seiner Frau verbrachte er einen großen Teil seiner Zeit damit, die alte Frau herumzufahren.

Hamilton war sich jetzt klar darüber, daß diese 80jährige Frau anmaßend gewesen war und seiner Großmutter ähnlich gesehen hatte. Die Art, wie er sich ihr gegenüber verhalten hatte, hatte viel mit seiner Kindheitsdepression zu tun. Er erinnerte sich daran, wie er sich vorgestellt hatte, mit dem Geld, das er von der alten Frau für sein Haus bekommen sollte, eine wunderschöne Farm zu kaufen, die für den "Topf voller Gold" stand, von dem Abigail ihm erzählt hatte. Die schöne Farm oder eine schöne Frau waren das Gegenmittel für seine Depression. Gleichzeitig wurde er auch der "Sklave" der alten Frau, die für seine Großmutter stand, um sich ihre Liebe und Anerkennung zu sichern.

Er erklärte, daß er auf seine gegenwärtige Depression nicht mehr in derselben Art reagieren könne, wie er es in seiner Kindheit getan habe. Um mit dieser Depression umzugehen, würde es ihm genügen, den Zusammenhang zwischen dem gegenwärtig drohenden Verlust und der Depression seiner Kindheit zu verstehen. Am nächsten Tag hatte sich seine Depression aufgelöst. Er ging Golf spielen, und es kam ihm das Gefühl, daß sein Leben erfüllt war und er sehr glücklich sei. Die Erinnerung daran, wie er die Gefühle seiner ersten Frau verletzt hatte, als er den Forderungen dieser 80jährigen Frau gehorchte, trieb ihm die Tränen in die Augen. Er sagte mir, wie sehr er seine erste Frau geliebt hatte, daß aber seine Art, mit Schwierigkeiten umzugehen, ihn daran gehindert hatte, ihr gegenüber "beständig" zu sein. Seine innere Welt hatte ihm nicht erlaubt, mir ihr in Harmonie zu leben.

"Ich bereue jetzt, was ich getan habe", sagte er. "Ich bin sehr traurig darüber und wünschte mir, daß ich ihr ein besserer Ehemann gewesen wäre." Er weinte.

Eine Siegerschleifen-Familie

Mein Patient berichtete, daß er am Tag, nachdem er in meiner Praxis geweint hatte, seinen Sohn zu Hause besucht hatte. Die Frau seines Sohnes war mit den Kindern auf ein Volksfest gegangen und mit "Siegerschleifen" nach Hause gekommen, weil die Kinder auf dem Fest bei Wettbewerben gesiegt hatten. "Ich habe 'Siegerschleifen-Enkelkinder'", sagte er und fügte hinzu: "Ich bin stolz auf sie. Trotz meiner Vergangenheit kann ich etwas dafür tun, daß es der neuen Generation meiner Familie gut geht."

Ebenfalls zu dieser Zeit sagte er einmal zu mir: "Sie haben mir versprochen, daß ich erkennen würde, wann meine Analyse beendet wäre." Ich antwortete: "Ja, was habe ich Ihnen gesagt."

Er verfiel in Schweigen. Noch konnte er sich nicht dazu entschließen, offen von der Beendigung seiner Analyse zu sprechen.

Er fing an, über das Restaurant zu sprechen, wo er am liebsten zu Mittag aß. Es hatte den Besitzer gewechselt und sollte von jetzt an mittags geschlossen sein. Er sagte, daß dies für ihn in Ordnung sei, da er nun bereit wäre, neue Lokale auszuprobieren, wenn er auch das bisherige Restaurant vermissen würde. Er würde sich darauf freuen, nicht mehr nur zu diesem Restaurant zu gehen. Plötzlich bemerkte er, daß er über uns sprach und über die Idee, nicht mehr zu mir zur Therapie zu kommen. Damit sprach er offen über die Beendigung der Analyse. Er fühlte sich traurig. Am nächsten Tag weinte er wieder über den Tod seiner ersten Frau. Er merkte, daß das ein neues Gefühl für ihn war. Er erinnerte sich daran, daß er 17 Jahre alt war, als er das letzte Mal ein ähnliches Gefühl erlebt hatte.

Als Hamilton 14 Jahre war und sein älterer Bruder das Haus verlassen hatte, kaufte ihm sein Vater ein herrliches Pferd. Es scheint, daß diese Geste für meinen Patienten die Möglichkeit symbolisiert hatte, doch noch eine wichtige Verbindung mit seinem Vater zu bekommen, sich mit ihm zu identifizieren und von dem Bedrückenden seiner Kindheit loszukommen. Er war glücklich, wenn er das Pferd reiten konnte. Eines Tages jedoch fraß das Pferd zu viele grüne Äpfel. Sein Bauch blähte sich auf, und es verendete. Das war das letzte Mal, daß Hamilton etwas verspürte, was Trauer nahe kam.

Als seine erste Frau starb, wohnte vorübergehend eine Cousine bei ihm, um für die Kinder zu sorgen. Er machte diese "Inzestsache", das heißt, er schlief mit ihr. Nun erinnerte er sich auch daran, daß diese Frau ihm gesagt hatte, daß er nicht trauern könne. Jetzt, auf meiner Couch, weinte er.

Während er weinte, ließ ich meine Arbeit mit ihm in meiner Erinnerung an mir vorüberziehen. Ich verglich seine gegenwärtige psychische Organisation und Lebenssituation damit, wie wir unsere gemeinsame Arbeit begonnen hatten. Ich war zufrieden.

Beendigung

Einige Monate nach Beginn des fünften Jahres der Analyse hat Hamilton angefangen, gelegentlich über die Beendigung der Therapie zu sprechen. Ich reagierte auf seine Nachfragen solange zurückhaltend, bis ein bestimmtes Ereignis eintrat: Eines Tages berichtete Hamilton darüber, daß er für seine Kinder und Enkelkinder ein Festessen gegeben habe, das ein großer Erfolg gewesen war. Das Besondere an dieser Einladung war die Tatsache, daß er das gesamte Essen selbst zubereitet und gekocht hatte. Niemals zuvor in seinem ganzen Leben hatte er so etwas getan. Die Vorbereitung des Essens war für ihn ganz selbstverständlich gewesen. Als er davon sprach, war ihm die Feststellung wichtig, daß er während des Kochens ganz ruhig gewesen sei. Er habe sich vollständig wohl und zufrieden gefühlt. Die Analyse dieses Ereignisses zeigte uns, daß er die verlorene Abigail/Mutter, die nährende Brust, in sich selbst geschaffen hatte. Er mußte nicht mehr nach der idealen Frau suchen, da er nun selbst die Funktionen in sich trug, von denen er sich gewünscht hatte, daß sie sie ihm erfüllen würde.

Vier Monate nach diesem Festessen war unsere gemeinsame Arbeit beendet. Während dieser Zeit überprüfte er noch mehrmals, was er während seiner Analyse gelernt hatte. Er "testete" seine Trennungsangst, indem er eine ausgesprochen erfreuliche Reise an einen entfernten Ort unternahm. Während dieser Zeit besichtigte er einen Vulkan. Erst nach seiner Rückkehr wurde ihm klar, daß der Vulkan für mich stand, für meinen Familiennamen. Als er den Vulkan besichtigte, lag ihm viel daran, etwas über dessen Beschaffenheit und Kräfte zu erfahren. Nach dieser Reise zeigte er echtes Interesse an mir. Er verglich seinen eigenen kulturellen Hintergrund mit dem, was er über meine kulturelle Herkunft wußte. Dies führte zu verstärkten Grenzziehungen zwischen Analytiker und Analysand, dessen Individuation dadurch noch zunahm.

Hamilton entwickelte auch echte ödipale Übertragungen, die er ohne Schwierigkeiten analysieren konnte. Zuvor hatte er mir noch die ideale Frau geben wollen, da er sie nicht mehr brauchte.

Am Ende der Analyse kam er zu der Überzeugung, daß ich selbst in der Lage sei, eine Frau für mich auszuwählen, so wie er sich auch selbständig für eine Frau entscheiden konnte, und daß es keine perfekten Menschen auf dieser Welt gäbe.

Während der gesamten Beendigungsphase arbeitete er an einem Oldtimer-Auto, das er in vergammeltem Zustand gekauft hatte. Er war sich bewußt darüber, daß der Wagen ihn selbst repräsentierte. Als die "Reparatur" an seinem eigenen Selbst sich dem Ende näherte, arbeitete er viel an diesem Wagen und machte ihn zu einer schönen, feinstens eingestellten Maschine.

Hamiltons Rückblick auf seine Analyse hielt bis in die letzten Stunden an. In der vorletzten Stunde teilte er mir mit, daß er vorhabe, sich am nächsten Tag nicht auf die Couch zu legen, da er seine Analyse "auf seinen Füßen stehend" beenden wolle. Als er zu seiner letzten Stunde kam, war ich daher ein wenig überrascht, daß er direkt zur Couch ging und sich hinlegte. Sogleich berichtete er eine Reihe von kurzen Träumen:

> Im ersten Traum war ein Mafioso hinter ihm her, der wie sein Analytiker aussah.
>
> Im zweiten Traum hatte er eine sexuelle Orgie. Er war umgeben von Frauen, deren Brüste zu sehen waren. Eine dieser Frauen war eine Schwarze.
>
> Im dritten Traum sah er eines seiner Enkelkinder, das in Wirklichkeit so aussieht, wie er als Kind ausgesehen hatte. Sein Enkelkind hatte braune Hosen an (vermutlich Hosen, die durch Kot verschmutzt waren).
>
> Im letzten Traum sah er sich in einem großen Haus Möbel umstellen, um sie auf eine bessere Weise neu zu arrangieren. Seine Eltern erschienen und boten ihm ihre Hilfe an. Er dankte ihnen dafür, bestand aber darauf, daß er die Möbel selbst umstellen könne und daß er ohne ihre Hilfe weiter arbeite.

Während ich dem manifesten Inhalt seiner Träume zuhörte, war ich von seiner Fähigkeit beeindruckt, in ihnen unsere analytische Arbeit zusammenzufassen. Nachdem er die Träume vollständig berichtet hatte, sagte er: "Analysieren wir sie!" In diesem Augenblick sah ich vor meinem geistigen Auge, wie sich die Träume zu einem Kothaufen auftürmten, und sagte: "Es ist ein großer Haufen." Wir müssen offenbar eine gute Verbindung gehabt haben, Hamilton brach in Lachen aus und sagte: "Ich kann mich um meinen eigenen Scheiß kümmern und mir meinen Arsch selbst abwischen." Er erhob sich von der Couch und setzte sich mir gegenüber. Ich sagte ihm, daß er bis zum Ende der Stunde bleiben oder früher gehen könne, wann immer er wolle. Er schaute mich ausgesprochen freundlich an. Ich fragte ihn, wie er sich fühle. Er antwortete: "Verantwortlich! Ich fühle mich für mich selbst verantwortlich." Nach einer Weile gab er mir die Hand, dankte mir und ging.

Als ich aus meinem Fenster schaute, sah ich, wie ein schöner und außergewöhnlich gut hergerichteter Oldtimer wegfuhr. Ein paar Tage zuvor hatte er darüber gesprochen, daß das Auto fertig hergerichtet war und daß er es nun nur zu ganz besonderen Gelegenheiten fahren würde. Er hatte seinen Wagen zu seiner letzten Stunde mitgebracht. Es war sicher für uns beide eine ganz besondere Gelegenheit gewesen.

Angewandte Psychoanalyse - Kontinuität über Generationen

Der amerikanische Bürgerkrieg endete 1865. Der Süden war geschlagen, es war eine entbehrungsreiche Zeit, auch für die Plantagenbesitzer in Virginia. Hamiltons Großmutter war damals sechs Jahre alt. Einige Jahre zuvor hatte ihr Vater die Farm verlassen, um sich der Armee der Südstaaten anzuschließen. Ihr Leben während ihrer analen Phase desintegrierte. Als sie heranwuchs, hörte sie ständig Geschichten über Angriffe der Yankees und von Vergewaltigungen. Die Furcht vor Hunger und Gefahren war allgegenwärtig. In der Zeit, als ihr Vater im Krieg war, wurde ein älterer schwarzer Sklave namens King ihr Beschützer. "Ich liebte King", sagte sie sogar noch im hohen Alter.

Sie war die Jüngste von acht Geschwistern, die alle unter den Auswirkungen der Kriegs- und Nachkriegsjahre zu leiden hatten. Ihre Gedanken blieben den Rest ihres Lebens mit dem amerikanischen Bürgerkrieg beschäftigt. Auch ihrem Enkelsohn, Hamilton, erzählte sie Geschichten aus dieser Zeit.

Ihr geliebter "Neger" und Betreuer King floh in den Norden, nachdem der Süden kapituliert hatte. Darauf war sie nicht vorbereitet gewesen. Hamilton hatte die Erinnerung an Abigail, die ihn verlassen hatte, und seine Großmutter hatte die Erinnerung an King, der sie ebenfalls verlassen hatte.

Die weiße Familie hatte Abigail nie vergeben. Sie durfte das Haus niemals wieder betreten. Hamilton sprach über die Möglichkeit, daß dies an Großmutters Unfähigkeit gelegen haben könnte, King, den sie geliebt hatte, zu vergeben, und daß sie deswegen Hamiltons Eltern dazu gebracht haben könnte, Abigail nicht mehr auf die Farm zurückkommen zu lassen.

Die Großmutter erinnerte sich mit gemischten Gefühlen an ihre Kindheit. Inmitten ihres Elends war ihr Vater stolz darauf gewesen, General Lee, der von den Südstaatlern wie ein Gott verehrt wurde, unterstützt zu haben. Nach seiner Kapitulation lebte General Lee in Virginia. Die Großmutter erzählte davon, wie ihr Vater eine Wagenladung mit Lebensmitteln, die auf seiner eigenen Farm geerntet worden waren, zu Lees Haus gebracht hatte, oder auch davon, wie ihr Vater einen Anzug für den General gekauft hatte.

Trotz dieser Erinnerung an Stolz und Traditionsverbundenheit gab es auch Erinnerungen, die ihre Schwierigkeiten bei der Separation-Individuation erkennen ließen. Alle ihre Geschwister konnten die Farm verlassen. Nur sie blieb dort, kümmerte sich um ihre Eltern und nähte Kleider und Anzüge für ihre Geschwister. Ihre Brüder und Schwestern erlernten Berufe und wurden Lehrer oder Prediger, während sie eine "alte Jungfer" blieb. Erst als sie schon fast 30 Jahre alt war, heiratete sie. Dies war für die damalige Zeit ungewöhnlich spät.

Der Mann, den sie heiratete, war einige Monate jünger als sie. Ihr war es wichtig, vor ihrem 30. Geburtstag zu heiraten, so daß sowohl sie als auch ihr zukünftiger Ehemann zum Zeitpunkt der Eheschließung 29 Jahre alt waren.

Es ist schwer festzustellen, ob die Suche ihres Enkelsohnes nach einer Frau im Alter zwischen 30 und 40 irgend einen Zusammenhang hatte mit ihrem festen Vorsatz, vor ihrem 30. Lebensjahr verheiratet zu sein. Versuchte Hamilton sich von ihr zu befreien, indem *er* darauf bestand, daß seine Frau mindestens 30 sein sollte?

Einer von ihren Brüdern ging nach Deutschland, um Medizin zu studieren. Dort stieß er auf die Schriften von Dr. DANIEL GOTTLIEB MORITZ SCHREBER. Dieser war 1861 gestorben, aber sein Einfluß bestand weiter. Ein Arzt namens L. POLITZER verfaßte einen Nachruf auf ihn, in dem er Dr. SCHREBER als einen "großen Mann" bezeichnete, der "zu den seltenen Menschen gehörte, die allein aufgrund ihrer Persönlichkeit in der Lage sind, die Geisteshaltung ihrer Zeitgenossen zu ändern ... Dr. SCHREBER war die Verkörperung des kühnen Reformers ... wenn jedes Jahrhundert und jedes Land Männer vom Format Dr. SCHREBERS hervorbringen könnte, bestünde für die Menschheit und ihre Zukunft keine Gefahr mehr" (NIEDERLAND 1974).

Es ist höchst wahrscheinlich, daß der Bruder der Großmutter sie mit den Ideen Dr. SCHREBERS vertraut gemacht hat. Als er aus Deutschland zurückkam, wurde seine kleine Schwester zu seinem "Nigger", und er kommandierte sie herum, als ob sie sein Sklave wäre. Vielleicht setzte er Dr. SCHREBERS Vorschläge zur Charakterbildung in die Tat um. Er sagte zu ihr: "Nigger, bring mir Wasser!", "Nigger, bring mir einen Stuhl!". Sie wurde "bereitwillig" sein Sklave. Vermutlich mußte ein Teil von ihr unterwürfig sein, um nicht bestraft zu werden und um sich Schutz zu sichern.

Man kann annehmen, daß die Großmutter ein hungriges, sklavisches, verängstigtes Kindheits-Selbst hatte. Der "Schreber-Anteil" in ihr wurde dazu benutzt, dieses verängstigte Kind in ihr zum Schweigen zu bringen. Sie heiratete einen sehr sanftmütigen Mann, dessen Leben sie dominierte. Er starb, als Hamilton fünf Jahre alt war. Damals lebte sie im Hause ihrer Tochter. Sie "adoptierte" einen "Negerjungen" und schien sich um ihn wie um ihren eigenen Sohn zu kümmern. Aber in Wirklichkeit behandelte sie ihn so, als ob er ihr Sklave und ihr Schatten sei. Er begleitete sie auf ihren Ausflügen und ihren Sonntagsbesuchen in Hamiltons Elternhaus. Dort durfte er aber nicht bei den weißen Kindern sitzen, sondern mußte bei den Schwarzen in der Küche essen. War die Zeit zum Aufbruch gekommen, verließen sie das Haus gemeinsam. Man kann sich vorstellen, daß sie nach dem Tode ihres Ehemannes einen neuen Behälter für ihr unterwürfiges, verängstigtes, zu einem kleinen Mädchen gehörendes Selbstgefühl brauchte, das sie dementsprechend mit eiserner Hand beherrschen und kontrollieren konnte.

Gewöhnlich besuchte sie, ohne ihren "adoptierten" Sklaven, weiterhin jeden Sonntag Hamiltons Zuhause. Dort las sie aus der Bibel, erzählte Geschichten aus dem amerikanischen Bürgerkrieg und von hungernden Kindern weit weg in China. Sehr wahrscheinlich meinte sie damit das hungrige Kind in sich selbst. Sie empfahl auch, daß Kinder geschlagen werden sollten, bis sie aufhörten zu weinen. Vermutlich verschob sie das Bild des hungrigen Kindes auf ihre Enkelkinder, die womöglich protestieren wollten und deren Stimmen durch Schläge zum Schweigen gebracht werden mußten.

Ihr schwacher Ehemann hat seine Kinder nie geschlagen. Statt dessen übernahm sie die Disziplinierung. Einmal ließ Hamiltons Vater aus Unachtsamkeit einen Schuh im Garten liegen. Sie ließ ihn daraufhin nicht ins Haus, so daß er die ganze Nacht draußen in der Kälte bleiben mußte. So wollte sie den Charakter ihres Sohnes formen. In ähnlicher Weise versuchte dieser wieder, den Charakter *seines* Sohnes Hamilton zu formen.

Man kann sich fragen, weshalb Hamiltons Mutter bei der Art von Kindererziehung, wie ihre Schwiegermutter sie praktizierte, mitmachte. Die Mutter von Hamiltons Mutter war ebenfalls vom amerikanischen Bürgerkrieg geprägt worden. Als Hamilton drei Jahre alt war, starb sie. Sie war eine Perfektionistin gewesen. Dementsprechend wurde auch ihre Tochter eine Perfektionistin, die obendrein verzweifelt war über den Tod ihres erstgeborenen Kindes. Es ist möglich, daß sie ihre Schwiegermutter als äußeres Über-Ich benützte, das ihr die direkte Abfuhr ihres Ärgers erlaubte.

Die innere Welt eines Menschen spiegelt die Umgebung während seiner Entwicklungsjahre nicht wahrheitsgetreu wider, da sich sowohl die Wünsche als auch die bewußten und unbewußten Phantasien mit den geistigen Vorstellungen von seiner Umgebung vermengen. Wir pflichten JAMES ANTHONY (1980) bei, der schreibt:

Es bedarf einer neuen Art von Psychoanalytikern, die nicht nur in der Psychoanalyse, sondern auch in den exakteren Wissenschaften der Pädiatrie und Kinderpsychiatrie ausgebildet werden, um auf die Umgebung nicht als letzten Ausweg, sondern als erste Ursache zu schauen und um dadurch die "Krankheiten aufgrund einer defizitären Umgebung" ("environmental deficiency diseases") in einer neuen, psychoanalytischen Weise zu verstehen."

Wir können sogar noch einen Schritt weiter gehen und sagen, daß die Umgebung, in der die ältere Generation gelebt hat, und die inneren Vorstellungen, die sich diese Generation von ihr gebildet hat, über die Eltern-Kind-Interaktionen so weiter gegeben werden, daß sie Teil der sich entwickelnden psychischen Strukturen der neuen Generationen werden. Ich nannte diesen Prozeß "Kontinuität über die Generationen hinweg" ("generational continuity"; VOLKAN 1979, 1980).

Hamilton erzählte mir die Geschichte von sechs Generationen: Von der Generation von den Eltern seiner Großmutter aus dem amerikanischen Bürgerkrieg, bis zur "Siegerschleifen-Generation" seiner Enkelkinder. Die psychische Gesundheit der Familie hat sich gebessert. Hamilton sah sich einmal als eine Brücke, auf der die Mitglieder einer stolzen, mit psychischen Verstrikkungen kämpfenden Familie in eine hellere Zukunft schreiten. Ich bin glücklich, ihm beim Bau dieser Brücke geholfen zu haben.

Literatur

ABEND, S.M.; PORDER, M.S. u. WILLICK, M.S. (1983): Borderline Patients: Psychoanalytic Perspectives. New York: International Universities Press.

ABSE, D.W. u. EWING, J.A. (1960): Some problems in psychotherapy with schizophrenic patients. American Journal of Psychotherapy 14: 505-519.

AKHTAR, S. (1984): The syndrome of identity diffusion. The American Journal of Psychiatry 141: 1381-1385.

AKHTAR, S. (1988): Persönliche Mitteilung.

ANTHONY, E.J. (1980): Psychoanalysis and Environment. In: The Course of Life: Psychoanalytic Contributions Toward Understanding Personality Development. Bd. 3: Adulthood and the Aging Process, hrsg. v. S.I. GREENSPAN u. G.H. POLLOCK, S. 201-239. Washington, D.C.: NIMH.

BERKOWITZ, D.A.; SHAPIRO, R.L.; ZINNER, J. u. SHAPIRO, E.R. (1974): Concurrent family treatment of narcissistic disorders in adolescence. International Journal of Psychoanalytic Psychotherapy 3: 379-396.

BOYER, L.B. (1967): Office treatment of schizophrenic patients: The use of psychoanalytic therapy with few parameters. In: Psychoanalytic Treatment of Characterological and Schizophrenic Disorders, hrsg. v. L.B. BOYER and P.L. GIOVACCHINI, S. 143-188. New York: Science House.

BOYER, L.B. (1971): Psychoanalytic technique in the treatment of certain characterological and schizophrenic disorders. International Journal of Psycho-Analysis 52: 67-86.

BOYER, L.B. (1977): Working with a borderline patient. In: Countertransference: The Therapist's Contribution to the Therapeutic Situation, hrsg. v. L. EPSTEIN and H.H. FEINER, S. 533-574. New York: Jason Aronson.

BOYER, L.B. (1979): Childhood and Folklore: A Psychoanalytic Study of Apache Personality. New York: Library of Psychological Anthropology [Dt.: Kindheit und Mythos. Stuttgart: Klett 1982].

BOYER, L.B. (1983): The Regressed Patient. New York: Jason Aronson.

BURNHAM, D.L. (1969): Schizophrenia and object relations. In: Schizophrenia and the Need - Fear Dilemma, hrsg. v. D.L. BURNHAM, A.I. GLADSTONE u. R.W. GIBSON, S. 15-41. New York: International Universities Press.

BUIE, D.H. (1985): Buchbesprechung: Borderline Patients: Psychoanalytic Perspectives von S.M. ABEND, M. PORDER u. M.S. WILLICK. International Journal of Psycho-Analysis 66: 375-379.

CAMBOR, C.G. (1969): Pre-oedipal factors in superego development: The influence of multiple mothers. Psychoanalytic Quarterly 38: 81-96.

COLONNA, A.B. u. NEWMAN, L.M. (1983): The psychoanalytic literature on siblings. The Psychoanalytic Study of the Child 38: 285-309.

DEWALD, P.A. (1972): The Psychoanalytic Process: A Case Illustration. New York: Basic Books.

DORPAT, T.L. (1976): Structural conflict and object relations conflict. Journal of the American Psychoanalytic Association 24: 855-874.

ERIKSON, E.H. (1950): Childhood and Society. New York: Norton [Dt.: Kindheit und Gesellschaft. Stuttgart: Klett 1957].

FENICHEL, O. (1945): The Psychoanalytic Theory of Neurosis. New York: Norton [Dt.: Psychoanalytische Neurosenlehre. Olten/Freiburg: Walter 1974].

FREUD, A. (1954): The widening scope of indications for psychoanalysis: Discussion. In: The Writings of Anna Freud, Bd. 4, S. 356-376. New York: International Universities Press 1968 [Dt. in: Die Schriften der Anna Freud, Bd. 4. München: Kindler 1981].

FREUD, A. (1965): Normality and pathology of childhood. In: The Writings of Anna Freud, Bd. 6. New York: International Universities Press 1968 [Dt.: Wege und Irrwege in der Kinderentwicklung. Stuttgart: Klett 1968].

FREUD, S. (1900): Die Traumdeutung. GW 2/3.

FREUD, S. (1901): Über Deckerinnerungen. GW 1, S. 531-554.

FREUD, S. (1911): Psychoanalytische Bemerkungen über einen autobiographisch beschriebenen Fall von Paranoia (Dementia paranoides). GW 8, S. 239-320.

FREUD, S. (1912): Ratschläge für den Arzt bei der psychoanalytischen Behandlung. GW 8, S. 375-389.

FREUD, S. (1917): Trauer und Melancholie. GW 10, S. 428-446.

FREUD, S. (1919): Wege der psychoanalytischen Therapie. GW 12, S. 181-195.

GIOVACCHINI, P.L. (1969): The influence of interpretation upon schizophrenic patients. International Journal of Psycho-Analysis 50: 179-186.

GLOVER, E. (1955): Technique of Psychoanalysis. New York: International Universities Press.

GREENACRE, P. (1970): The transitional object and the fetish: with special reference to the role of illusion. International Journal of Psycho-Analysis 51: 447-456.

GREENSPAN, S. (1989): The Development of the Ego: Implications for Personality Theory, Psychopathology and the Psychotherapeutic Process. Madison (Connecticut): International Universities Press.

GROTSTEIN, J.S.; SOLOMON, M.F. u. LANG, J.A. (1987): The Borderline Patient: Emerging Concepts in Diagnoses, Psychodynamics, and Treatment, Bde. I u. II. Hillside (NJ): The Analytic Press.

HARTMANN, H. (1939): Ego Psychology and the Problem of Adaptation. New York: International Universities Press 1958 [Dt.: Ich-Psychologie und Anpassungsproblem. Stuttgart: Klett 1975].

HARTMANN, H. (1959): Psychoanalysis as a scientific theory. In: Essays on Ego Psychology. New York: International Universities Press [Dt. in: Ich-Psychologie. Studien zur psychoanalytischen Theorie. Stuttgart: Klett 1972].

HEATH, S.: Therapist's Vulnerability to Depression. Northvale (New Jersey): Jason Aronson.

HENRICK, I. (1951): Early development of the ego: Identification in infancy. Psychoanalytic Quarterly 20: 44-61.

ISAKOWER, O. (1938): A contribution to the psychopathology of phenomena

associated with falling asleep. International Journal of Psycho-Analysis 19: 331-345.
JACOBSON, E. (1964): The Self and the Object World. New York: International Universities Press [Dt.: Das Selbst und die Welt der Objekte. Frankfurt: Suhrkamp 1978].
KERNBERG, O.F. (1967): Borderline personality organization. Journal of the American Psychoanalytic Association 15: 641-685.
KERNBERG, O.F. (1970): A psychoanalytic classification of character pathology. Journal of the American Psychoanalytic Association 18: 800-822.
KERNBERG, O.F. (1975): Borderline Conditions and Pathological Narcissism. New York: Jason Aronson [Dt.: Borderline-Störungen und pathologischer Narzißmus. Frankfurt: Suhrkamp 1983].
KERNBERG, O.F. (1976): Object Relations Theory and Clinical Psychoanalysis. New York: Jason Aronson [Dt.: Objektbeziehungen und Praxis der Psychoanalyse. Stuttgart: Klett 1989].
KERNBERG, O.F. (1980): Internal World and External Reality. New York: Jason Aronson [Dt.: Innere Welt und äußere Realität. München/Wien: Verlag Internationale Psychoanalyse 1988].
KERNBERG, O.F. (1984): Severe Personality Disorders. New Haven: Yale University Press [Dt.: Schwere Persönlichkeitsstörungen. Stuttgart: Klett 1988].
KERNBERG, O.F. (1989): Narcissistic personality disorder in childhood. In: Narcissistic Personality Disorder, hrsg. v. O.F. KERNBERG (The Psychiatric Clinics of North America), S. 671-694. Philadelphia: W.B. Saunders.
KLEIN, M. (1946): Notes on some schizoid mechanisms. International Journal of Psycho-Analysis 27: 99-110.
KOHUT, H. (1971): The Analysis of the Self: A Systematic Approach to the Psychoanalytic Treatment of Narcissistic Personality Disorders. New York: International Universities Press [Dt.: Narzißmus. Frankfurt: Suhrkamp 1973].
KRAMER, S. (1986): Identification and its vicissitudes as observed in children: A developmental approach. International Journal of Psycho-Analysis 67: 161-172.
KRIS, E. (1952): Psychoanalytic Explorations in Art. New York: International Universities Press.
LITTLE, M.I. (1957): "R" - The Analyst's Total Response to His Patient's Needs. International Journal of Psycho-Analysis 38: 240-259.
LOEWALD, H.W. (1960): On the therapeutic action of psychoanalysis. International Journal of Psycho-Analysis 41: 16-33.
LOEWALD, H.W. (1982): Regression: Some general consideration. In: Technical Factors in the Treatment of the Severely Disturbed Patient, hrsg. v. P.L. GIOVACCHINI u. L.B. BOYER, New York: Jason Aronson.
MACK, J.E. (1984): Cultural amplifiers in ethno-nationalistic affiliation and differentiation. Paper presented to the Committee on International Relations at the Fall meeting of the group for the Advancement of Psychiatry, Cherry Hill, New Jersey, November 1984.
MAHLER, M.S. (1968): On Human Symbiosis and the Vicissitudes of Individuation. New York: International Universities Press [Dt.: Symbiose und Individuation. Stuttgart: Klett 1986].

MAHLER, M.S. (1972): A study of the separation-individuation process and its possible application to borderline phenomena in the psychoanalytic situation. The Psychoanalytic Study of the Child 27: 403-424.
MAHLER, M.S.; PINE, F. u. BERGMAN, A. (1975): The Psychological Birth of the Human Infant: Symbiosis and Individuation. New York: Basic Books [Dt.: Die psychische Geburt des Menschen. Frankfurt: Fischer 1978].
MODELL, A.H. (1976): The "holding environment" and the therapeutic action of psychoanalysis. Journal of the American Psychoanalytic Association 24: 285-307.
NIEDERLAND, W.G. (1974): The Schreber Case: Psychoanalytic Profile of a Paranoid Personality. New York: Quadrangle/The New York Times Book Company [Dt.: Der Fall Schreber. Frankfurt: Suhrkamp 1986].
NOVEY, S. (1968): The Second Look: The Reconstruction of Personal History in Psychiatry and Psychoanalysis. Baltimore: Johns Hopkins University Press.
OLINICK, S.L. (1964): The negative therapeutic reaction. International Journal of Psycho-Analysis 45: 540-548.
OLINICK, S.L. (1969): Empathy and regression. In: The Psychotherapeutic Instrument, S. 3-16. New York: Jason Aronson 1980.
OLINICK, S.L. (1980): The Psychotherapeutic Instrument. New York: Jason Aronson.
ORNSTEIN, A. u. ORNSTEIN, P.H. (1975): On the Interpretive process in schizophrenia. International Journal of Psychoanalytic Psychotherapy 4: 219-271.
PAO, P.N. (1965): The role of hatred in the ego. Psychoanalytic Quarterly 34: 257-264.
POZNANSKI, E.O. (1972): The "replacement child": A saga of unresolved parental grief. Behavioral Pediatrics 81: 1190-1193.
RAPPAPORT, E.A. (1960): Preparation for psychoanalysis. International Journal of Psycho-Analysis 41: 626-632.
ROSENFELD, H.A. (1966): Diskussion von "Office treatment of schizophrenic patients" von L.B. BOYER. Psychoanalytic Forum 1: 351-353.
SEARLES, H.F. (1951): Data concerning certain manifestations of incorporation. Psychiatry 14: 397-413.
SEARLES, H.F. (1986): My Work With Borderline Patients. Northvale (New Jersey): Jason Aronson.
SHAPIRO, E.R.; SHAPIRO, R.L.; ZINNER, J. u. BERKOWITZ, D.A. (1977): The borderline ego and the working alliance: Indications for family and individual treatment in adolescence. International Journal of Psycho-Analysis 58: 77-87.
SHAPIRO, E.R.; ZINNER, J.; SHAPIRO, R.L. u. BERKOWITZ, D.A. (1975): The influence of family experience on borderline personality development. International Review of Psycho-Analysis 2: 399-411.
SMITH, L. (1949): Killers of the Dream. New York: W.W. Norton.
VAN DER WAALS, H.G. (1952): Discussion of the mutual influences in the development of ego and id. The Psychoanalytic Study of the Child 7: 66-68.
VOLKAN, V.D. (1972): The "linking objects" of pathological mourners. Archives of General Psychiatry 27: 215-221.
VOLKAN, V.D. (1973): Transitional fantasies in the analysis of a narcissistic

personality. Journal of the American Psychoanalytic Association 21: 351-376.

VOLKAN, V.D. (1976): Primitive Internalized Object Relations. New York: Internatinal Universities Press [Dt.: Psychoanalyse der frühen Objektbeziehungen. Stuttgart: Klett 1978].

VOLKAN, V.D. (1979): The glass bubble of a narcissistic patient. In: Advances in Psychotherapy of the Borderline Patient, hrsg. v. J. LEBOIT u. A. CAPPONI, S. 405-431, New York: Jason Aronson.

VOLKAN, V.D. (1981a): Linking Objects and Linking Phenomena: A Study of the Forms, Symptoms, Metapsychology and Therapy of Complicated Mourning. New York: International Universities Press.

VOLKAN, V.D. (1981b): Transference and countertransference: An examination from the point of view of internalized object relations. In: Object and Self: A Developmental Approach, hrsg. v. S. TUTTMAN, C. KAYE u. M. ZIMMERMAN, S. 429-451. New York: International Universities Press.

VOLKAN, V.D. (1982a): Narcissistic personality disorder. In: Critical Problems in Psychiatry, hrsg. v. J.O. CAVENAR, JR. u. H.K. BRODIE, S. 332-350, Philadelphia: J.B. Lippincott.

VOLKAN, V.D. (1982b): Identification and related events. In: Curative Factors in Dynamic Psychotherapy, hrsg. v. S. SLIPP, New York: McGraw-Hill.

VOLKAN, V.D. (1984): What Do You Get When You Cross a Dandelion With a Rose? The True Story of a Psychoanalysis. New York: Jason Aronson.

VOLKAN, V.D. (1987): Six Steps in the Treatment of Borderline Personality Organization. Northvale (New Jersey): Jason Aronson.

VOLKAN, V.D. u. AKHTAR, S. (1979): The symptoms of schizophrenia: Contributions of the structural theory and object relations theory. In: Integrating Ego Psychology and Object Relations, hrsg. v. L. SARETSKY, G.D. GOLDMAN u. D.S. MILMAN, S. 270-285. Dubuque (Iowa): Kendall/Hunt.

VOLKAN, V.D. u. CORNEY, R.T. (1968): Some considerations of satellite states and satellite dreams. The British Journal of Medical Psychology 41: 283-290.

VOLKAN, V.D. u. KAVANAUGH, J.G. (1978): The Cat People. In: Between Fantasy and Reality: Transitional Phenomena and Objects, hrsg. v. S. GROLNICK, L. BARKIN u. W. MUENSTERBERGER, S. 289-303. New York: Jason Aronson.

WINNICOTT, D.W. (1951): Transitional objects and transitional phenomena. International Journal of Psycho-Analysis 34: 89-97 [Dt.: Übergangsobjekte und Übergangsphänomene. In: Von der Kinderheilkunde zur Psychoanalyse, S. 300-320. Frankfurt: Fischer 1985].

WINNICOTT, D.W. (1954): Metapsychological and clinical aspects of regression within the psycho-analytic set-up. In: Collected Papers. London: Tavistock 1958 [Dt.: Metapsychologische und klinische Aspekte der Regression im Rahmen der Psychoanalyse. In: Von der Kinderheilkunde zur Psychoanalyse, S. 183-207. Frankfurt: Fischer 1983].

WINNICOTT, D.W. (1956): On transference. International Journal of Psycho-Analysis 37: 386-388.

WINNICOTT, D.W. (1963): The development for the capacity for concern. In:

The Maturational Process and the Facilitating Environment, S. 73-83. New York: International Universities Press 1974 [Dt.: Die Entwicklung der Fähigkeit zur Besorgnis, In: Reifungsprozesse und fördernde Umwelt, S. 92-105. Frankfurt: Fischer 1985].

WINNICOTT, D.W. (1971): Playing and Reality. London: Tavistock [Dt.: Vom Spiel zur Kreativität. Stuttgart: Klett 1979].

ZINNER, J. u. SHAPIRO, R.A. (1972): Projective identification as a mode of perception and behaviour in families of adolescents. International Journal of Psycho-Analysis 53: 523-530.

Register